民国大事件丛书

張勳復辟始末

王忠和 著

长江出版传媒
湖北人民出版社

图书在版编目(CIP)数据

张勋复辟始末/王忠和著.
武汉 ： 湖北人民出版社,2014.4
ISBN 978－7－216－07956－3
（民国大事件丛书）
Ⅰ. 张… Ⅱ. 王… Ⅲ. 张勋复辟—史料
Ⅳ. K258.406
中国版本图书馆CIP数据核字(2013)第301513号

出 品 人：袁定坤
责任部门：基础教育分社
责任编辑：刘 玉
封面设计：董 昀
责任校对：游润华
责任印制：杜义平
法律顾问：王在刚

出版发行:湖北人民出版社　**地址**:武汉市雄楚大道268号
印刷:湖北恒泰印务有限公司　**邮编**:430070
开本:720毫米×1000毫米1/16　**印张**:14.75
字数:216千字　**插页**:1
版次:2014年4月第1版　**印次**:2014年4月第1次印刷
书号:ISBN 978－7－216－07956－3　**定价**:28.00元

本社网址：http://www.hbpp.com.cn
本社旗舰店：http://hbrmcbs.tmall.com.
读者服务部电话：027-87679656
投诉举报电话：027-87679757
（图书如出现印装质量问题，由本社负责调换）

目录

第一章　龙旗、龙旗，一场闹剧　/1

一　龙旗飘扬在北京上空　/1

二　宣统皇帝的诏书　/3

三　群丑乱舞　/6

第二章　复辟、复辟，不绝如缕　/8

一　癸丑复辟　/8

1　青岛是复辟大本营　/8

2　张勋想举兵攻打济南　/10

二　丙辰复辟　/12

1　肃亲王善耆　/12

2　日本人参与其中　/14

三　冯国璋一度热衷复辟　/15

1　冯国璋和胡嗣瑗　/15

2　冯国璋和张勋　/20

四　徐世昌扬言还政于清　/22

第三章 张勋、张勋，辫子大军 /25

一 张勋的来历 /25

1 幼年做过放牛娃 /25

2 辛亥年的反革命 /27

3 袁世凯时刻提防着他 /28

二 张勋的辫子军 /31

三 张大帅的同道们 /32

1 万绳栻 /32

2 沈曾植 /33

3 张镇芳、雷震春、金永 /34

4 升允 /36

5 岑春煊 /37

6 涂世昌 /38

四 康有为的理想 /40

1 戊戌变法时的康有为 /40

2 综观康有为 /43

3 为了自己的信念 /47

五 张勋在徐州坐大 /48

1 第一次涂州会议 /48

2 第二次涂州会议 /53

3 第三次涂州会议 /56

4 日本浪人的插手 /58

第四章 府院、府院，几多恩怨 /61

一 黎大总统继任 /61

1 黎元洪妾身未定 /61

2 黎大总统的处境 /64

二 府院争权 /68

1 帮倒忙的幕僚 /68

2 内阁名单问题 /73

3 孙洪伊问题 /76

4 倒阁风波 /79

三 院会矛盾 /80

1 选举副总统的内幕 /80

2 研究系和国民党 /81

四 德国带来的麻烦 /84

1 对德绝交案 /84

2 对德宣战案 /87

第五章 参战、参战，向谁宣战 /90

一 府院决裂 /90

1 督军团会议 /90

2 节外生枝的公民团 /97

3 段内阁的危机 /98

4 向辫帅求教 /101

二 政治危机 /104

1 复辟会议 /104

2 督军团兵谏 /107

3 天津总参谋处 /109

三 如何收场 /113

1 戏剧性的变化 /113

2 李经羲内阁 /114

3 辫帅来调解 /117

第六章 调停、调停，面目狰狞 /122

一 张勋在天津下了车 /122

1 张勋改变了主意 /122

2 张勋提出最后通牒 /127

3 国会解散了 /129

二 张勋进京 /133

1 重新找题目 /133

2 反对李内阁 /137

3 解题还需出题人 /142

第七章 民国、民国,几日蹉跎 /146

一 复辟那一夜 /146

1 就这样决定了 /146

2 不同意的别走 /151

3 紫禁城之夜 /154

4 辫帅的形势分析 /155

二 复辟众生相 /158

1 权力分配 /158

2 各地的反应 /161

3 王爷又想抓权 /165

三 民国消失了五天 /166

1 总统不投降 /166

2 民国统治权中断五天 /170

第八章 讨逆、讨逆,如同儿戏 /172

一 马厂会师 /172

1 段祺瑞再度出任总理 /172

2 张勋面临的严峻形势 /179

3 双方的实力比较 /181

二 战与和 /183

1 复辟军不堪一击 /183

2 张勋羞惭辞职 /184

3 张勋孤立无援 /186

4 复辟党一哄而散 /190

5 请外国人调停 /192

6 都门激战 /194

7 张勋逃入荷兰使馆 /196

三 重新洗牌 /199

1 小朝廷再次退位 /199

2 惩办祸首 /201

3 黎元洪自称是掉进茅坑的鲜花 /204

4 冯国璋就任代理总统 /205

5 饮冰室进了国务院 /208

第九章 列强、列强，别有心肠 /212

一 日本的一贯方针 /212

二 其他国家的态度 /214

1 德国 /214

2 英国 /216

第十章 遗老、遗老，余音袅袅 /218

一 复辟的洋教头 /218

二 风流云散的复辟派 /220

三 张勋的身后事 /223

主要参考文献 /228

第一章

龙旗、龙旗，一场闹剧

一　龙旗飘扬在北京上空

1917年7月1日，天色刚刚破晓，北京大部分居民还在睡梦之中，京师警察厅总监吴炳湘突然发布紧急命令：饬各警察署施行地方戒严，另派警察、保安队分布东交民巷使馆区，严密护卫。并令警察沿着主要街道挨户敲门告知各商家、民户一律悬挂龙旗，以志庆贺。大街小巷里的市民们睡眼蒙眬地爬起来，不知是怎么回事，互相打听着消息："怎么，又改朝换代了吗？"街上哄传着各种新闻：

"知道吗？宣统皇帝又坐龙廷了，辅弼小皇上的是文武二圣。"

"中华门依旧叫大清门。"

"没事别出门！街上满是张勋的辫子兵和东北冯德麟带来的胡子兵。可凶着呐！"

"从今儿个起阳历废止，还是用阴历。记住了！今天不是7月1日，是宣统九年五月十三。"

"知道五月十三是什么日子吗？是关老爷生日！张大帅就是关老爷转世，辅佐大清来啦！"

人们仓促之中来不及准备龙旗，于是，有的翻箱底儿找出旧存；有的是从张勋兵营那里领来的；有的找戏班子借来武生背靠三角旗。有些脑筋灵活的商家看到赚钱机会来了，马上赶制龙旗。但是远水救不得近火，有人干脆找块黄布或黄纸，用蓝颜色胡乱画上一条龙，权作充数，可是多数看来不像真龙，却宛如一条死蛇。一时间，书画店门前都大书特书"专售龙旗"的招牌，所卖龙旗皆是请画工临时涂画上去，价值不菲。从形状看，有长方形、有三角形；从质料看，有纸的、有布的、最好是锦缎的。有人暗自嘟囔道，这纸糊的旗子代表的可是政府，纸糊的政府又何能长久？不管怎么说，龙旗终于再次飘扬在首都的上空了。民家毕竟好糊弄，民国机关却是要正正经经悬挂国旗的。首都的大机关里，只有步军统领衙门、警察厅、前门游缉队官厅等处挂出龙旗，其他地方则多在观望形势，索性什么也不挂，整个北京城只有总统府上方仍然飘扬着中华民国的五色国旗。

北京的火车站、电报局、电话局等处都有辫子兵把守，监视人们不许谈论国事。有个人在打电话时表示对复辟不满之意，当场被张勋的辫子兵打死。有个头发花白的老人在看报时，讥评复辟一事，也被辫子兵一条铁链拴走了。

再看前门火车站简直比过年的厂甸还要热闹，不仅是大户人家，就是小康之家都要买张车票，先躲到天津去再说。上车后，才发现几乎没有容身之地。7月5日，京津铁路的廊坊和万庄之间的路轨被辫子兵拆毁了两里有余，在京人士更加惊惶。有的南方人乘京汉铁路南下，有的干脆赴宣化、张家口躲避。可是，京津路断，外交使团不干了，向有关方面提出严重抗议，路轨很快又被修好。除了火车站之外，北京市面上一片萧条，素称最繁华的前门、大栅栏一带，店门半掩，居室紧闭，冷落如入无人之境。一时间，北京城内透着一种叫人不安的死寂。那些幸

复辟时的张勋

运跑出京城的人，急于兑换现银，虽然价比还不到六五折，也都在所不惜。中国、交通银行的纸币大幅贬值，中票一元只兑铜元 70 枚，交票才兑 60 枚（现银一元兑 120 枚），铜元票 10 枚只作 7 枚用——许多小商户根本不收铜元票。货币贬值，必然伴随着物价飞涨，一时间，市民叫苦连天，却又徒呼奈何。

这天，北京的旗人欣喜若狂，人们见面后互相道喜，以为又是自家的天下了。有些人议论着："听说，人家张大帅当年曾打败过革命党，连袁世凯也怵他一头呢！""我还见过大帅的军队呢，个个全都留着大清国的辫子。"唯有有些知识的人不以为然，议论着辫帅实在鲁莽，恐怕战祸是免不掉的了。

二 宣统皇帝的诏书

7 月 2 日清晨，皇帝的上谕在"宫门钞"上面刊布了：

一、朕不幸，以四龄继承大业。辛亥变起，我孝定景皇后至德深仁，不忍生灵涂炭，毅然付托前属臣袁世凯设临时政府，推护政权，公诸天下……乃国体自改共和，纷争无已……今者复以党争激成兵祸。据张勋、冯国璋、陆荣廷等以团体动摇，人心思旧，合词奏请复辟以拯生灵，又据瞿鸿机等合词奏请御极听政以顺天心，又据黎元洪奏请奉还大政以惠中国……不得已准如所请，于宣统九年五月十三日临朝听政，与民更始。自今以往，以纲常名教为精神之宪法，以礼义廉耻收溃决之人心……所有应兴应革诸大端，条举于下：

(1)钦遵德宗景皇帝谕旨，大权统于朝廷，庶政公诸舆论。定为大清帝国，善法列国君主立宪政体。

(2)皇室经费，仍照所定每年四百万数目，按年拨用，不得丝毫增加。

(3)禀遵本朝祖训，亲贵不得干预政事。

(4)实行融化汉满畛域，满蒙官缺已裁者不复，至通婚易姓等事，并着有司条议具奏。

(5)凡与各国签订条约,已付债款合同,一律有效。

(6)民国所行印花税,应即废止,以抒民困。

(7)废止新刑法,暂以宣统初年颁布现行刑律为准。

(8)革除党派恶习,所有从前政治犯悉于赦免。

(9)臣民无论已否剪发,悉听其便。

街谈巷议都说,这道上谕出自万绳栻、胡嗣瑗之手,经“圣人”康有为笔削而成,康还自鸣得意地对人说,纲常、明教两词实可抵半部《论语》,天下从此可望太平。明白人一眼看出,这九条所谓的革新大政,东拉西扯,风马牛不相及,以为是面面俱到,其实是非驴非马的东西。证诸康有为往日的文章风格,这封“上谕”绝非出自康之手。

张辫帅则对外国记者言:“民国成立以来,纷扰不绝,生民遭受涂炭之苦,皆由于共和不适于中国国情。故遍商于同志,断行复辟,以救国危,绝非为个人的名誉。且个人力微,非一人所能擅举,赞成者居大多数。如冯国璋、陆荣廷已互相联络,故两广及江苏已不足虑;余若山东、直隶、山西、河南亦赞成。黎总统虽不愿辞职,然彼已得一等公爵,当无所施为。仅段祺瑞反对此举,然其毫无兵力,不足悬念。”

接着,发表了黎元洪奏请归还大政的请求:

二、黎元洪奏称:前因兵变被胁,盗窃大位,谬领国事,无济时艰,并历陈改建共和诸弊害,奏恳复临大统以拯生灵,自请待罪有司等语……揽奏情词悱恻,出于至诚,从乱既非本怀,归政尤明大义……厥功甚伟,深孚朕心,着锡封为一等公以彰殊典,尚其钦承朕命,永荷天庥。

接下来发表的是一系列伪官员名单:

三、任张勋为政务总长兼议政大臣,梁敦彦为外务部大臣,王士珍为参谋部大臣,张镇芳为度支部大臣,雷震春为陆军部大臣,萨镇冰为海军部大臣,朱家宝为民政部大臣,詹天佑为邮传部大臣,沈曾植为学部大臣,劳乃宣为法部大臣,李盛铎为农商部大臣,桑诺尔布为理藩部大臣。

四、任张勋、王士珍、陈宝琛、梁敦彦、袁大化、张镇芳为议政大臣。

五、任万绳栻、胡嗣瑗为内阁阁丞。

六、任徐世昌、康有为为弼德院正副院长。

七、任张勋为北洋大臣兼直隶总督，冯国璋为南洋大臣兼两江总督，陆荣廷为两广总督，曹锟为直隶巡抚，齐耀琳为江苏巡抚，倪嗣冲为安徽巡抚，张怀芝为山东巡抚，阎锡山为山西巡抚，赵倜为河南巡抚，李纯为江西巡抚，杨善德为浙江巡抚，谭延闿为湖南巡抚，王占元为湖北巡抚，陈炳焜为广东巡抚，谭浩明为广西巡抚，李厚基为福建巡抚，唐继尧为云南巡抚，刘显世为贵州巡抚，杨增新为新疆巡抚，张广建为甘肃巡抚，张作霖为奉天巡抚，孟恩远为吉林巡抚，许兰州署理黑龙江巡抚，刘存厚为四川巡抚，陈树藩为陕西巡抚，姜桂题为热河都统，王丕焕署理绥远都统，田中玉为察哈尔都统，王廷祯为江北提督，卢永祥为江南提督，张敬尧为长江水师提督，龙济光为广东提督，陈光远为直隶提督，范国璋为浙江提督，吴光新为湖南提督，蔡成勋为福建提督，马安良为甘肃提督，马福祥为固原提督。

八、授瞿鸿机、升允为大学士。

九、锡封张勋为忠勇亲王。

十、锡封冯国璋、陆荣廷为一等公。

十一、康有为赏头品顶戴。

十二、王士珍赏穿军衣。

十三、京畿军警赏洋十万元。

十四、任载涛为禁卫军司令。

十五、着各督抚每省派三人来京议宪法国会。

十六、徐世昌授太傅，派曹秉章赴津迎之来京。

十七、张人骏、周馥均授为协办大学士。

十八、岑春煊、赵尔巽、陈夔龙、吕海寰、邹嘉来、张英麟、铁良、吴郁生、冯煦、朱祖谋、胡建枢、安维峻、王宝田均授弼德院顾问大臣。

十九、召郑孝胥、秦炳直、陈际唐、吴广坻、赵启霖、华世奎、翁斌孙等来京。

据知道内情的人说，以上的官员名单中，有些是自己削尖脑袋钻进去的，有些是自己认可的，还有许多是公布之后本人才知道的。北京的大街小巷里面，报贩子胳膊下夹着一卷，手里拿着一张“上谕”叫着：“六个大子儿买古董喽，这玩意儿过几天就成古董，六个大子儿买份古董可不算贵啊！”

三　群丑乱舞

复辟诏下，许多曾在逊清任三品以上的大员们，唯恐人后地进京跑到宫里给皇上磕头请安，然后再递手本于张勋的宅邸，希图捞个一官半职。所以，北京火车站形成一个有趣儿的景观，一边是拖家带口纷纷出京的人群，一边是鸡皮鹤发的无齿之徒源源而来。有认识的，遂在旁边指点着说，这是某某尚书，那是某某侍郎，这边的原是某省巡抚，那边的又是某地的道台。被指点者反而面带骄色，昂然而去。原来，那些曾受过浩荡皇恩的前清遗老，曳尾涂中已经六年，当年靠刮地皮得来的存项所剩无几，突然间大清国皇帝复辟，岂能不手舞足蹈，额手相庆？这些人唯恐腿脚慢了一步，大好时机被别人抢去，人同此心，心同此理，才有这千岩竞秀、万壑争流的壮观场面。前门西河沿、打磨厂一带的旅馆满坑满谷，人满为患，袍服翎顶，充塞道路。南河沿张勋的府邸不用说了，就是宣统的帝师——陈宝琛的门前也是车马鼎沸，名片似雪片飞舞，大有“眼前迎送不曾休，相续轮蹄似水流”之慨。

复辟骤然实行，民国各部院机关莫不惊诧不已，因为上面已经瘫痪，下面自然也就不灵了，有的跑了，有的照旧留在公事房里。不过没人还有闲心去办公，只是谈论着当前这一天大的变故。各机关只有警卫、茶役半死不活地在那里维持着。各审判厅、检察厅因废止民国刑法，仍启用宣统初年的刑律，无所适从之下，也一律停止诉讼。总统府已改为议政大臣办事处，新华门关闭，仍由西苑门出入。开辟为中央公园的社稷坛恢复了原来的名称，不再让庶民游览。民国原来的特简级高官大员们或者销声匿迹，或者投奔身在津门的段祺瑞，也有些摘下民国的平顶帽，戴上了前清的顶戴花翎。

上谕中有“康有为赏头品顶戴”，外间这才知道小皇上还是沿用清朝的旧冠服，好多人后悔不迭地跺脚叹道："早知道这样，当初该留一两件呀！"于是，旧朝新贵们纷纷派人到成衣店、估衣铺去搜罗。一时间，前门外那些冷落多年的冠带铺子、绣品铺子顾客如云。无奈民国之后，谁家还存那过时的东西，一时居为奇货。某个估衣店藏有蟒袍三件，原来每套只卖二十元，尚无人过问，这时被一个绸缎庄以每套一百二十元买走，然后以三百元一套卖出。实在不得已的，只好向旗籍人家去告帮借用。官位大的有面子，还可以有商量，那些名不见经传的小人物只得花钱租赁。那些存有旧冠服的旗人家顿时身价百倍，那个前清太傅徐世昌的箱底存了不少的蟒袍、花翎之类，居然大发利市。供不应求之下，有些人买来材料，雇成衣匠昼夜赶做，好像为新死的人赶制装裹一样。这样，倒成就了北京的绸缎庄和裁缝铺，没有一家不是生意兴隆，也算是发了"复辟"之财。穿戴都好对付，难办的是头上的辫子，有人灵机一动找来马尾做成假辫子充数，一时，马尾又成了紧俏之物。弄得百姓们哭笑不得，编出顺口溜道："不剃辫子没法混，剃了辫子怕张勋。"那些剪了辫子的人唯恐"宣统回了朝，秃头要开瓢"！还有些人，跑到戏园子问唱戏的商借行头，每天的租金就要五元，真成了"优盖衣冠"了。有的实在无法，穿着素缎大褂权充官袍，买不起官靴，借一双军官的长筒马靴，五花八门，招摇过市，北京人戏称"跑祖宗"了。最后，有些人干脆跑到棺材铺里面去买寿衣、寿帽，装扮起来，傍晚时分，这些年过花甲或是接近古稀的遗老们，穿着寿衣，戴着寿帽，幽幽地行走于大街之上，好不吓杀人也！

复辟时，北京前门外廊房头条胡同各商家纷纷悬挂龙旗的情景

知道底细的人明白，这不过是张勋演的戏法，他早就想要复辟大清国，他的辫子兵把辫子盘在帽子里面，就是一个明证。不过，袁世凯活着的时候，他还有所忌惮，所以隐忍未发而已。现在袁宫保已死，北洋系群龙无首，正给他造成机会，于是图穷匕见，便自拉自唱导演了这么一场闹剧。

第二章 复辟、复辟，不绝如缕

一　癸丑复辟

1 青岛是复辟大本营

辛亥革命义旗将油干灯尽的清王朝一举扑灭，许多遗老标榜不做民国的官，不食民国的俸禄，纷纷避往上海、青岛、天津、大连等有租界之地。在青岛的遗老有：于式枚、刘廷琛、赵尔巽、周馥、陆润庠、劳乃宣、辜鸿铭等人。上海的遗老有：瞿鸿禨、陈夔龙、沈增植、陈三立、李瑞清、章梫、冯煦、余诚格、樊增祥、袁树勋等人。在这些遗老中，有些人不仅眷恋前朝，心存清室，而且多方为复辟策划、奔走，以居住在青岛的遗老活动最积极，而青岛的遗老是围绕在小恭王溥伟周围的。溥伟是老恭王奕䜣的长孙，1898 年奕䜣死后袭爵继承王位。因溥伟与逊清皇帝的亲缘最近，而且反对民国最力，自然成为复辟派的首领。

1913 年，溥伟将李鸿章的孙子李国杰叫到青岛，对他说："朝廷逊位是受了袁世凯的欺骗。现在各地人民无不怀念大清，尤其是满蒙藏民绝不会与袁合作。我们的计划有三方面，即军事、外交和财政。今天的北洋军人都是从淮军脱胎而来，淮军将领多和你家素有渊源，只要你登高一呼，必然群起响应。再有东西洋各国都是同情清朝皇室的，外交方面由吕海寰担任，他是外交耆宿，取得各国的协助是有把握的。剩下的就是财政问题，看来是非君莫属，今天请你来，就是要借重阁下。”李国杰说：“小爷在人家的掌握之中，如果搞得声气太大，难免被人发觉，岂不有性命之忧？”溥伟答道：“举大事者，须知危而后安。社稷之臣当知社稷为重的道理。”李国杰听了，知道这是个不足与谋的呆子，遂告辞而去。

围绕溥伟周围，最得力的人物是刘廷琛。

刘廷琛（1867—1932），字幼云，号潜楼，江西九江德化人，光绪二十年进士，曾给溥仪进讲。他和张勋的参谋长万绳栻还有一段渊源。刘廷琛的父亲刘云樵是万绳栻的堂叔万福康的属下，在浙江任嘉兴知县。刘廷琛后来入了翰林院，又外放为陕西提学使，万福康看他有些前途，便想与之结纳。那时上下级是不准结拜的，但却可以联姻，可是万福康又没有子女，于是万福康先过继了一个侄女为自己的女儿，然后嫁给了刘云樵的次子。

官场经常利用结亲的方法钩织关系网，所谓裙带关系是也。万家和刘家联姻，刘家和周馥结成儿女亲家，周馥和袁世凯又有亲家关系，形成所谓“四门亲家”。由于这种关系，刘廷琛在清末做到了学部副大臣、京师大学堂监督。民国之后，刘廷琛并不认同袁世凯的政府，而是一心要恢复大清的天下。徐世昌任国务卿后，在政事堂成立一礼制馆，准备聘刘廷琛为顾问，但被他拒绝。刘说：“沉观三年，灼见病源实在于此（指共和制）。”还说：“民主国制度与中国国情不适，已为众人所信。然袁公兀自称帝，有悖初衷，亦必为中国举国所不服。为今之计，惟返还大政于大清皇室，复还内阁总理之任。”

刘廷琛虽与张勋有同乡之谊，但起初对张的政治态度尚有怀疑，后来通过曾做过济南知府的黄曾源结识了张勋幕中的涂绍光，又见到了小恭王派去的王宝田，才开始与张勋建立联系，自然他和万绳栻是最熟悉的。从此，刘成为复辟运动中的一员干将，复辟的决策大多有他的参与，复辟时的“上谕”也多出自他之手。

来往于青岛途中的亲贵、遗老有肃亲王善耆、升允、刘廷琛、沈曾植、王乃征、于式枚、胡嗣瑗、陈曾寿、陈毅、温肃、章梫、胡思敬、王宝田、劳乃宣、辜鸿铭、康有为等。

这些人集聚青岛不是没有道理，一是青岛自从1898年租借给德国之后，实际成了德国人的独立天地，而德国是最支持中国恢复帝制的。再有，这些人看中了民国二年（1913）移防兖州的张勋。小恭王和周围的复辟策士们日夜谋划，介绍王宝田结识张勋，使之成了张的幕僚。张勋时常移樽就教于王宝田，二人深夜交谈，通宵达旦。

张勋出身不高，本人也粗陋无文，却知道敬重斯文，他驻防兖州时，与曲阜相邻，曾派兵把守孔庙、孔林。袁政府有一度准备收回孔子后代衍圣公的祭田，在张勋的干预下，也未能实行。复辟派看到张勋的举动，甚为合意，更加引为同志。

2 张勋想举兵攻打济南

1912年11月，刘廷琛路过兖州，张勋一见之下，复辟志趣完全相同，相见恨晚，遂感叹道："先生来得太晚了呀！"刘单刀直入问他："你看袁世凯这人怎么样？"张勋道："他虽然和我有二十年的交情，但以他现在的作为，真是乱臣贼子一般。"刘说："去年南京一役，你为朝廷出力最多，你的功劳最大。怎么能俯首于乱臣呢？"张问："那该怎么办？"刘说："最好发布讨贼檄文，复辟清室，申大义于天下。"这是二人结成政治同盟的开始。

1913年初，袁政府曾有移清室于颐和园之议；春天，隆裕太后去世，复辟派痛恨异常。在小恭王策划下，刘廷琛、陈毅（字贻重，湖南人，清末任邮传部左丞）又过兖州，重提旧话。张勋特派他的幕僚王宝田、涂绍光到青岛商洽其事。小恭王纠合青岛的宗社党决定起事，日期定在4月7日，后又推迟到4月9日，由青岛、兖州两路夹攻袭取济南，连起兵的檄文、告示都已写好了。事先，温肃（字毅夫，广东顺德人，清末任都察院御史）曾北上天津，与在冯国璋幕下的胡嗣瑗联络，试图说动直隶都督冯国璋一道起事。冯也曾模棱两可地表示同意到时将予以策应。张勋又联络了兖州镇守使田中玉相助，田假意答应，实际是山东都督靳云鹏派来摸底的奸细。田中玉将于式枚拟就的檄文诓骗到手后，靳云鹏飞报袁世凯。袁获知张勋等人阴谋后，佯装不知冯国璋参与其中，亲自打电话给冯，叫他防堵张勋北上；一面下令山东全省布防，由田中玉的第五师截断济南、兖州铁路，阻断张勋的运兵线。张勋因阴谋泄露而取消行动，只派部下阎永清去济南刺探军情。火车开到党家庄，被田中玉军队将路轨拆毁，阻其前进。袁世凯当时正在全力对付南方的国民党，无意在北方再挑起战争。另外，冯国璋估计张勋在计划外泄之后不会轻举妄动，便劝慰袁说，都是靳云鹏小题大做，绝对不会有这种事。袁世凯乐得顺水推舟，便也不再深究，嘱咐山东都督靳云鹏、民政长周自齐少安毋躁。张勋反而倒打一耙，说靳云鹏诬陷好人，袁又派田文烈、阮忠枢前往兖州疏通，才将这个复辟计划打消。

后来在1916年，陈毅路过兖州，回忆往事，还曾写下《济浦道中》七绝一首：

歧路回车动客愁，济南遗辙认春游。
蝉声夹道如相诉，千里槐荫过兖州。

这是张勋第一次的复辟活动。

黄兴在南京得悉张勋有讨袁举动，便派人来兖州游说他，一起北伐讨袁。张勋虽然并不满意袁世凯，但他更加痛恨国民党，便一口回绝了黄兴。1913年3月，黄兴果然派冷遹进攻山东，张勋不计前嫌出兵帮助田中玉一起将南方军队打败，可见张勋对革命军的仇恨远甚于对袁的不满。但是，袁并未因此而放松对他的疑忌，反而命徐世昌来兖州收回了他在前清时的两江总督和南洋大臣的印信，同时断绝了对他的军队提供饷械——意在使这支杂牌军自生自灭。

到了这年夏天，二次革命起，还是胡嗣瑗劝冯国璋替张勋向袁世凯疏通，命张和冯一道南下进攻革命军。袁世凯调冯国璋、段芝贵和张勋合攻南京。

在这个节骨眼上，刘廷琛、胡思敬、陈毅、于式枚等人再到兖州，试图鼓动张勋再次趁乱起兵。张勋想联络冯国璋一道要挟袁实行复辟，否则倒戈北上。冯答复他说：“我们现在先帮助袁宫保攻下南京，少轩一定可以得到江苏都督。那时，我在北洋，你在南洋，南北联合，就可以为所欲为了。”实际是推托之辞。张勋反复权衡之后，终于不敢妄动。

袁世凯对青岛的宗社党复辟活动一直在密切注意着，1913年夏天在天津侦破一起宗社党案件，多人遭到逮捕，羁押。袁派人到青岛，请小恭王遣散其徒众，搬回北京居住，否则将取消清室优待条件，并予以严惩。小恭王回书，傲慢地答曰，君欲嗜杀，非余敢所问，至于取消优待条件，我又不是皇帝，与我何干？老袁拿他没有办法，只好加紧监视青岛诸人的活动。

二　丙辰复辟

1 肃亲王善耆

前清皇族中，另一个热衷复辟的人物是肃亲王。

肃亲王善耆自民国以后，就寓居大连，受日本人的保护。善耆是清末满人亲贵中少有的头脑清醒人物，他看出大清天下摇摇欲坠，竭尽全力想要以一己之力挽狂澜于既倒，支大厦以独木，但终未如愿。清廷覆亡后，民国政府没收了他在满蒙的田庄采邑。本来清廷封给王公贵族的封地只是食俸并非私产，但肃亲王却妄图将其变为自己的领地。他以自己的全部家产，又向日本大财阀仓喜八郎借款一百万作为军费——先付三十万作为启动费，其余七十万由日方代为保管，准备起事于东北白山黑水之间，推倒袁世凯，正清室大位，在其祖宗兴起之地重新复兴祖宗的基业。日方“慷慨”地答应他可以不收利息，但要以吉林的“间岛”相酬。他派自己的儿子金宪开去日本，在日本浪人头山满的中介下，达成了这笔交易。

其实，日政府并非厚爱于他善耆，只不过利用他做工具，在中国制造混乱，趁机推翻袁世凯，以形成日本独霸中国的野心。与善耆同时，日本人还资助了上海的陈其美、山东的居正一起发难。

肃亲王善耆

善耆可以支配的武装力量是蒙古悍匪巴布扎布(1875—1916)的五千蒙古兵马，由日本人供给军火。他还通过赵尔巽联络了吉林的孟恩远及其外甥高士宾，等时机成熟，三方面一起发动，以犄角之势攻取奉天。善耆通过他的外国盟弟川岛浪速说通了大限首相，取得了关东军的奥援。双方达成了这样的共识："满洲独立，恢复大清国号，与日本友好，共同防备俄国。两国成立军事同盟，由日方训练军队。日本交还南满铁路，旅顺、大连两个港口给满洲，满洲则欢迎日本经济投资。"日方令现役军官第五联队长土井大佐率同大批下级军官，组织反政府军。1916年春，于大连集合宗社党两千余人——大都为胡匪，组成"勤王军"。但是由于川岛行动的延误和日本国内政局的变动，寺内正毅首相上台后，改变了对华政策，使他们的计划破产。

这时，张作霖在东北地区蹿起，对善耆等人的阴谋有所觉察，自然不能容忍他们在自己地盘上胡作非为。善耆和日本人遂将张作霖看作绊脚石，必欲除之而后快。但是几次暗杀计划都中途失败，走投无路之下只好铤而走险——善耆把儿子金宪奎送到巴布扎布军中作为人质，巴布扎布直接发动武装叛乱。

肃亲王善耆的第十四女金璧辉与其兄，金璧辉即是川岛芳子

此际，北洋的有些人正在徐世昌倡导下，大做复

辟梦。1916年春，经驻天津的日本驻屯军司令石光真臣的居间联络，善耆、巴布扎布都派代表到天津与朱家宝、雷震春、张镇芳等搭上了关系。巴布扎布声称日本方面向他们提供了最新式的枪械，准备明年开春后大举南下，希望关内同仁届时予以响应。洪宪帝制余孽雷震春曾在奉天和张勋一起带过兵，自告奋勇地答应运动张家口军队，届时接应蒙兵。雷又亲自到徐州和张勋、倪嗣冲约定，待蒙军到张家口时，张即借防守京师为名，派军北上，拥戴宣统复辟。他们并将所议办法，密电冯德麟，请他届时一致行动。又通过万绳栻和胡嗣瑗联络，叫他去说服冯国璋。

2 日本人参与其中

再说，日本大隈重信内阁的对华政策飘忽不定，时而有自相矛盾之处。他一方面支持南方革命党推翻袁世凯政权，另一方面又暗中支援北方宗社党复辟清政府的企图，其最终目的就是摧毁袁世凯政权。为配合日本政府，川岛浪速、五百木良三等人与蛰居旅顺的肃亲王密谋，准备策划蒙古巴布扎布起兵进占东三省并制造独立，然后在全国实行复辟。

不料，袁世凯已于6月去世，由黎元洪、段祺瑞分别出任总统和总理，日本政府很快转变了对华政策，川岛浪速等人在东北的活动受阻。

可是，巴布扎布于1916年7月1日在海拉尔贸然起事。巴布扎布的军队行军不带粮草，只靠沿路抢劫——是一支名副其实的匪徒。他的骑兵队伍很快挺进到吉林洮南，张作霖急忙调兵，吴俊升率领黑龙江骑兵迎战。第一回合，巴布扎布大胜吴俊升，24日攻克奉天突泉县，但是巴布扎布孤军深入，后援支持不力。26日，突泉被吴俊升收复。蒙匪败绩后，退至南满铁路附近的郭家店。南满是日本的势力范围，不愿意叫巴布扎布侵入，巴匪趁机要挟索要武器弹药。张作霖要求用铁路运兵追击巴匪，被日方拒绝，军队只好徒步从长春赶到郭家店。日本驻军见势，出兵把蒙匪团团围住，使中国军队无法进攻。日方并向中国军队声明：南满铁路沿线不准开战，以阻止中国军队追击。日本浪人佃信夫等还亲赴郭家店表示慰问，巴布扎布哀叹："本人谬承复辟先锋之重任，壮志未酬，功亏一篑，遗恨千载。”说罢逃窜回内蒙。日本又使大连勤王军八百余人加入蒙匪，跟随巴布扎布窜回内蒙，像流寇一样骚扰各地。日本马队随行其后，假称是监视其行动，实则为之掩护，使中国军队奈何不得。

最终，巴布扎布于1916年10月12日，在遭遇姜桂题军队的战斗中，被流弹击毙，他的蒙古“健儿”瞬时土崩瓦解了。张勋、雷震春之流的计划也未能实现。随后，日本人挑起“郑家屯事件”借故寻衅，因和本文关系不大，在此不多涉及。

1916年10月，大限重信内阁垮台，原任朝鲜总督寺内正毅接任首相。寺内同样认为共和体制不适合中国国情，因此他的内阁虽然部分地调整了对华方针，表面上转向支持中央政府，但是对浪人组织并无多大的约束力。

后来，善耆又和康有为、白俄司令谢米诺夫都有过联络，但是一事无成。张勋也曾派人去和善耆接洽，但善耆以为张勋粗俗无知，不足与谋，拒绝了他的使者。

三　冯国璋一度热衷复辟

1 冯国璋和胡嗣瑗

冯国璋（1859—1919）字华甫，河北河间诗经村人。早年，其祖上有些薄产，后来，家产全都败光，以致他祖父无处藏身，只好住在村子里的家庙中。冯国璋行四，几个哥哥都已分家另过，所以自幼家境贫寒，冬天读书时，甚至没钱买柴生火取暖。他的三个哥哥都是贡生，他也曾到保定莲池书院读书，因家贫辍学。冯于1884年，依族叔祖冯晓亭，到天津大沽投军，在统领刘琪手下当兵。刘琪看他有些文化，便于1885年保送他到天津武备学堂读书。这一年他回家应试，因他算学较好，考中秀才。不过看来冯国璋这个秀才也是徒有虚名，于中国文字一窍不通。他当了总统后，曾把自己的照片赠给日本顾问青木宣纯，亲自在上面题写“青木先生雅正”，命礼官处代送。礼官处的官员为之啼笑皆非，不知他请人家怎么“正”他，是正他的衣冠呢，还是正他的那副尊容呢？

1890年，冯从武备学堂毕业，留在学校当了一名教员。

袁世凯在小站练兵时，请荫昌推荐教官，荫昌把王士珍、段祺瑞和冯国璋荐给了袁。从此这三个人的一生与袁结下不解之缘，并有北洋龙、虎、狗之称。袁世凯对他们三个人也是信任有加，委以重任。冯极感戴袁的知遇之恩，遂拜为袁的门生，袁的子女都喊他哥哥，虽然他比袁还要大几个月。冯国璋和段祺瑞两人一直在袁跟前争宠，王士珍经常站在比较随和的冯的一边。

1906年，冯国璋署理正黄旗蒙古副都统，兼贵胄学堂总办。因为贵胄学堂的学生都是清室亲贵子弟，所以冯借机认识了许多当朝权贵，很受朝廷信任。1907年，冯成了陆军部军谘处正使，次年又升任西陵梁各庄值班大臣。1908年，慈禧太后去世之后，袁世凯失势，冯为了避嫌，恰逢其原配夫人去世，遂以此为由请辞一切职务，但被摄政王慰留。

冯国璋表面上一直对清廷是忠心耿耿的，当他攻下汉阳后被封为二等男爵，冯国璋在接到封爵的电报时，眼含热泪说：“想不到我一个穷小子现在也封爵了，真是天恩高厚啊！我一定得为朝廷出力报效。”说着，竟号啕大哭起来。这之后，冯三番五次地发电报给总理大臣袁世凯，多是“时机万不可失”，“武昌唾手可得”等。看来冯并不了解袁的真正计划，所以当袁世凯电令他停止进攻革命军时，他开始怀疑袁别有用心，亲自入京，托人向隆裕太后启奏，要求拨给饷银四百万，愿把平定武汉的任务独自承担起来，无须依靠袁的力量。隆裕太后表示，一时难筹四百万银子，但可以立即拨发三个月的饷银。于是，预定某日临朝时先召见冯，召见后立即降旨发表冯的任命。不料，袁世凯的耳目遍及宫内外，被老袁抢先一步，到了那天还是先召见了袁，使冯原来的计划成为泡影。冯国璋卖力攻打汉阳，是为了消灭革命党，好博个位列公卿，封妻荫子。很快，袁派段祺瑞接替冯国璋担任前线指挥，调冯为察哈尔都统。

但冯并未上任，就被委任为禁卫军总统官。他心里老大的不高兴，因之对袁世凯有了看法，不过其时他羽毛未丰，不敢有所表示而已。

在这个期间，袁派其长子袁克定退还冯当初递的门生帖子，并序了兰谱，即表示以后以兄弟相待。但是，在对待满清朝廷的问题上，冯和袁一直是有分歧的。在袁逼迫清廷的时候，袁曾召集会议，说明清廷将要逊位。冯不满地说："逊位给谁？"袁答道："逊给国民。"冯才无话可说。段祺瑞在武汉前线通电逼迫清廷退位，忠于清廷的冯国璋还要去电质问段，后来在别人劝说下，才没有发电。袁也明白冯国璋等人对清室的态度，所以在筹备洪宪帝制时，把这几个往日的心腹都排除在外。

梁启超早已和冯国璋建立联系，他于1915年6月下旬在从广东回来途中到了南京，成了江苏上将军府的客人。正好一直被屏弃于帝制活动之外的冯国璋，为了当时外间传说纷纭的帝制问题，想去摸摸袁的底牌。冯与梁说："我的辩说能力远不如你，你的实力不如我。我们两个人一起去见他，反复劝说、开导，总可以把他说服的。"梁启超花了一天一夜起草了一个劝说纲要，细细地列了几十条，凡是可以成为理由的无不备举。冯便于1915年6月27日，偕同梁启超，借着进京述职的机会来到北京。冯一连三次谒见袁世凯，每次袁都同他共进午餐。在热情招待老部下的时候，袁的内心喜悦表现在脸上，酒酣耳热之际，袁世凯笑着说："你们二位此行的目的，我知道得很清楚。是劝我不要做皇帝，是吧？"接着，他把话锋一转又说："我请问二位，我要是做皇帝的话，是做一代就绝种的皇帝呢，还是做传至千秋万代的皇帝呢？"冯、梁二人一时惊得说不出话来。袁又说："我并不是蠢人，当然是希望做万代天子。"说完，他长叹一声："我有17个儿子，现在就可以把他们都叫出来，站在你们面前。任公，你最有识人之贤，你来替我选一个可以继承皇位的出来。等你选出来，我再决定称帝也不迟。不过，也只可做两代皇帝。"梁启超顿时觉得他一天一夜的功夫全都白花了。

冯还不死心，他说："外间既然有这么多的传闻，其实，以总统的地位、勋业来说，全国无人可比。这时候，真的做进一步的计划，也不是不可行。"

袁回答说："华甫，你是我多年的老弟兄，怎么会不知道我的心事，还说这话？不过，辛亥革命成功的过于容易，很快实行了共和政体。三年多来，党人到处捣乱，使国民不能安居乐业，所以就人心趋向来说，共和并不适合中国。我也想听听大家的意见。华甫，你怎么看这个事情？”

冯说：“如果国体变更的话，总统认为谁来主持这个国家合适呢？”

袁答：“依我看，最好还是还政于清。”

冯说：“现在人心已去，怎么能还政于清呢？”

袁说：“那么找一个明朝的后人，姓朱的来主持怎样？”

冯说：“明朝的后人，现在放在那里有一个，就是延恩侯朱煜勋。我是做过正白旗汉军副都统的，朱是正白旗的人，和他见过几次面。他那个样子怎么行呢？”

袁又说：“那就仿照梵蒂冈教皇的办法，让孔燕庭（孔子74代孙孔令贻字燕庭）主持。”

冯笑着说：“在我们中国，那怎么办得到呢？按我的意见，就请总统正大位，岂不最好？”

袁于是向他讲了一番自己的肺腑之言：“华甫，你说今天总统的权力和责任，跟皇帝有什么两样？一个人当皇帝，无非是为了子孙。拿我来说，老大是瘸子，老二以名士自居，老三是疯子，其他的都还小，怎么能把国家交给他们？再说，历史上的帝王之家没有有好下场的，我为什么要这样做？”

冯插言道：“可是到了天与人归，黄袍加身的时候，想推怕也推不掉了。”

袁又说：“我决不干这种傻事。我有一个儿子在伦敦读书，我已叫他在那里置了一点产业，如果再有人逼迫我，我就到伦敦去，再也不问国事了。”

冯国璋从老袁那里出来后，袁世凯的二儿子袁克文在中南海流水音宴请他，作陪的有段芝贵、唐在礼以及几个内史（秘书）。冯在宴席上面愤愤然道：“总统胆子太小，中国不实行帝制，绝对不能强盛。可是今天我向总统劝进，总统把我训了一顿。怎么办呢？”袁克文说：“恐怕时机不到吧。”冯说：“国民党二次革命被打败后，正是好机会。那时我就劝他。总统不肯，说是怕违背民意。民意是什么？想做就做呗，管什么民意。唉！总统当初挺果断的，现在怎么有些前怕狼后怕虎的。”

当天晚上，袁世凯回到家里，连声地说："冯华甫岂有此理！冯华甫岂有此理！"

袁、冯之间的这个谈话通过梁启超在上海的报纸上发表后，有关帝制的传闻顿时平寂了下来。不料这次谈话不久，筹安会即告成立，冯国璋心中气愤难平："唉，总统哪里把我当作自己人？"

当袁登极前夕，一次段芝贵把在模范团当排长的冯国璋三儿子冯家遇找去，请他到南京转告他父亲，"帝制的事情，他同意也得这么做，不同意也得这么做"。冯表面上没有反对，但暗地里却鼓动各省将军抵制。不过，袁世凯死后，冯想起他对自己的恩遇，悲从中来，一时号啕大哭。

冯国璋于1912年7月底就任直隶都督，以恽宝惠（恽毓鼎之子）、刘宗彝、长兴等人任秘书。恽以三十岁左右的青年膺任秘书长，一再以能力有限为辞，请冯另请高明。经过齐耀琳推荐，由原禁卫军顾问铁忠介绍胡嗣瑗来到冯的幕下。冯国璋与胡嗣瑗一见如故，大有相见恨晚之意——是复辟的共同志向将他们联系在一起。后来，冯任江苏都督，于宣武上将军府行署特设一谘议厅，安排胡为厅长。胡嗣瑗（1869—1946），字晴初，贵州人，光绪二十九年（1903）进士，清末任翰林院编修，并曾充当直隶总督陈夔龙的幕僚，是个顽固的复辟派。

一次，胡在公文中见到小恭王溥伟属下递交给冯国璋的一份呈文，内有"与公面约复辟之举，望速进行"的话语。胡趁冯左右无人时，将呈文递了上去，冯看过之后，发作道："这伙人胆子太大了，立刻送给总统看！"胡低声道："不能，这个呈文绝对不能给总统看。"冯问道："是什么道理？"胡慢悠悠地说："呈文明明说与大帅有约，总统看了，岂不怀疑到大帅头上？"事情已经点破，胡趁机询问事情原委，冯只好承认确有其事，但一再表白说："我不过是虚与委蛇而已。"

老袁也看出冯的不稳，遂趁着冯的老妻病故，于1914年1月，亲自做媒把袁家的家庭女教师周砥嫁给冯做续弦，一方面为了笼络冯，实际却有监视之意。胡嗣瑗正是利用冯、袁的这种矛盾，推行他的复辟计划的。

1913年6月二次革命时，张勋、冯国璋先后攻入南京后，袁竟然违背当初

“谁先攻入南京，谁做江苏都督”的诺言，想把江苏都督授予雷震春。胡嗣瑗为了拉拢冯、张，离间冯、袁，建议冯出面保举张勋为江苏都督，对冯说：“袁宫保不仅是疑忌张少轩一人，对大帅也不放心。大帅如果与张联成一片，袁就有所惧而不敢轻动。若是单打独斗，则势孤力单，容易落入别人圈套中了。”冯便叫胡拟就一封长电力争，袁只好让张勋当了江苏都督。

说起张勋，虽然是个老粗，却懂得尊重文人，这倒也是他的长处。不少翰林院的人都是他的朋友，如贵州的胡嗣瑗、广东的温毅夫、江西的刘廷琛等人。胡嗣瑗介绍了康有为的弟子潘博到张勋处做秘书，但因为潘的政治色彩过于显眼，张勋又转介潘做了冯国璋的幕宾。这时潘博和胡嗣瑗都来到冯的幕下。胡、潘都是秘密宗社党的人，此时一个做了冯国璋的秘书长，一个充任张勋的代表，形成里应外合的局面。冯虽然认字，却倦于公事，来往书信电报一律交给秘书长办理，胡趁机上下其手，闹出许多阴错阳差的事情。

对于胡的行径，袁在北京也时有所闻，袁世凯在密谋帝制的时候，为了消除冯国璋方面的阻力，竭智竭虑地要把胡嗣瑗从冯身边赶走。首先，以政事堂名义任命胡为金陵道尹，被胡、冯一道拒绝。袁又派阮忠枢南来“驱胡”，但胡仍不就任，却赖在南京不走。直至后来，袁要加害于他，胡才匆匆跑到上海，但仍不时来往于南京。袁世凯在帝制问题上花言巧语应付冯国璋在先，又千方百计驱赶胡嗣瑗在后，这两件事情极伤冯的感情，从此他和段祺瑞一样公开或半公开和老袁闹起了对立。

1916年3月，袁不得不取消帝制之后，在胡嗣瑗的鼓动下，冯曾有复辟清室之意，遂劝袁退位，并致书张勋及段祺瑞征询意见。段把冯的信拿给袁看，袁大怒道：“如果到了该办这件事的时候，还有我在，哪里会轮到他？”

2 冯国璋和张勋

1913年，二次革命战起，冯国璋以直隶都督兼任第二军军长，恽宝惠为军司令部秘书长。冯南征乘专车抵济南时，胡嗣瑗追踪而至，按理说，胡为直隶民署首席秘书，地位虽然至关重要，但并无参与战事的必要。冯不急于南下，反而拐到兖州会见张勋。这时小恭王推荐给张勋的恽毓昌(前清御史恽毓鼎的堂弟)、王宝田都在张勋的幕下，也是力主复辟的干将。胡嗣瑗、恽毓昌专门负责联络冯、张，都负有特殊使命，自然与复辟清室有关。

1916年6月6日，袁世凯病逝，冯国璋发布通电，请黎元洪正位大总统。这时，张勋派他的幕僚王宝田和恽毓昌以参加袁的追悼会为名来到南京，二人找到胡嗣瑗，请他转交张大帅的一封亲笔信给冯。信中大意说，袁世凯已死，北洋系统群龙无首，正是复辟的绝好时机。三人又于7日彻夜说服冯与张合作，并谋划复辟的计划步骤。他们打算先由张勋率二十营部队入京保卫宫禁，冯续派五千人马北上，为张勋料理后路，使其无后顾之忧。冯并允诺拨款40万资助张勋军费。恽毓昌提议由冯写一亲笔信给张，以坚定其心。8日上午，南京上将军府行署以及驻军官员在南京毗卢寺举行了“袁大总统追悼会”，冯国璋令其机要秘书恽宝惠在庙里给张勋写了一封信：

> 项城长逝，中原无主，义旗北指，此正其时。兄若锋车先发，弟当部署所部以随其后。事贵速断，敢布胸臆。

胡嗣瑗、胡思敬、恽毓昌、王宝田等人对冯如此痛快予以合作，且表现积极，莫不大喜过望。他们商定先由冯、张联名发一通电，建议中央速定大计，否则将率兵进京。因电稿须次日由冯过目才能带回徐州交张勋拍发；几人掩饰不住内心的激动，认为复辟大业，顷刻之间即可成功，便跑到秦淮河风流了一晚。等他们第二天赶到徐州，把信交给张勋的时候，却已时殊事异了。

6月9日，冯国璋又给张勋发出一电，告诉他前事宜缓行。冯的态度何以转变得如此之快，这其中和日本人大有关系。原来，日本驻南京领事船津辰四郎在袁的追悼会之后，曾面告冯说：日政府以袁世凯逝世，中国若有变乱，日本在中国的既得利益将受到损害，所以已命令驻朝鲜的两个师团整装待发，一有变动，即进入中国境内，且日本国内也有两个师团待命而发。冯听了后，觉得若是引起外人干涉，于国家安危是件冒险的事情，这才急电张勋，叮嘱其缓办所议之事。

电报打到徐州，恽毓昌还未回来，胡思敬正拟去青岛与日本驻军司令接洽。不意恽毓昌见到张勋时，张的态度骤然变化，将复辟之谋推诿给恽、王自作主张。在回复冯的电报中有："……并无此意，来语何所见而云然？"二胡与恽、王大为懊丧，冯亦有苦难言。

这之后，江宁镇守使王廷祯和警察厅派密探监视胡嗣瑗的行动，冯的儿子冯家遇、女婿陈之骥还到胡的寓所威胁他，若再不离开南京，将要对他有不利行动，这才把胡嗣瑗赶到上海去。

张勋的态度又为何变得如此之快呢？其实是驻在蚌埠的安徽省长倪嗣冲被段祺瑞所利用，在其中起到搅扰的作用。段以为责任内阁非己莫属，如果复辟成功，将横生许多枝节。遂通过倪鼓动张勋部将说冯不可靠，连万绳栻也被倪说动。万绳栻是张勋亲信，对他的影响很大，而且，万与胡、恽、王也有矛盾，遂使张勋改变初衷。倪和段二人同为皖人且素有渊源，所以他在袁死后又改为拥段，也是势所必然。而且，倪嗣冲以所辖地盘与张勋毗邻，为了不得罪张勋，只好甜言蜜语地顺着辫帅说话，张勋为人粗鲁，也就信以为真，上了他的当。

事情虽然未能办成，冯的信却落到张勋手里，因此张勋认定冯国璋是他的复辟同道。不过，冯、段之间，冯、张之间，倪与冯、张之间的矛盾已初见端倪，张勋最后的失败也伏机于此了。

四　徐世昌扬言还政于清

洪宪帝制起，滇黔发难，各省响应，迫使袁取消只延续了八十三天的帝制。恢复共和后，袁仍居大总统之位，西南诸省不肯罢兵，以袁既已称帝，其民国大总统职位早已不复存在，敦促他退位的电报一日有数十封，声言可以免其一死，逐出国外，子孙三代剥夺公民权利。袁党势穷力绌，仍力图挽回。曾派阮忠枢三赴徐州，斡旋于张勋、冯国璋，二人遂联名向西南提出八条方案，第一条谓："遵照清室赋予组织共和政府全权原旨，承认袁仍居大总统之地位。"西南方面大哗，冯又将第一条改为："承认袁总统暂负维持责任。一面迅筹国会锐进办法，俟国会开幕，袁即行辞职。"这样，来回电报往返，双方始终谈不拢。

当时国务卿是徐世昌。

徐世昌（1855—1939），字卜五，号菊人，生于河南汲县。光绪八年（1882）到北京乡试，曾在琉璃厂的吕祖庵求签，签上批的是"光前裕后，昌大其门庭"。结果，其胞弟徐世光中第 95 名，而他中在第 145 名。为此，他一直崇拜吕洞宾，甚至在他后来做总统时，仍是如此，竟在总统府内设立吕祖堂，天天膜拜不已——据说他能够活到八十四岁的高龄也是得益于每天跪下、站起的运动。1886 年，徐中进士。三年后考满，授翰林院编修。当时的翰林院掌院学士为李鸿藻，李对徐的评价是"虚矫过人"，因此他在翰林院 9 年从未开坊（即放学差，做督学使）。作为七品官的徐世昌经济很是拮据，年节送给上司的节敬只有二两银子。他还曾到定兴鹿传霖家里做过塾师，为了省钱，把家都搬了去。

1895 年，袁世凯在小站练兵，请他去做营务处。庚子年间，其叔徐嘉禾任湖北钟祥县知县，劝他去西安行在，表示对慈禧的效忠。徐于 1901 年的正月到达西安，受到西太后的嘉奖和重视。回銮时，他绕道武汉，拜见张之洞，张对他也极为看重。从此，徐摆脱了晦运，开始走上官场的坦途。

再说，在南方势力不肯罢兵，坚持要袁世凯退位，双方相持不下的时候，徐世昌自想：他手里没有一兵一卒，难以和冯、段争锋，但以自己在前清的地位，又不愿屈居二人之下，何况他在紫禁城的小朝廷里还挂着太傅的尊号，所以反复权衡，只有复辟清廷，才能解决这个难题。便和袁世凯说："民党煎迫至此，不如以大政归还清室，项城虽退位，仍不失总理大臣之位，掌握实际政权。不然我们没有立足之地了！"袁也表示首肯。于是，他立即与张勋、倪嗣冲等人电商，实行复辟，谓"此系一生荣辱，非鸡虫得失可比"。此议正中张、倪二人下怀，马上复电赞允——正因为如此，所以张勋一直也把徐视为复辟的同志。

取得共识后，由梁士诒、张镇芳、朱家宝等分头向清室方面多次磋商，可是却被打了回票。清室要人，原摄政王载沣、内务府大臣世续惧于政海风浪，敬谢不敏，不敢应承，一个劲儿地说："你们别再害我们了。"而且，老徐等人通过外交界侧面探询列强各国的意见，得到的都是否定的答复。此路走不通，袁世凯于惭愤之余，暗中拟定冯国璋为"征南总司令"，决心与西南军拼到底。又由阮忠枢密电张勋的心腹万绳栻，应许张勋继冯督苏，叫他也出兵帮忙。张来了情绪，密电袁称："勋部可出三万，奉天二万，皖豫各一万，各省共可出兵十余万，军费由各省分担。督师之任，职务重大，勋虽不敏，愿任其难……何难一鼓荡平，灭此朝食。"袁为之精神一振，却不料冯国璋辞以"仅可维持江苏秩序，其他未遑兼顾"。主帅甩手不干，同时向日本借款也泡了汤，这样荏苒至1916年6月6日，袁世凯暴毙，其中内幕也就无人知晓了。

当时，复辟势力本想争取北洋系的冯国璋和张勋，希望利用各方面的矛盾，拉拢他们二人合力实行复辟。在冯身边有胡嗣瑗，张的身边则是刘廷琛。但是，这群以利相交的武夫、军阀绝无信义可言——当然文人也好不到哪里去，所以两人始终合不来。后来，冯国璋当选副总统，遂一心巴望着有朝一日扶正，对复辟失去兴趣。于是，这些人把希望完全寄托在张勋身上。

袁世凯垂危之时，北洋系已经四分五裂，袁手下两员大将段祺瑞和冯国璋暗中较劲儿，要争北洋系的盟主地位。段某当了内阁总理，掌握了政治主流，可是行动却受到多方的限制。冯某在南京行动要自由得多，可距离政治中心又远了一些。这当儿，本是北洋外围的张勋抓住了时机，在徐州会议上成了督军团的盟主。

第三章

张勋、张勋，辫子大军

一　张勋的来历

1 幼年做过放牛娃

张勋(1854—1923)，原名顺莲，江西奉新县罗塘乡赤田村人。幼时家贫，11 岁时给邻村的富户许振祁家做佣工，替许家放牛。他外貌虽生得傻大黑粗，心地却颇机巧，许家见他说话善体人意，就让他改充书僮，在家塾中倒茶送饭，晚上伴读，因此得以粗略识字读书。这许振祁有个同族兄弟许振祎，是个翰林，曾出任陕甘学政，这时丁父忧返籍，守孝在家。有时到许振祁那里盘桓，见到张顺莲做事勤快伶俐，便有几分好感，而顺莲对他也十分巴结。

不久，许振祎服满起复，调到河南做道台，临行时向许振祁讨了顺莲，带在身边做个小跟班，于是小书僮摇身一变成了“二爷”。一次，一个知县陈沄因事到道台衙门参谒，在花厅里坐候，这顺莲端茶倒水地殷勤伺候。陈沄偶不注意，把茶杯弄翻了，茶水淋漓满几。在前清官场里，这是很失仪的事情，所以闹得陈尴尬之极。那顺莲一见，急忙走上前，撩起前襟，当作抹布，把水擦干了。然后向陈告便，自己到门房去换衣服去了。这陈沄看在眼里，记在心里。等许道台出来会见之后，匆匆把要禀报的事情说完，告退出来，特地到门房来找顺莲，一个劲儿道谢，并约他到家里细谈。

俗话说福至心灵，当他到陈沄公馆，和这位县太爷谈起自己的志向时，表示愿意从军报国，从马上讨个出身。陈沄见他如此有志气，又想起广西提督苏元春是自己的亲戚，便答应为他设法。很快，陈沄写了一封极恳切的信，代他引介。顺莲谢了，带着介绍信，辞了许振祎，前往广西投军，这是1881年的事。自此之后，他在苏元春帐下充当末弁，由于他善于迎合，很得苏的赏识。苏元春久驻边塞，也是权重一时的显宦，尤其喜欢结交朝中权要，以固自身地位。一次，苏曾派张勋到上海购置礼物，去北京打点权贵，张勋得以结识一些朝廷大员和慈禧太后跟前的李莲英，这为他以后的升迁奠定了基础。没等到张勋回任，苏元春就被岑春煊弹劾，丢了乌纱。张勋却由于李莲英的保举成了某军的一个管带（营长）。后来，他参加了不少的战役，敢打敢冲有股猛劲儿。1884年，中法越南战事起，张勋随军报效，得了个六品军功，擢至都司，他的名字也改成较为雅致的张勋，字少轩，也作绍轩。中法和议后，师劳无功，他很是郁郁不快，这时，他的旧主许振祎升任河道总督，他遂由广西来至河南，在河督衙门住着，等待机会。

这时李鸿章任直隶总督兼北洋大臣，极为慈禧太后宠信，七十赐寿，天下都想巴结这权倾一时的爵相。许振祎和李鸿章同出曾国藩的门下，且是翰苑后辈，便亲自撰书了十二帧全堂寿序屏幅祝嘏，用檀木箱子装好，外加四色礼物，写好祝寿的信函，差张勋送到天津。许的寿序写作俱佳，措词也恰到好处，李鸿章在赐寿那天，浏览各方所送的寿序，都不及许的好。再看贺柬，上有“由旧属都司张勋，赍呈钧右”，并请收留差遣的话。李一高兴，人礼全都收下。从此，张勋在官场里一路升发，更上层楼。

2 辛亥年的反革命

不久，袁世凯在小站练兵，向李鸿章要人，李把张勋的名字附在名册之内。袁因他是上司所荐，又有带兵打仗的经验，遂聘为头等先锋官，兼任行营中军。袁任山东巡抚后，张勋积极参与了镇压义和团的军事行动，为此于 1901 年实授副将，以提督、总兵记名，赏“壮勇巴图鲁”称号。袁世凯任直隶总督后，张勋驻军保定，两宫回銮时，张勋彻夜不眠，雪夜巡查岗哨，被慈禧太后赏识，称赞他“忠勇可嘉”，由此得以节制禁卫军。同时张勋更加在大总管李莲英身上下功夫，青云直上，简任武卫前军右翼统领，1904 年，因肃清口北马贼，赏“巴图隆阿巴图鲁”称号。同年，驻军宣化，观望日俄战争动向。1906 年，调防奉天，为赵尔巽麾下的奉军辽北总统。1907 年，徐世昌出任东三省总督，擢张勋为行营翼长，节制三省防军。1908 年，升任云南提督，后改甘肃均不赴任，留直隶带兵，赏穿黄马褂。慈禧太后死后，李莲英失势，张勋顿失奥援，1910 年 11 月，外放长江防营统领，会办长江防守事宜，驻扎南京，受两江总督张人骏、将军铁良节制。1911 年 9 月，调补江南提督，驻防浦口。

辛亥革命时期，任江南提督的张勋

辛亥革命时，张勋曾请求驰援武昌，去扑灭刚刚燃起的革命火焰。这时，两江总督是张人骏，江苏巡抚是程德全。程德全和江苏布政使樊增祥、总参议杨晟、第九镇统制徐绍祯等人，在张謇的鼓动下，联合请求独立。张人骏没有同意，邀请张勋和将军铁良，会同官绅商议防守事宜。会上，樊增祥等人仍极力主张独立，双方相持不下，张勋后到，头扎布巾，腰配双枪，破门而入，听了樊增祥的话后，拔出手枪，瞪眼吼道：“不必多说了！独立就是造反，造反就是强盗。各位今天和我是同僚，明天如有背叛朝廷，树白旗者，我即以强盗对待，莫怪我翻脸无情！”众人看到这个不讲道理的夯货，只好诺诺而退。当晚，樊增祥携印逃往上海，张勋即和徐绍祯大战革命军于雨花台。

雨花台一战，张勋的守兵只有三千，南京城大而险多，不够分配，张勋虽然身在军伍却并不知兵，仅凭着一股蛮劲儿。他知道民军一定会大批来攻，怕张人骏、铁良束缚手脚，把二人送到北极阁软禁起来，自己盘起油花大辫，芒鞋短打，提着一把大砍刀，四处巡视。不久，各路民军万余人攻打南京，张勋负隅顽抗接近月余。最终，紫金山、天保城等险要先后丢失，很快革命联军攻克南京，张勋逃至江北徐州，临行把南京抢掠一空。清廷为了规复南京，授张勋以江苏巡抚兼摄两江总督、南洋大臣，虽然张勋未曾到位，但也算做到了方面大员。清室退位时，他带了两千兵马，要北上“勤王”，在天津北站被英、德两国的守兵阻拦下来，才悻悻退回徐州。

3 袁世凯时刻提防着他

大清的天下完了，他被江浙联军赶走，总督梦想泡了汤，他因此恨透了民国，不得已之下才算投靠了袁宫保。张勋对袁世凯虽然是恭敬有加，但也并非真正地拥护，二人只不过是相互利用而已。他真正效忠的是逊清皇室，为此他极为重视头上的辫子，他说：“我张勋的辫子就等于我的脑袋，脑袋掉了辫子才能掉！”

1912年4月1日，袁世凯就任临时大总统，张勋佯装要交出手中的兵权，袁以维持大局为辞勉请他留任。张勋遂又以“将士依恋不忍去”的借口，把辫子兵牢牢抓住，隐忍待发，妄图有朝一日，挽回帝制。

袁世凯还是不放心这个鲁莽的家伙，1912年春，调他移防山东兖州。这年5月份，徐世昌和田文烈秉承袁的旨意，特意到兖州看望张勋，以侦察他的动向。临别，徐问张有何话说，张勋愣头愣脑地甩出一句话道：“袁公的知遇之恩不可辜负，君臣的大义也不能忘记。袁公不负朝廷，我也不敢负袁公。”表明了他忠于袁是有条件的，那就是在忠于清室的大前提之下。1914年，袁世凯封他为定武上将军，从此他的军队也称为定武军。

张勋进入民国后，最著名的是他的一条大辫子，与辜鸿铭的那条辫子可谓是一文一武，驰名中外，无独有偶，相得益彰。一次张勋过生日，辜鸿铭赠予他的寿联是：

荷尽已无擎雨盖；菊残犹有傲霜枝。

两人不免有英雄相惜之感。后来，张辫帅玩儿腻了自己的几个姨太太，又盯上了红极一时的女伶刘喜奎。刘为了躲他从北京至徐州，从徐州又到济南，可是张勋尾随其后，穷追不舍。最后刘喜奎假意答应嫁给他，但是有个条件，就是要把辫子剪掉。这下子把张勋难倒了，嘴里骂道："这个小娘们儿，竟敢打起我辫子的主意来了。"这才死了这条心。

当时，袁世凯为了他的辫子，曾派专使上门劝说他剪掉，张勋却不为所动，誓死不剪。最后老袁拿他也没有办法，只好听之任之。张勋不但自己不剪辫子，他的几万军队也一律不许剪，成为有名的辫子兵。有个外国记者曾问张勋："你头上的辫子有什么用？"这个怪物倒也应对得妙，反问道："你脖子上的领带有什么用？"那记者无言以对，只好哈哈一笑了事。

1913 年 2 月，袁世凯根据优待清室条件的规定，准备将两宫移往颐和园，张勋起而抗争。不久，隆裕太后病死，张勋去电要求检查脉案，怀疑是被人毒死。张勋尤其痛恨的是那些辛亥年将他从南京赶出去的国民党人，二次革命时，袁世凯令他和冯国璋共同攻打南京，他把憋了两年的仇恨都发泄在无辜的南京市民身上，"三天不封刀"使南京遭受了空前的灾难，一般居民家里无不洗劫一净，少则几次，多则一二十次，不少妇女因被奸而毙命，真是惨绝人寰。袁政府不但不拿问惩处，反而以江苏都督酬谢他。不料，张勋的辫子兵杀红了眼，竟错杀了三个日本人，引起外交纠纷，即所谓的"南京交涉案"。日本提出抗议，并要求张离职。辫帅虽然卑躬屈膝地持枪列队到日本领事馆赔礼道歉（日本报纸笑话张勋道，竟有这样的武士道！），但英美等国也对他表示不信任。外交使团一言千钧，何况此要求正中袁的下怀，袁世凯从来也没有将他看作自己人，便派阮忠枢劝说张勋自动辞职。张听了大怒道：“这个印把子，是老子拿性命换来的！”并迁怒于阮，怪他多管闲事。袁赶紧又派李盛铎、钱能训、刘思源、段芝贵等，以轮番轰炸的战术相继前来疏通。张勋终于不敌外交使团，袁世凯借此机会调他为有名无实的“长江巡阅使”，而苏督一职则交给了冯国璋。临撤出南京时，张勋还索要了近百万的军饷。

据张勋自己说，他攻进南京之后，有个崇文门监督何掞跑来对他说，你现在大功告成了，下一步该请大总统正位做皇帝。结果被他骂走了。所以袁世凯要以冯国璋来代他。

张勋为此与日本人结怨颇深。

袁世凯把江苏都督交给冯国璋，也自有他的深意——一块肥肉给此不给彼，就是借此瓦解冯、张之间的联盟。袁起初还想把张勋调到安徽太平府（今当涂县），该地是四周被水阻隔的闭塞之地，为的是叫他窝在其中，自生自灭。这些把戏瞒不过胡嗣瑗，他向冯国璋献策，让张勋驻在徐州，并说：“此时不必急于提出，等张的军队到了徐州再提出，那时，袁宫保不答应也得答应了。”果然，张勋到了徐州后就不走了。

1915年春天，倪嗣冲因为横征暴敛，引起民怨沸腾，又因倪军强奸女校师生一事，袁世凯命令倪专任巡按使，以张勋兼督理安徽军务。这时洪宪帝制议起，段芝贵联合各省军民劝进，倪很卖力，却不见张勋的动静。报纸频传张勋主张帝制，但“帝其所帝，非此之所谓帝”。袁怕这个“愣头青”扰局，和劳乃宣、宋育仁一样，由劝进拐到复辟去了，派阮忠枢到徐州疏通。张勋于7月间通电表明忠于袁大总统的心迹，袁才放下心来。谁知不久，他又发了一电：“大总统将为应天顺人之举，勋受数十年知遇之恩，自当效命驰驱……惟处理清室应预为筹议……”袁皱眉向阮忠枢道：“这个家伙又来了，你给他拟个电报敷衍敷衍。”阮忠枢只好拟电嘉奖他对清室忠心可嘉，以免再出其他纰漏。

二 张勋的辫子军

张勋以定武上将军、长江巡阅使的官衔，统辖步、马、炮各军，号称六十营，约三万多人。辫子军以徐州为中心，分驻于苏、皖各地，当津浦路之要冲，素以剽悍著称，实则是军纪败坏，骚扰民众。张勋所率部队称“定武军”，和倪嗣冲的“安武军”都属北洋军以外的杂牌军，张勋实乃定武、安武两军的总帅，编制杂乱，毫无纪律，军营之内公开抽鸦片，奸淫抢掠更是平常之事。当时旧军队中曾流传这样的顺口溜：“穷巡防，富陆军，吊儿郎当镇嵩军，奸淫抢虏找张勋。”可见，其作为甚至不为同辈所容。

张勋的辫子兵，平时无所谓休假，也无所谓训练，徐州的街头巷尾时常可以看到他们。那些辫子兵一个个辫发鬅鬙，面目狰狞。即使不是骑兵，也人人手里拿着一条马鞭子，如果路上有小贩、行人，他们看着不顺眼的，鞭子就劈头盖脸地抽下来。徐州人民不堪其扰，不堪其虐，只好采用低声下气、逆来顺受的态度，以歌功颂德、阿谀奉承的办法，为张勋修了一座生祠（为活人修祠堂）。这座“张上将军生祠”正中有一尊张勋神像，既非木雕，也非泥塑，更不是铜铁所铸，而是真正的江西瓷像，是江西省长戚扬为了恭维这位江西籍的大帅，特意在景德镇定制的。戚省长为讨好大帅，还刻意仿照“福禄寿三星”的样式，据说高矮胖瘦完全和“上将军”的身材一模一样。戚省长并写了一篇极尽阿谀之能事的四六文（戚扬乃前清翰林公也）。张辫帅高兴地说：想不到徐州人如此厚待我张勋。这才告诫部下不要伤害人民，不要抢夺他们的财物，买东西要给钱。辫子兵与徐州人民的蜜月时间短暂得可怜，便又故态复萌，借口有人要行刺大帅，到处搜捕嫌疑犯，抓到后即行枪毙。

当时各省的督军一般都号称拥有三万军队，可是由于充人头、吃空饷的积弊，实际人马往往都不足一万。但是张勋的三万士兵大致是实打实的，因此辫子军的实力在那样的军阀中还是不可小觑——这也是应当看到的另一面。

袁世凯的嫡系北洋军，虽然号称政府军，编制正规，饷源充足，但实际上也并非人们想象的那样强大。杂牌军在人数上，可能还要多于北洋军。那时全国驻军的形势，有人以“千层糕”来形象化地譬喻，即盘踞在陇海线上的是张勋的杂牌军，其北面的黄河下游一带是段祺瑞系统的军队，其南面是长江下游一带的冯国璋军队，两广是陆荣廷的桂系，关外则有张作霖的奉军。这里，只有冯、段是北洋的正牌军。

三　张大帅的同道们

1 万绳栻

万绳栻(1879—1933)，字公雨，江西南昌人，他的堂叔万福康久任地方官员，宦囊丰富，但年过半百仍然膝下空虚，曾想过继万绳栻为子，后因有了亲侄儿才作罢，不过他们堂叔侄之间的感情一直极为亲密。

张勋未发迹之前，在苏元春帐下任一名普通的哨官，因在谅山战役中作战勇猛升任管带(营长)。一年庆王奕劻做寿，苏元春虽是外官也想走他的路子，以求升迁，便派张勋带着款子到上海，采办寿礼以进贡那贪得无厌的老庆王。张勋到了上海，看到灯红酒绿、美女如云，遂沉迷在酒色之间，把自己的正干抛到九霄云外去了。待他惊醒之后，才发现囊中的公款已经被他抛洒一净。这时，万福康在杭州任杭嘉湖道，当初张勋投奔苏元春麾下，也有他的举荐，张勋走投无路之下又找到万福康。见面之后，张勋便跪下给万磕头，说：一时荒唐，将买寿礼的款子都输在赌场里面。万福康一方面宦资丰厚，另外一方面因为没有儿子，总想积德行善以求抱个儿子。他看到张勋说得可怜，心想人在难处，帮他一把也是积阴功的事情，于是不但帮张勋补足了亏空，还给他写了一封荐书。

张勋发迹之后，一直对万福康和老东家许振祎执礼甚恭，每次到他们那里，都是在离大门很远的地方就下轿，进去说话也不敢平起平坐。自然，他这样做的目的也是给部下起一种"榜样"的作用，以便更好驾驭他们。

万绳栻早年宦游福建，在梨园中结识了髦儿戏班的名角王克琴，王克琴呼其为干爹。后来，王克琴做了张勋的三姨太太，万借着裙带关系获充张勋的入幕之宾。万绳栻工于媚术，甜言蜜语把个老粗张勋溜乎得服服帖帖，而且万富于诡谲谋略，借着为张勋运筹帷幄，逐渐为张勋所信任，以致事无巨细，全靠万的一言所定。外面有人要想结交张勋的，莫不先得拜于万参谋的门下。慢慢万绳栻野心滋长，不甘心长久寄人篱下、只做一家臣的位置——何况张勋的底细他是知道的，何必年年压金线，为他人做嫁衣。于是，得陇望蜀，常存待时而动之心，复辟清廷正是一个机会，那时与张勋同样为天子之臣，就不可同日而语了。

万的原配去世后，张勋将丫鬟阿凤赐予万为续弦，又赠予天津英租界松寿里小洋房一座，所以万对张勋夫妇极为恭敬。即使张勋死后，每次万去北京，都要赴张宅面谒张勋遗孀曹夫人，张的子侄就在旁边指手画脚，议论他出卖签名黄绫子的事情(见后文)，曹夫人为了不给他难堪，则立予制止。

1932年3月，伪满洲国成立，万绳栻和胡嗣瑗争夺国务院秘书长的职位，万落败后，郁郁死于大连。他的续弦阿凤自缢殉节。他的嗣子(其实是他的侄儿)万福麟是溥仪的五妹夫，号称驸马公——溥仪的《我的前半生》里面曾提到过他。万福麟之子万国权曾任政协副主席。

2 沈曾植

沈曾植(1850—1922)，字子培，号乙庵、寝叟，浙江嘉兴人。光绪六年(1880)进士，历任刑部主事，江西按察使，安徽提学使，署布政使，护理巡抚。早年曾呼吁变法，潜心研究历史地理，以他丰富的知识挫败了帝俄妄图霸占我国北部边疆领土的阴谋。他也曾支持张之洞实行地方新政，热心引进西方和日本的先进制度和知识，同时是个廉洁奉公，鞠躬尽瘁的地方官。沈曾植学识渊博，无论道德、文章、修养都是享誉中外、名重一时的学者。

袁世凯曾先后邀他任司法总长、教育总长、史馆总纂等官职，都被他一一拒绝，他对袁的使者说："得之于天，还之于天，不召自至。"原来，他心里想的是复辟大清的天下。

张勋复辟时，《请复辟奏》、《上谕》等稿均出自沈之手。他还在幕后为张勋策划，草拟了复辟初期的施政纲要：他建议，草创时期可不设内阁，仅置议政大臣和军机大臣；各部总、次长改称尚书、侍郎；各省督军、省长改称总督、巡抚，以改变海内视听。以其渊博的学识，竟然看不清天下大势，也是一件叫人不解的疑问。

3 张镇芳、雷震春、金永

张镇芳（1863—1933），字馨庵，河南项城人氏，两榜出身。他和袁世凯有点远亲关系——他是袁世凯长兄袁世昌的妻弟。靠着这亲戚关系，袁世凯任直隶总督后，张镇芳也发迹起来，做过银元局会办、直隶差委总办、河间兵备道、长芦盐运使等职务。袁世凯被开缺，仓惶逃到天津时，张镇芳曾资助他一笔巨款，还担保照顾他的家属，和老袁也算是患难之交。这之后，他还曾署理过直隶总督——这都是些阔差使。尤其是盐运使更是肥得流油，一个县的盐政每年都可拿到十万多的进项，何况总领北方的盐运使呢？民国后，他曾做过河南都督兼民政长，1913 年因剿办白狼不力，被袁世凯以"剿匪无方乱杀青年"为由撤了职。以后他曾主持过"盐业银行"。老袁死后，他隐居津门沉寂了一阵，后经常奔走于诸政客之间，尤其与张勋来往密切，谋求在政争之中，取渔翁之利。

雷震春（1864—1919）是安徽宿州人，早年投奔庆军，曾随吴长庆去朝鲜平乱。1888 年，毕业于北洋武备学堂，1895 年跟随袁世凯在小站任教习；1899 年，到山东任炮兵管带；1902 年，任保定"行营将弁学堂"总办；1904 年，升任陆军第三镇第五协统领；后来，又当了通永镇总兵、江北提督。雷早年家贫，任提督后衣锦还乡，乡邻极尽逢迎，雷感慨万分，在门楣贴了一副退客联，道："家贫穷，千把钩，抓不来至亲好友；人富贵，万杆枪，打不去三八龟孙。"袁世凯被罢免后，他曾入京觐见，带了几千两银子想要贿赂军谘处大臣载涛，不想载涛不但没有接受，反而弹劾他人品卑鄙，丢了官职。辛亥革命后，袁让他统率豫军。二次革命中，他的军队扩充为第七师，会同张勋、冯国璋一起进攻南京，被晋升为上将军。1914 年，雷震春接替陆建章出掌军政执法处，有"活阎王"之称。袁死后，黎元洪鄙夷其人，撤除军政执法处，将雷弃置不用。雷蛰居天津，整天闲得无聊，经常和一群遗老、帝制派往来，便无事生非地想以复辟来寻求一条终南捷径。

这几个人原是袁世凯的忠实臣仆，曾积极参与了洪宪帝制活动。袁死后，他们又都成了热衷复辟的干将。他们对外勾结外国势力，对内紧紧拉住张勋，以京津为活动中心，靠着他们在北洋系中的地位和人际关系，上蹿下跳，十分活跃。

张、雷二人于 1917 年 5 月 11 日联名给张勋写信道：

> 黎、段两人，势难并立，趁此机会，厉兵秣马，可以定乱为名，收服人心，借图大计，机不可失，时不可缓，各界倾仰，全注徐州……

5 月 25 日，张镇芳给张勋的信中又说：

> 如有英雄豪杰，趁此机会通电各省，持中立或联德之议，斥加入战团与对德绝交之非，人同此心，谁不响应。

金永，字道坚，浙江钱塘人，任定武军执法营务处总办，1914 年，他曾被袁世凯派往山西，以巡按使主持省政，以监督阎锡山。他主政时成立警备部队，初为七营，后不断扩充。袁死后，他来往京津之间，专一从事复辟活动。金永和张镇芳、雷震春、刘廷琛关系密切，时有过从。

4 升允

升允(1858—1931),字吉甫,号素庵,姓多罗特氏,蒙古镶蓝旗人。是庚子年祸首端亲王的岳丈。他曾任清朝吏部主事、陕西粮道、山西按察使、察哈尔都统、江西巡抚、陕甘总督等要职。在西北任内也曾多有实行新政的政绩。

1911年武昌起义时,升允仅带了三名戈什哈仓惶西逃平凉,与陕甘总督长庚分别致电清廷,要求"勤王",攻打陕西义军,拟迎来清宣统帝,将西北作为复辟清朝的根据地。于是清廷任命升允为陕西巡抚,总理陕西军事,令其率甘军,分三路攻陕,连下十余城,逼近西安城。次年二月,清帝退位,升允犹攻陕不止。甘军得知清帝退位消息,拒不作战,升允才万不得已匆匆西退。

清廷亡后,他奔走内、外蒙古,东北各地,往来在青岛、大连、上海之间,联络复辟分子。他十分注重取得日本人的赞助,不断呼吁日本朝野人士助饷助械,企图建立自己的武装,从东北发难。日本浪人川岛浪速在大连练兵四百人,作为他们的基本武力。

1916年6月,升允趁着袁世凯去世的时机,赴济南说服张怀芝与冯国璋、张勋共同举事复辟,未果。以后,他把希望集中寄托于冯、张身上。他和沈曾植、郑孝胥的关系尤为密切,来往信件颇为频繁,所谈自然离不开复辟这个题目。

1917年6月5日,升允在致张勋信中写道:

> ……以足下宗旨素定,正宜建立龙旗,宣言复辟,薄海远近,望风俱起,忠义愤发,必将天旋地转,旦夕遂定。今乃犹豫,坐令邪说日盛,摇惑人心,将士怀疑,天下解体。机会一失,身败名裂必随其后,悔之何及……若犹以调停为事,则较之乱党相去几何?自欺欺人,非所望于圣者也……

其复辟态度之坚,决心之大,于此可见一斑。

升允的每次行动,多有日本人相随,宗方屡次代他从日本海军电台发电报。在他煽动张怀芝复辟时，日本海军曾发布消息说，如果冯国璋、张勋、张怀芝举行复辟，日本将以盐余款两千万助复辟军饷。

复辟前夕，刘廷琛促其北上，升允于1917年6月14日自上海启程，郑孝胥、王叔用，及日本人宗方等到车站送行。到了天津，升允看张勋态度暧昧，估计他一时未必能够发动，即使发动也未必成功，遂又东赴青岛，另做打算。

5 岑春煊

在复辟酝酿期间，想在此事上做文章的大有人在，岑春煊就是其中的一个。

岑春煊，字云阶，广西西林人。其父岑毓英是广西土司，曾官至巡抚等方面大员。岑春煊青年时在北京横行，有“四大恶少”之称。后因在庚子年间“勤王”，保护了西太后，受到宠信，从此扶摇直上，历任四川、两广、云贵总督，在清末疆吏中独树一帜，与袁世凯并称两宫保。入民国之后，他以遗老的身份销声匿迹了一段时间，二次革命时，他一面与国民党合作，有出任临时总统的呼声；一面又和复辟派暗通款曲，投机其间。

1913年，黄兴在南京独立，推举岑春煊为大元帅。这时，于式枚、刘廷琛、陈毅三人一同来到兖州，试图游说张勋联合岑春煊，起兵推翻袁世凯，复辟大清国。张勋还在犹豫不决，于式枚便前往上海和岑春煊联络。岑想借革命军，东山再起，形成自己的势力后，再作复辟打算。张勋知道后，给岑写了一封信，表明了“岑若先建龙旗，我必应之”的意思。陈毅本在岑任邮传部尚书时，在其下任侍郎，遂由他将信送到上海，岑见到昔日的部下，高兴地说：“你们的意思，于式枚已经告诉了我，我和张少轩可谓不谋而合了。”

袁世凯称帝后，进步党与国民党联合讨袁，又把岑春煊抬了出来。岑在就职两广都司令的宣言中堂而皇之地宣称：“春煊将言，先不能无大惭。使春煊而才者，袁世凯岂能篡满清三百年之业？”他这本是谦虚之言，意思是，我如果真的有能力，袁某岂能推翻清朝，为自己未能保住大清江山而愧疚不已。

不过，岑春煊毕竟不属北洋系，所以在复辟过程中还不算是举足轻重的人。

6 徐世昌

和张勋同样有着复辟思想的是徐世昌，前面已经谈到，他曾倡言要归政清室。在以后的复辟活动中，他也是个一言九鼎的关键人物。

徐世昌的远祖是浙江人，后来北上，乾隆年间落籍在天津；到他的高祖时，又去了河南。所以徐世昌把三个地方都当作自己的籍贯，借此到处拉关系、认老乡——与沈葆桢、钱能训见面，便认做浙江同乡；与曹锟、李纯等则是直隶老乡；和袁世凯又攀上河南乡亲。他在清末历任东三省总督、邮传部尚书、内阁协理大臣。袁世凯在小站练兵的时候，他任营务处总办，由此走出偌大的北洋系。

清室覆亡后，徐一度跑到青岛，混迹于遗老之中，以诗酒往还。实际上，他不是不想做官，而是看到国民党势头正旺，和袁世凯独断专行的作风绝不能相容，这时候出来做官风险太大。他曾对赵秉钧说过："凡事要求一个稳，今天的诸事不稳，总统、总理不过是徒负虚名。我宁肯安安稳稳做一个县官，也不愿意做这个总理。"老袁为其饯行时，对他说："等我把这群混小子拿了，再请老大哥出山吧。"所谓混小子者，即反对自己的异己分子也。

德国驻青岛提督经常在青岛大学宴请这些遗老们。这位不拘小节的徐太傅总是在人家的宴会上随意咳吐，弄得地毯上面痰涕狼藉，德国人因之极为鄙视他。徐既然失欢于东道主，在青岛已经不好再住下去，看看此时国民党势力已在二次革命后噤若寒蝉，便给老朋友袁世凯写了封信，颇有毛遂自荐的意思。袁自然是求之不得，1914 年 2 月，袁世凯特意请徐的门生王揖唐到青岛请驾，并且写了一封言辞极恳切的亲笔信。徐世昌一方面被袁的诚意所感动，一方面觉得袁的大总统位子已然安稳无虞，于是在 3 月 29 日来到北京，做了袁政府的国务卿。不久袁要做皇帝，只封他个"嵩山四友"之一，他又躲到一旁去了。

身为两朝元老，老徐周旋于各派势力之间，左右逢源，进退裕如。袁死后，他俨然以北洋正统继承人自居。其实，那些带兵的军阀，自己有了兵，谁还理他这个老酸呢？他也明白这道理，便专门靠挑拨张三、李四之间的感情，制造派系矛盾，来维持自己无形中的领导地位。他时而隐居卫辉，时而寓居天津，“玉在椟中求善价，钗于奁内待时飞”。

袁世凯活着的时候，尚且对老徐礼貌有加，此时黎元洪对他惟命是从，段祺瑞让他三分，张勋也不得不在面子上表示尊重。于是，徐以在野之身，却是朝野瞩目的焦点。老徐一直在复辟这潭浑水边缘徘徊，只是权衡个人能够得到多大的利益，欲涉足而又狐疑不定。

民国元年（1912），徐到过大连，陪同他的是那个受日本人赏识的陆宗舆。陆宗舆（1876—1941）是浙江海宁人士，前清举人出身，曾留学日本。回国后广为结纳权贵，受到庆亲王奕劻的赏识。后来徐世昌任东三省总督，调他担任盐务，经过他的一番整顿，税款大幅增加，被老徐视为干员。在袁世凯当国时，历任国务院秘书、驻日公使、币制局总裁，后来和曹汝霖、章宗祥一并成为对日外交的专才，被当局所倚重——舆论则目之为卖国贼。

他们和日本政界元老桂太郎（曾三次任内阁首相）谈了两天一夜，不知订了什么秘密盟约。据知情人透露，老徐想要求得日本人的帮助，归政于清室。复辟后他自己任辅政王——溥仪不过是个孩子，权柄自然完全落入他的手中。还有，将他的女儿嫁给溥仪为皇后，他既是辅政王又是国丈，将来太子做了皇帝，他就是皇上的外祖父，老徐想的是够长远的了。同时，他又派陆宗舆到徐州，将这个计划和张勋商量。可是，首先召来张勋策士们的一片责骂，斥徐为“无耻之尤”，是曹操。张勋本人也有自己的打算，便不客气地给徐的计划打了回票。徐还打算去东京，日本政府可能怕风声过大，有些犹豫，打电报挡驾，他只好托病中止。以后几年，他靠了陆宗舆做牵线，一直和日本人勾勾搭搭的。他在大连看见日本人包庇那群宗社党，平日鬼鬼祟祟，好像是赞成复辟，他也一直把日本人当作复辟的靠山。其实，对日本来说，只要能够实现控制中国的目的，才不管你什么帝国、民国？其目的无非要扰乱中国，凡是具备这种能力的人物，他们照例囤积，并非特别厚待于复辟派。

无论张勋，还是徐世昌，或是其他人，他们的复辟并非真的忠于清室，而不过是借此机会攫取权柄，自然跟随而来的还有经济利益。所以复辟过程中，张勋一伙和老徐在利益得失上，必然处于尖锐的矛盾状态。徐既不愿张居己之上，张也不愿居徐之下，这也就决定了他们在复辟中，不会是齐心协力，而是相互拆台。

四　康有为的理想

1 戊戌变法时的康有为

康有为（1858—1927），原名祖诒，字广厦，号长素，广东南海人。高祖曾任广西布政使（藩司），曾祖曾为福建按察使（臬司），祖父任过连州训导，父亲在江西做过补用知县。真可谓是书香门第、官宦人家。

康有为早慧，自幼熟读诗书，异于群儿，因此养成他孤傲不群的性格。但是种种因素使他科场蹉跎，在广州连考三次，直到16岁才进学（当了秀才）。考举人的时候，康有为的运气更是不佳，自1876年起，六次连连落第。直到1893年，才在广州中举。这时，他已经36岁了。科场不顺使他得以有机会博览群书，学问日增。

1882年，康为了躲避久考不中的广州试场，特意去北京应顺天府乡试，谁想又是不中。他于揭榜后，曾遍拜京中大老，如工部尚书潘祖荫、大学士徐桐、户部尚书翁同龢、礼部尚书许应揆、户部侍郎曾纪泽等，但大都被拒。这些身居要位的大员以为康以一个年轻监生，遍谒朝贵，实属躁进无品。康有为因几次进京，游历过香港、上海、天津等洋码头，见“西人宫室之瑰丽、道路之整洁、巡捕之严密”，这才知道西方人治国也是有一定法度的，不能以夷狄之辈视之。康先生在钦佩之余，乃购得一些西学书籍的汉译本，回去潜心钻研一番，久之就变成当时稀有的“西学专家”了。如果康先生用此来教学生可能绰绰有余，但是以此想要当皇帝的顾问，指导一个国家的命运似乎就差得太远了。

1888年，康再次赴京乡试时，以布衣之身上书翁同龢、潘祖荫、徐桐等，痛言时事的危难，亟请朝廷变法。康又进一步想通过翁上书皇帝，请求“变法维新”。翁见到他的上书中有指责朝廷“不复登用人才”之语，认为他过于“憨直”，拒绝代递。这次考试又没考中，翌年他回家后兴办“万木草堂”专致授徒、讲学和著述。新科举人梁启超（1873—1929）慕名投在他的门下。康受四川今文经学大师廖平（1852—1932）的熏染，极力想从儒家的经典里面去寻找变法的依据，写出《新学伪经考》。

1893年，康氏中举。孙文仰慕康的大名，曾想结交这位敢于给皇帝上书的举人。但康有为回以“孙若想见我，先要递门生帖子方可”。孙也是“舍我其谁”的人物，哪里会拜他为师呢？二人竟连一面也未曾见到。

1894年7月，御史参劾康有为的《新学伪经考》惑民乱世，请朝廷销毁该书，并革去康的举人资格。参折转给广东巡抚李翰章（李鸿章之兄），李翰章又交由电白知县李滋然查处。这个李滋然本是康、梁二人的房师（不知何故两个人都不肯承认），李滋然百般回护康有为，李翰章给朝廷的回奏也轻巧带过，一场文字风波便烟消云散了。但康、梁二人并不领情，从来不提此事。

1895年，康有为偕梁启超进京参加会试。徐桐为总裁官，他极讨厌康，因之告诉所有的考官，看到广东省极有才气的文章必是康的，千万不能取中。副考官李文田看到梁启超的试卷时极为赏识，拟以录取，被徐桐认定是康有为所作，摈弃一旁。李文田无奈在梁卷首批以“还君明珠双泪垂”之句。等到填榜的时候，照例从后填起，到了只剩下五名时，徐桐洋洋得意地说，果然没有康有为。翁同龢也是考官之一，在旁边说，还有五名呢。结果第五名即是康，徐气得撅着胡子告诉门房：康有为来了，不要放他进来。梁启超落第后往谒李文田时，不料李极不喜欢这位广东小同乡，对别人说：“此人必扰乱天下的耗子精也！”

揭榜之后，康中了第五名进士，康又托其同乡、户部侍郎张荫桓去打通关节，欲在殿试时得状元。光绪帝也有心点康的状元，便示意阅卷大臣，不料被李文田克掉。原来，康有为初进京时，住在李文田家里，谁知这位“圣人”对李家的一个广东老妈子意图不轨，惹得这个女人要辞差，因此李极为卑视康的为人（康说，李文田与其父有过节），康不得已搬到张荫桓家。李便在阅卷时挑毛病，因为李认得康的字体，而且熟悉他的文体语气，很容易认出他的试卷。李在康卷中找出五处"证"字误写成"症"，便在其卷子后面打了一杠。阅卷大臣共有八人，最高的评价是画一圆圈"○"；其次加点"、"；最差的是打杠"—"；错别字则贴黄签。康的卷子上面有五个黄签、加一杠，于是打入二甲。翁同龢事后曾有些埋怨李文田说："这些功名之士，中了状头，便志满意得，不会再胡闹了。现在这样，便从此多事了。"状元当不成，康又想得翰林，但是关节还是打不通，只授他一个工部主事。康未就任，遂一心投入变法事业之中。

正在新科进士企待发榜的时候，中日签订《马关条约》的消息传来，一时群情鼎沸，一致要求朝廷废约再战。此即史上所谓"公车上书"。

康有为领导公车上书后，一时名满天下，大家都认为改制维新是中国必由之路，康自然是此路上的先知先觉。朝野士大夫都纷纷折节下交，愿"一识韩荆州"。宾客求见使他应接不暇，康则高车驷马，招摇过市。翁同龢以帝师之尊亲自造访康有为，不遇，康回访翁时二人晤谈数小时。康有为又组织"强学会"作为维新变法的组织。之后，翁同龢、孙家鼐、王文韶、刘坤一、张之洞等中央、地方大员对"强学会"都有捐赠，聂士成、宋庆等武官也解囊相助。战败失势的李鸿章也出了两千两银子请求入会，却被康一口回绝。其时，康的气焰极盛，锋芒毕露，连翁同龢也觉得他"狂甚"，所以在向皇帝举荐之后，又说"能否初终异辙，臣也未敢先知"，当时还有许多大员要点名参劾他。

康有为的骄傲性格，使他竟不顾那个时代的政治伦理，拒绝拜取中他的李滋然为"房师"。还是在众人劝说之下，康才拜了乡试主考官许应骙为房师，可是与康同乡的许应骙最鄙夷他的为人，师生关系又弄得形同水火。后来在变法期间，参劾康氏不遗余力的正是这个许应骙。这里面，虽然是政治见解的分歧，但也掺杂了许多感情意气的用事。

1896 年，康回到广州，写下《孔子改制考》。书中大胆提出，"六经"都是孔子所撰，经书中的尧、舜、文王不过都是虚构，是孔子借以托古改制而已。今文学派在清末根本没有市场，康有为企图为变法找一理论武器，将原本的学术问题即所谓的“今古文”之争搬了出来。实际上恰恰成了自己的绊脚石，真是本末倒置了。

1897年11月，德国侵占胶州湾事件发生，康有为进京再上书皇帝。同时组织“粤学会”宣传变法。一时间，各省的地方学会组织纷纷成立，各种报馆也相继出现，维新的舆论造势达到高潮。1898年1月，光绪皇帝令总理衙门接见康有为；接见时，康向荣禄、李鸿章等人反复陈述变法的必要。4月12日，康有为与梁启超以“粤学会”为基础组织“保国会”。可能是康有为过于热衷，没有海纳百川的雅量，所以保国会的圈子很小。以致一群老官僚制造谣言说，保国会“只保中国，不保大清”。

1898年6月11日，皇帝下《定国是诏》，开始实行变法。16日，康受皇帝接见，一直谈了一个小时(康自己说有九刻钟)。原本光绪皇帝想授他总理衙门大臣上行走，但受阻，只授他在总理衙门章京上行走。百日维新中，康有为上封奏30多道，建议在不改变封建体制的条件下，发展资本主义，“以君权行民权”，自上而下地用改良方法实行民主。自然，他的这种理想在封建专制的体制内是无法得以实现的。

2 综观康有为

康有为以救国拯民为十求，发起戊戌变法，可是，这位以圣人自诩的康先生肚子里到底有些什么货色呢？看看下面几个例子就不言自明了。康有为自以为无书不读，也无事不通，他周游了11国之后，来到巴尔干半岛，忽然悟出一个道理——那就是之所以外国经常发生行刺国王的事情，其原因乃是因为王宫的宫墙太矮的缘故。再有，康氏曾按照古代的尺寸仿制了几支古笛。结果因笛孔的距离太大，手指按不过来。康圣人这才明白：原来古人的身体远比现代人要高。那么为什么现代人变矮了呢？康又觉悟到，因为地球绕日运动，离太阳越来越远，接收的热力也越来越小，根据热胀冷缩的道理，人们就变矮了。由此，康圣人预言以后人类还会继续越变越矮！康先生还主张宫廷中以宫女代替太监，有诗为证：

欧土用宫婢，霓裳玉面姿。
奥既四千人，德亦三千姝。
袍裤扫御床，殿户引朝仪。
紫袖侍玉座，顾之可乐娱。
岂不胜阉宦，黄黑而皱皮。

呜呼，靠这样的人来领导变法，岂不是玩笑吗？

康有为、梁启超戊戌年流亡海外，先是落脚日本，后来又去了北美，以身怀光绪皇帝的衣带诏为名，大肆招摇，聚敛钱财。后来居然卖官封爵，并定出价格：交纳一万两银子，可得公爵、侯爵、伯爵、男爵、子爵的价码依次递减一千。有意思的是，一些洋人也醉心买一个爵位来炫耀一番，有一加拿大人康乾伯（Comechanber）从梁启超那里得到一个男爵的爵位，梁并封他为民军大元帅，负责在奥克兰（Oakland）训练华侨子弟。另一美国加州人何莫李（Home Lee）从康有为那里买了一个子爵，康封他为中国维新皇军大将军，命他驻洛杉矶组织保皇军队。不知怎么一来，康乾伯跑到洛杉矶对何莫李说，我是大元帅，你这个将军应当受我的节制。何莫李不甘示弱说，我才是保皇军队的总指挥。这两个老外在争论谁的官位高、谁的封爵是真的时，竟动了干戈，一直打到洛杉矶地方法院。二人还各把自己的封册文件交给法院检验，法官看了大笑，命令法警将两个疯人赶出法院才算作罢。后来，何莫李又跟随孙文干起革命党来了。

华人在海外以经商为主，康、梁向他们宣传，保皇才能保国，保国即是保侨。因此要想多赚钱，必须多给保皇党捐款。凭借其如簧之舌，康、梁在海外广开财源，收入颇丰，据康有为给张之洞的信中表白，他的保皇会“归者数百万人，乐输者及数百万金”。康在香港、广州、上海、杭州都有房产。上海的游存庐和杭州的人天庐都是占地几十亩的花园式豪宅。

1899 年 3 月，康去加拿大组织“保皇会”。1900 年，康、梁等人鼓动唐才常、林圭等人在湖南成立“自立军”，进京勤王，他们负责筹措经费。但是后来却食言不给，8 月，唐才常兵败被杀。1903 年，章太炎在《苏报》上发表《驳康有为论革命书》，对康的反对革命的观点逐条加以批驳。从此康梁的保皇会的威信大为降低，逐渐自消自灭了。1911 年辛亥革命时，康氏对革命之举痛加反对。

1913 年，康有为以母丧回国，定居沪上，主编《不忍》杂志。自己刻了一枚 27 字的闲章："维新百日，出亡十六年，三围大地，游遍四洲，经三十一国，行六十万里。"袁世凯称帝时，康曾以老大哥的身份，劝诫袁氏。蔡锷军兴于云南后，康有为派学生徐勤到香港接应，而且劝冯国璋保持中立，为筹措军费，他曾把广州和香港的房产作抵押。但是袁世凯死后，康马上致电黎元洪："后国有大事，必有以报命"—— 一副急于报效的样子。其间，也曾游说段祺瑞等军政头目，但没人再去理会这个过气的政客。张勋复辟时，康有为被授"弼德院副院长"，他还曾身穿一品袍褂进宫谢恩，被人奚落一番。1923 年，康又特意跑到洛阳为吴佩孚祝寿，写下"牧野鹰扬，百年功名才半世；洛阳虎踞，八方风雨会中州"的寿联，希图借军阀的势力再次复辟。陈独秀说他是："康有为好比是丑妓从良，又复见弃，老而不安于室，万分无奈，只得看重众人共弃的吴秀才。"

康有为一生争强好胜，事事都要争第一，如果说他学习、模仿他人，他就不高兴。他曾对学生说："有人说我不会写骈体文，其实，我不是不能写，而是不愿意写。小时候读六朝文，篇篇都能背诵。还有人说我写诗类似杜甫，我只是小时候喜欢读杜诗而已，并不是学他。我至今能背诵杜甫全集，谁如果不信，可以出一上句，我马上能连接下句，保证一字不差。"

1925 年，68 岁的康有为在上海，经名医江逢治介绍，认识了一个可以"返老还童"的德国医生。德医生为他施行了从猴子身上取下生殖腺移植到人体的手术，并将衰老的睾丸割去。据说康做完手术后，确实觉得生龙活虎一般。上海的《晶报》还曾以"圣殿记"为题报导一番——"圣"影射康圣人；"殿"则暗指臀部。不过，转年的二月康即死去，是不是和"圣殿"有关，就不得而知了。

1926 年，国民党北伐军兴，康有为惶惶然从上海跑到青岛。1927 年，康在青岛赴一次广东同乡的宴会后，猝然而亡。尸体七窍流血，据说死于中毒。

康有为一生共结婚七次，第一个夫人是张妙华，康在 40 岁时纳梁氏为妾，

50 岁时在美国与 17 岁的何理旃结婚。在他临近生命终点的时候，又在杭州纳十几岁的船家女阿翠为妾，他 64 岁时曾作诗，末尾曰："坦腹西湖抗万户，老夫登望也悠哉。"记的就是这件婚事。康的子女都学有所成，俱一时之俊彦。

康有为从 1898 年至 1913 年，在国外游历了 16 年，行程约 60 多万公里。在他的年谱中记载："二年居美国、墨西哥、加拿大，七游法，九至德，五居瑞士，一游葡，八游英，频游意、比、丹、挪各国。"另外还到过印度、埃及。有人怀疑，遍游这些国家是否都与挽救中国于危亡之中有关，再者，他携妻挚眷，仆从随员，这笔旅费从哪里来？

1923 年，康有为到西北游历，当时的陕西都督刘镇华招待他。一天，康圣人忽然说起陕西的皮货如何如何好，刘听出弦外之音，便送给他几件上好的皮筒子。可是第二天见了面，康还说冷，这次他说要自己买，请刘代他给家里发电报取款。刘不好推却，派人到皮货庄挑了几件，叫店伙给他送去。康全数收下，叫店里向督署去要钱。康自称精于鉴别古董，陕西的许多收藏家纷纷把所藏拿去给他鉴定，并请他题字，康有为来者不拒，把真品赝品全部收归己有。一个人把祖传的古钱拓片请他题字，他找人索要古钱一观，他接到古钱，不及细看，便塞到袖子里面。那人再三说这是祖传之物，情愿送给他一两枚，请他把其他赐还。康却左右顾而言他，装作没听见。最为荒唐的是康盗取卧龙寺藏经，被陕西绅士告到法庭，他反而倒打一耙，要人家赔偿名誉损失二百万元。此外还要西北大学购买他的藏书，定价两万元等等，这时陕西都督刘镇华也看透了圣人的行径，只好置之不理。

章太炎最瞧不起康有为，曾作一副缩脚联给他：

国之将亡必有；老而不死是为。

再看看康有为的大弟子梁启超。梁启超第一次在熊希龄内阁做司法总长时，还能以廉洁自律。后来在段祺瑞内阁任财长时，干脆按缺分的优劣开出价码，公然贪污受贿。以致宦囊丰硕，在天津意租界连起两座洋楼。

严复在评论康、梁时说："误清室者乃此二人，误苍生者亦此二人。慈禧垂暮之年，倘康、梁不采取急进态度，则光绪终可畅行变法，乃康热中过甚，卒演成卖君、卖友惨剧。康最后只身远窜，施施然以忠臣志士自命，堪云无耻之尤。梁则出风头之念太甚，救国之心不足，不惜以昨天之我与今天之我宣战。”

3 为了自己的信念

在袁世凯死后，康有为公然鼓吹复辟主张，发表《为国家筹安定策》一文。其门徒梁启超得知后，针锋相对地发表《辟复辟论》斥责其师：“吾既惊其颜之厚，而转不测其居心之何等？”但康的主张和张勋不谋而合，张勋对他说：“此乃我的素志！”所以康一直和张勋关系密切，二人经常信件往还，并且时有专使来往其间。

康有为对张勋的影响极大，康也极为推重张勋，曾亲自写了一副对联：

骅骝开道路；鹰隼出风云。

可见对其期许之深。

康还曾以张勋的态度告知冯国璋，冯说：“少轩哪里能办这种大事？如果你主持的话，我倒是愿意跟随其后的。”康又问老段，段祺瑞说，这种主张只能采取其形式，而不能采取其内容。康高兴地说：“这正是我的虚君共和理想啊！”所以他即认为这些人都是复辟的同志了。

复辟期间康有为化装秘密来到北京，原以为以“受过先帝衣带诏的老臣”自贬身份来充当张勋的军师，那老粗辫帅不是受宠若惊，也该是言听计从的。谁知却受到刘廷琛的排挤，刘虽与康有同年之谊，却最反对康的主张。那些复辟派也从来没有把康视为他们的同道，因为康的理想是西方和日本的虚君共和制，这在刘廷琛一伙人看来，几乎和革命党相差无几，因之呼其为“康土匪”。

五　张勋在徐州坐大

1 第一次徐州会议

要说徐州会议还得从南京会议说起。1916 年 3 月袁世凯取消帝制后，冯国璋名义上为了统筹各省督军的意见，于 5 月 18 日召集南京会议，出席会议的有全国十八个省区的代表二十三人。冯想要袭袁在辛亥年的故智，挟袁对付护国军，同时又挟护国军钳制袁。他是想借机造成自己的第三势力，以便取得继承总统的机会，所以冯坚决主张袁退位，要他的老上司"敝屣尊荣"。袁急忙派阮忠枢授意张勋、倪嗣冲与冯对抗，破坏南京会议。但是，大多数与会代表均站在冯的一边，要求联合西南实力派促袁下台。倪嗣冲在会场大肆咆哮，将会议搅散。张勋借故没有参加会议，冯为了壮大自己声势极力拉拢张勋。张却另有阴谋，他一直想复辟清室，但时机未到之前，只有通过团结北洋系，消灭西南势力，以创造复辟条件。继续对西南用兵，当然是袁所求之不得的，可是张自己不肯亲自出马，而推荐资深望重的冯国璋任征南总司令，实际是想把冯赶走，夺回江苏地盘。三个人各怀鬼胎，结果，张勋联合倪嗣冲阻挠南京会议，南京会议无疾而终。

不久，袁世凯去世，冯国璋想继承总统的阴谋被西南揭破，因此大为时论齿冷，连北洋派也反对他。

北洋军头们在袁死前，各为自己利益，争吵不休，袁死后，一时四顾茫然，缺少了主心骨。这时，各种矛盾错综复杂地交织在一起，如，北洋系和国民党之间，地方与中央之间，南北之间，黎元洪和段祺瑞之间，北洋两巨头冯、段之间等等。张勋把握住时机，以团结北洋派一致对付西南为理由，于 1916 年 6 月 9 日邀请参加南京会议的代表，顺道到徐州开会。参加者有奉天、吉林、黑龙江、直隶、河南、山西、安徽七个省的代表。那些北洋武人对袁虽然并不忠诚，但此时也怕西南势力抬头危及他们自身利益，深感有团结的必要。张勋通过组织北洋各省军事同盟，南面对抗西南护国军，北面挟制北京政府，以保全自己的权位。同时，无论是清廷的复辟派，还是洪宪帝制派，都纷纷投靠、托庇于他，张勋一时竟成了北洋各路诸侯的大盟主。

其时，张勋可谓气焰熏天，从下面一个例子可略见一二。

黎元洪出任总统后，本拟邀唐绍仪任外交总长。可是张勋因民国二年的南京事件，对日本人耿耿于怀；听说亲日的唐绍仪出掌外交，不知道要与日本做什么交易，便派人到上海请他进京途中绕道徐州，见老张一面。唐绍仪知道张勋的火爆脾气，也知道他一贯以复辟为己任，心想还是躲他远些的好，便婉辞推拒道："本人身体素弱，不胜舟车劳顿，准备走海路北上，所以不能在徐州停留，有负雅望，深以为歉。"老张一听，火冒三丈，既然不能动武，就来文的。恰好徐树铮暗中鼓动杯葛黎氏内阁，张勋遂与冯国璋一道发表通电，猛揭唐绍仪老底，反对他出任外长。终于使唐绍仪到了天津，缩步不前，没敢进京；又反转回上海，到底没有当上外交总长——可见张大帅的威风。

再说，段祺瑞以总理之尊，也派心腹徐树铮参加了徐州会议。各省军头在徐州会议上议决十条《会议纲要》：

(1)尊重清室优待条件。

(2)保全袁大总统家属生命财产及其身后一切荣誉。

(3)要求政府依据选举手续，速行组织国会，实施完全宪政。

(4)劝告独立八省取消独立，否则准备以武力对待。

(5)抵制暴徒(指国民党)参政。

(6)严整兵卫，保全地方。

(7)维持国家秩序，如有用兵之处，需通力合筹。

(8)俟国事稳定，请政府罢除苛捐杂税，以苏民困。

(9)中央如有弊政，各省合力以争。

(10)中央实行精兵简政，遇事筹商。

张勋在会上大放厥词，提到西南方面，老张力促其取消独立，否则以武力对付。而说到清室，又是一套歌功颂德的赞美之辞，听得各省代表不知所云。因为会议上并无人反驳他的话，他便以为大家都同意了。张勋自觉得自己身价已经足以左右局势，很想趁机提出复辟一案，但不慎消息走漏，引起全国舆论哗然，张勋还掩耳盗铃地于次日通过致电陆军部次长田中玉、警察总监吴炳湘否认此事：

> 勋在前清受恩深重，而袁大总统二十年知遇之感，尤非恒泛，故居常每对人言，君恩不可忘，知遇之感不可负，第此纯系私感。至大势所趋，则勋素以国家为重，万不肯以一毫私见溽于其间。今者国家多故，变出非常，适勋邀集各省代表在徐集会，并有谣传谓勋主张复辟，业于昨开会时当众宣言，实无其事。

徐州会议后，各省代表又到彰德参加了袁世凯的葬礼。

6月29日，趁着袁世凯归葬彰德之时，北洋大员以徐世昌为首，假祭奠之名，云集洹上会议。本来会议的宗旨是排斥国民党，巩固北洋势力为鹄的，拟推举徐为大总统。但张勋力主复辟清廷政权，有一通电云：

> 君主民宪，主张虽有不同，无非各抒己见，罪魁功首，岂能以成败为衡？南方各省坚执前言，操之弥急，如果相持不下，则南北势成冰炭，仇衅相寻，责难无已，万一战端再启，外人从而干涉，窃恐瓜分之祸，不在帝制发生之日，而在共和再造之时。律以误国之愆，必有尸其咎者。匪特公论自在人心，即勋一人亦断不承认。

张的议论得到倪嗣冲等人赞成，众人又拟恢复清室，推徐为清廷首相，徐表示原则上赞同，不过认为时机尚未成熟。他以为待到黎元洪代理期间即将届满，到选举大总统的时候，国内必有一番争夺混乱，到了不能解决时，归政复辟，才万无一失；也只有如此，北洋势力才能保存并扩张。与会诸人见他说得头头是道，一致赞同，就公推老徐来主持。徐做事比较稳重，暗地里准备再从外交方面试探一下各国的意见，然后再见机行事。不料事情被继任大总统黎元洪所侦知，故意派人到天津迎接徐进京。徐心知密谋泄露，如果不去，更启黎的疑窦，去了，又怕段祺瑞多心。恰在这时，总统和总理在职权上有所争议，徐便借着调停府院之争的名义，去北京虚晃了一枪，几天后便又躲回天津。

1916年8月1日，国会重新开会，其中多数仍是张勋所斥的“乱党分子”。于是，张勋发表通电对议员资格及薪俸问题大加挞伐。北京政府为了表示恢复共和，也实施了一系列诸如取消党禁，惩办帝制罪魁，禁止武人干政的措施。这正在张勋的所谓“弊政”之列，是必须力争的。张勋公然聘请帝制祸首顾鳌、薛大可为幕僚，还派人到北京迎朱启钤、杨度、孙毓筠等到徐州（这三人婉拒了），公然对政府惩办帝制祸首叫号挑衅。参议员赵炳麟提议禁止武人干涉国会，张勋立即与倪嗣冲通电痛斥赵，各省督军纷纷响应。

8月14日，徐世昌到彰德为袁世凯点主，张勋不知凭借什么资格，竟电请各省推举徐为副总统，通电赞成者有李纯、倪嗣冲、赵倜、孟恩远、张作霖、张怀芝、杨善德等。随后各督筹划称为“各省区联合会”的九省联盟，奔走其间的是段芝贵和陆建章。

这时，张勋的威风远在各省督军之上，俨然是袁死后北洋系唯一的实力派领袖，而段祺瑞和冯国璋反倒要退居其次了。张勋以安徽督军兼任长江巡阅使，驻节隶属江苏的徐州。一时徐州冠盖云集，使六朝金粉的南京黯然失色，这使南京的冯国璋大有喧宾夺主之感。冯实在忍无可忍，便下了逐客令，理由是：“徐州是我江苏的地盘，你安徽督军请回你安庆去！”张勋岂是好惹的，反唇相讥说：“江苏难道不是长江流域？本人兼任长江巡阅使，江苏也在我的势力范围内！”冯国璋气得向北京递了辞呈，在袁世凯时代他就是以此屡屡向老袁发难的，谁知对张勋却不灵了。

说起安徽省的确有些奇怪，安徽还有一个省长倪嗣冲，他是安徽颍州人，初在淮军，后到袁世凯的新军营务处任总办，颇以残酷著称。后又被时任东三省总督的徐世昌提拔为黑龙江民政使、巡防营翼长，兼管垦政。几乎是一省的最高长官。因贪黩，被接替徐世昌的总督锡良查办，弃职在津闲居，不时跑到彰德和袁交通往来。袁世凯再起后，授为河南布政使，统率豫军驻在豫、皖交界之处。他嫌安庆地方狭小也不驻在省会，却驻到了蚌埠，安庆只有督军和省长的挂牌办事处。而且倪省长也有兵，人称蚌帅——和胡帅（张作霖）、辫帅（张勋）齐名。

北京政府为了敷衍一下冯的面子，一度电令张勋移驻安庆。老张也学着冯的样子，一份辞职电报拍到北京。那时政府最怕听武人辞职的话，只好不了了之。

北洋系的另一巨头，自命为继承了袁世凯地位的段祺瑞，是个极端刚愎自用的人。他平生最看不起两张——张勋和张作霖，如果有人提到他俩的名字，他会跳起脚来骂道："他们算是什么东西！"可是现在形势不同了，冯国璋时时想要和他争锋北洋系的领袖，因此他也学着老袁的手腕，利用张勋来掣肘冯。另外在西南声势夺人的局势下，何不把他老张推到前线去呢。

张勋既然时刻防范着冯国璋，自然和段祺瑞接近起来。他全力支持老段的"武力统一"政策，对国民党和西南方面口诛笔伐，无所不用其极——不过只限于口头上喊叫，他是绝不会离开徐州半步的。恰好这时上海破获了私运烟土案，涉及了岑春煊一派的国民党籍司法总长张耀曾（后来事实澄清，与张耀曾无关）。9月13日，督军团借此题目，向西南方面和国会开了一炮。其电文略谓：

> 如以勋等所言为是，请即日罢斥司法总长张耀曾，即交法庭公开审判以谢天下。如以张耀曾所行为是，即请立罢勋等之职以谢张耀曾。尚政府仍有为难，即请将勋等与张耀曾一律罢斥以平其气……坐衣冠于涂炭，勋等所不屑为，甘缄默以终身，勋等所不忍出。敢援匹夫有责之义，不辞武人干政之嫌。期在必行，伫候明训。

底下列名的有：张勋、倪嗣冲、姜桂题、张作霖、冯德麟、孟恩远、毕桂芳、许兰州、王占元、张怀芝、赵倜、田文烈、李厚基、田中玉、杨善德等人——即所谓督军团是也。一个督军辞职，政府尚无从应付，何况如此之多的现职和候补督军联名罢工？段祺瑞身为内阁总理，不维护政府威信，反而暗地喝彩，因为杯葛国会，向西南政客示威正中他的下怀。

2 第二次徐州会议

西南五省通电痛斥督军团作乱，张耀曾也通电其贵本家对簿公堂，但是国会和政府都不敢惹他们。黎元洪劝张耀曾“不必计较”，段祺瑞则安慰他：“见怪不怪，其怪自败。”

督军团头上插鸡毛的将军们食髓知味，九省联盟一下子扩大到十三省联盟，并于9月20日在徐州第二次开会。参加会议的有山东、奉天、吉林、黑龙江、江苏、河南、湖北、江西、福建、直隶、浙江，以及兖州、两广等地的代表。张勋用绿呢大轿将代表们迎到徐州最好的旅馆，然后在巡阅使署大客厅举行会议。

会议的宗旨堂而皇之：“联络国防，巩固势力，拥护中央。”会议制定省区联合会章程十二款，第三款有“本团体为维护国家安宁起见，如不得已用兵时，公推领袖一人总指挥之”。第四款：“本团体对所公推之领袖认为盟主，凡事经公决后，即由领袖通告遵行。”第五款：“本团体公推张上将军为领袖，以后遇有要事可由张上将军代列名，再行通告各省……本团体……各方如破坏统一或对政府有非理之要求者，本团体即以公敌视之。”团体的目的在于“国会开幕后，如有借故扰乱与各省区为难者，本团体得开会集议，为一致之行动，联合公讨之”。

除了组织一个对抗国会、国民党和西南各省的军事同盟之外，也有意地防止政府的中央集权，为各省军阀割据张目。这伙武人们虽然缺少文化，却不缺少心机，段派想借会议向黎元洪施压，向政敌示威；张勋乐陶陶居于盟主之位，借机来为复辟铺路，并以踢开老徐为得计。冯国璋本和段祺瑞有隔阂，他参加联合会是为了凭借团体，威吓国会，推倒黎元洪，以谋求自己的总统职位——这些人就是这样地各做各梦。

徐州开会之时，府院双方正为了内阁组成而闹意气。黎元洪任用了几个国民党籍总长，引起北洋派的不满，尤其是唐绍仪的外长任命遭到强烈抵制。开会次日，倪嗣冲赶来参加，当即改为紧急会议。在倪的建议下，9月22日，又议决：

(1)解散现国会，废止旧约法。

(2)罢斥西南派的唐绍仪、孙洪伊、谷钟秀、陈锦涛、张耀曾五总长。

(3)段祺瑞若辞职，即推举徐世昌继任总理。

徐州会议将此决议通告北京政府，限三日内答复。24日，段琪瑞幕僚曾毓隽带着反对唐绍仪任外交总长的电稿自北京来到徐州，张勋、倪嗣冲等主张照原电稿发出。9月24日，督军团联合了更多的人对新任命而尚未到任的外交总长唐绍仪施以更猛烈的抨击："尚令唐氏就职，今后外交部一切文电，概不承认。"列名的有张勋、冯国璋、王占元、李纯、倪嗣冲、张作霖、孟恩远、郭宗熙、毕桂芳、许兰州、曹锟、张怀芝、赵倜、田文烈、李厚基、张广建、田中玉、杨善德、卢永祥、陈光远、李进才、李长泰、张敬尧、范国璋、蔡成勋、张永成、张树元、王金镜、鲍贵卿、唐天喜、施从滨、徐占凤、陆锦、杨以德等人。内里有巡阅使、督军、省长、师长、旅长、镇守使，但有些也是"赶着鸭子强上架的"，江苏、湖北、江西三省代表只说了一句"要请示长官"的话，倪嗣冲就跳起脚来说："你们不敢代表，我来代表好了！"后来冯国璋、李纯、王占元否认列名，北洋系的分裂在袁世凯时已见端倪，此时明显加剧。

次日，滞留天津的唐绍仪通电辞职。

张勋成了督军团的盟主后，各省的盟友唯他马首是瞻，谁要是不随声附和，立即招来一片骂声。一次，福建督军李厚基附和的电报发晚了些，张勋即大骂李破坏北洋团结，有损盟主威信，吓得李厚基连忙谢罪，以致有的省份向他建议道："以后用不着开什么会，或是签名、表决之类的手续，只需大帅一力主持，咱们没有一个不服从的。"

那李厚基是江苏铜山人，1890年入天津北洋武备学堂，毕业后任李鸿章卫队官，曾随李游历欧美六国，也算是开过眼界的人物了。回国后，他升任为卫队管带，从此一路攀升。袁世凯督直时，提升他为新军第四镇标统，随第四镇统制吴凤岭驻在马厂、小站等地练兵。二次革命时，他已升为协统，率领一旅军队援救上海的郑汝成。战后，他带领那一旅并一团人马进驻福州，不久被袁政府发表为福州护军使，兼领全省军务，成为福建的诸侯王。

第二次徐州会议，表面上议题是反对国民党阁员和国会，内幕仍是计划如何进行复辟。到会的武人中，以倪嗣冲的态度最为激烈，张勋认为时机尚未成熟，反被倪所斥责。最后议决，一俟征得日本的同意，即刻举行复辟。不过，曹锟把徐州会议上面议决的事情向徐世昌请教时，老徐却深沉地说，会议为巩固北洋团体自无不可，惟有复辟一事不宜操之过急，否则反而对清室不利。曹锟把老徐的这话向诸人转达后，众人遂相约保守秘密，以待时机。

张勋这时公开向老段叫板了，督军团讨论内阁问题时，张勋主张由徐世昌组阁，段退居其中的陆军总长。张的目的一是与段争夺北洋系领袖的地位，二是利用徐为清室复辟开辟道路。

段祺瑞看到张勋的举动愈出愈奇，公然有与之争夺北洋领袖的野心，不由勾起旧日对他的厌恶感，一天在内阁会议上公开说："项城将咽气时，张勋要带五千人马进京。我打电报给他，你敢来我就打你，我又打电报给冯华甫，倘若张勋敢公开胡闹，请他出兵夹击。"段的态度愈加强硬起来，9月29日，他以大总统名义发布命令：

> 近有少数人，或组众集会，凌越范围，或隐庇逋亡，托名自固，甚至排斥官吏，树植党援，假爱国之名，实召亡之渐……若仍不顾大局，一意孤行，国法俱在，本大总统不能不筹所以善后也。

可是段祺瑞并没能彻底制止武人干政的决心和勇气，同日，他准允唐绍仪辞职，又在安抚督军团。唐绍仪本来并不想入阁，是黎元洪苦口相劝"务必出山共同维持大局"，他才勉强动身北上。段却以为他是来和自己竞争，问鼎总理一职的，便借刀杀人，既平了督军团之忿，又消除了一个政敌。

同一天，段又以总理名义通电禁止各省军人开会干政。各省的督军并无真正的胆量和中央抗衡，老段一声令下，便乖乖地作鸟兽散，徐州又成了一座空城。可老段也是个色厉内荏的人物，发电之后，唯恐老张不乐意，又派阮忠枢、李经羲南下慰问辫帅。如此一来，老张也看透了老段的底牌，"隐庇逋亡"如故，除顾鳌、薛大可外，北洋下台军人、政客如陆建章、阮忠枢之流都被张勋礼聘为高级顾问，不但康有为经常被邀请到徐州，甚至连那个宋教仁案的主犯洪述祖也成了徐州的座上客。11 月 22 日，张在徐州做寿，寿仪竟收了四十余万，诸侯盟主的威风依然不减。

尽管张勋的气焰一时被压下一些，徐州会议也暂时不开，但是，政客、阴谋家们仍然看重他的实力，不断暗中与之来往。北洋系的军头们一直借各种名义，相互沟通对政局的看法，准备随时干预政治。等到老段组织"公民团"对议员大打出手，强迫国会通过对德宣战案，不料反而弄巧成拙被国会搁置，导致内阁解体，总理被免职，北方政潮又为之一变。

张勋坐大徐州，真是八面威风，正月初一那天，江西老表们，尤其是他的奉新同乡，都远从北京或各地赶来给他拜年。每年除夕，津浦铁路局照例要准备专车，预备给老表们乘坐。张大帅在徐州衙门定要大摆筵席三天，款待各方来客，临行时每人除赠送土仪礼品外，还有一百大洋的压岁钱，那个时候物价低廉，这一百元够穷人维持几年了。

3 第三次徐州会议

1916 年 12 月 29 日，以冯国璋为首的全国二十二行省三个特别行政区的军民长官发出一个对总统、总理、国会三方面的通电。电报就府院矛盾、院会矛盾规劝各方克制。电报是研究系首领梁启超起草的，明显地袒护老段的内阁地位，而指责国会、总统不遗余力，此后，各省军人纷纷以个人名义发出拥护内阁、责难国会的通电。可是，这个电报却引起张勋的不快，因为冯国璋出尽风头，使他这个十三省的盟主黯然失色。于是，他也联合一些军头发出请求罢免国民党籍总长陈锦涛、张耀曾、谷钟秀的电报。

1917 年 1 月初，梁启超自沪北上，曾先后访冯国璋、张勋，并有所商谈。

梁到了北京之后，谣言遽起，纷纷传言政局将要有大变动，国会有可能解散云云，一时大有风雨欲来之势。

1917 年 1 月 4 日，倪嗣冲以北方军人代表到南京为冯国璋祝寿，贺客中有段系的徐树铮、靳云鹏、吴光新、曾毓隽、丁士源等。7 日，倪嗣冲邀请到南京为冯国璋祝寿的各省代表，云集徐州，即第三次徐州会议，密谋对付黎元洪与国会。久违了的徐州会议再次登场。2 月上旬，对德问题发生，终于酿成大风潮。

当时府院之间形同水火，张勋、倪嗣冲以为事已至此，应尽快实行复辟。于是议定具体的步骤，由谁发难，谁人响应，并且当众宣誓，如有临时退缩，或阴持两端者，则群起而讨之。老段表面上电阻会议召开，暗中却派心腹参加了集会。因当时段、黎之间的争吵，以及段和国会之间的矛盾已尖锐得不可调和，段自己又不愿蒙驱黎或压迫国会的恶名，遂假手于老张达到目的。各省军头以及各派政客结合在一起，虽然各有各的袖里玄机，但有一点则是共同的，就是不满黎元洪政府，想利用张勋冲锋打头阵。张勋则以为天下英雄尽入彀中，足资利用成就复辟的事业。这样，这伙乌合之众各怀鬼胎凑到一起了。

1 月 9 日起，会议进行了三天，议决五点内容：

(1)请总统罢斥佞人；

(2)取缔国会；

(3)拥护段总理；

(4)淘汰阁员；

(5)促成宪法。

北京政府虽有电报阻止各省代表参加会议，实际上是掩人耳目的表面文章。段及其左右正想利用各省督军，推倒总统，解散国会。北洋系军头和交通系、研究系政客，都想利用这个机会，在政治上攫取一席之地。不过，各省军阀对于集会徐州多少有些顾忌，因此会议很快就草草收场了。

4 日本浪人的插手

正在张勋忙于和各省督军开会的时候，突然一个神秘的日本人于1917年1月翩然来到徐州，要求见张大帅。张勋一方面忙着会议，再有他于二次革命时在南京吃过日本人的亏，所以把那个日本人晾在旅舍中，没有理他。原来，此人名叫佃信夫，号斗南，生于1866年，是黑龙会的第二任干事，统监会务，位置仅次于黑龙会首脑内田良平。黑龙会是日本浪人的民间组织，一心以涉足中国、朝鲜事务为宗旨，为日本征服大陆而效力。

原来，日本民间很有一伙丧心病狂的所谓“志士”，他们误读中国历史，以为匈奴人、鲜卑人、女真人、蒙古人、满族人可以争夺中原，日本人为何不能？遂一贯主张以朝鲜为踏板入侵中国。他们时刻关注着中国政坛的动向，为此以内田良平、田锅安之助等人为骨干的“对支(那)联合会”，以大竹贯一、五百木良三等人为首的“国民义会”，多方活动，召开大会，举办演讲会，大肆宣传，制造舆论。他们一方面以反对袁世凯称帝为由，明目张胆地干涉中国内政，一方面在山东等地公然以武力支持反袁武装。佃信夫就是其中一个十分嚣张的人物。佃信夫一直想趁着南方革命党起义的机会，造成中国南北分治的局面，那样一来，日本分别对付南北，将会收到事半功倍的效果。同时，佃信夫又是个顽固的君主派，他始终认为中国自实行共和之后，闹得南北分裂，支离破碎；只有实行君主制才能使中国恢复秩序。他狂妄地以为日本有义务帮助中国恢复君主制，并趁机将满蒙地区纳入日本的势力范围。

寺内首相是佃信夫的密友，佃信夫特意经朝鲜回国，会见寺内征求他的对华政策。佃信夫向寺内通报了中国内部以张勋为首的复辟派，现在左右了全国政局，而且陈述了他积极支持复辟派的意见。寺内对前任首相的保守做法本来就不满，遂明白无误地表示：“如果有强有力的人物坚决实行复辟，也是和我们理想相符的。”表示同意佃信夫的想法，叫他只管放手去做。

1916年12月31日，佃信夫等人到伊势大神宫祈求天照大神保佑他们成功后，立即返回中国。1917年1月，佃信夫到达上海，会见了郑孝胥、李经迈、升允、姚文藻等复辟派的健将。李经迈还替他写了一封信，把他介绍给张勋。

佃信夫到了徐州之后，张勋并不待见他。因为二次革命时张勋的辫子军在南京杀了几个日本人，为此袁世凯撤了他的江苏督军，故此迁怒日本人。佃信夫在迎宾馆住下后，周围的人们都飨之以白眼，使他十分不快。一日，佃信夫在室内墙壁上写下一段文字：

> 先儒有言曰，以龙逢、比干之心，行苏秦、张仪之术，是谓之大丈夫之士焉。然则苏秦、张仪之未足称大丈夫之士久矣。秦岁仅三十左右，已佩六国相印，余岁已五十又二，才为长江巡阅使少轩张君幕宾，是诚可愧也。然秦呼六国侯伯以大王，侯伯呼秦以君，与臣僚无少异也。在余则不然，少轩呼余以君，则余亦以君应之；呼余以先生，则复以先生答之。应酬耳，少无芥蒂，是稍足可慰矣。即名吾室曰"可愧可慰斋"，以为记云耳。

许多人都看了佃信夫的题字。对他的看法稍有改变，终于，张勋接见他了。佃信夫诱导张勋道："如果以敌视日本的态度进行复辟，那是非常错误的。必须得到日本的支持，复辟才能成功。"张勋告诉佃信夫说："关于复辟之举，本人并无向日本求援之意。只是段祺瑞从前曾带头劝告宣统皇帝退位，故对复辟之举绝无赞成之理。本人此前举行徐州会议之时，各省督军都表赞成。段祺瑞亦派徐树铮为代表前来参加，徐亦表示赞同。但其真意如何？一时尚难逆料。因此，将来发动复辟之时，势将与之一战。如果与段交战，则北京宣统皇帝的身边可能发生不测，这是本人所深为忧虑的。若是宣统皇帝发生危险之时，日本公使馆能予以接引，并力加保护，则本人可以毫无顾虑地与段祺瑞一决雌雄。愿烦先生尽力者，仅此而已。"同时，张勋告诉佃信夫，他在两个月之前与日本在天津驻屯军某将军会晤，表达了请求其帮忙的意思，但是一直未得到明确答复。

在此，张勋表示了对日本政府真实意图的疑虑。

于是，佃信夫向张勋详细地说明了他多次与寺内交谈的内容，并转达了寺内首相对清廷复辟乐观其成的美意，还表示日方将在财政和军械上尽力支援的承诺。佃信夫建议张勋可派一特使，将十三省督军赞同复辟的誓约带给日本首相，作为全国舆论支持的明证；并且毛遂自荐地愿意引见特使去见首相。从此，张勋的复辟活动正式与日本挂上了钩。

张勋立即派升允为特使，面见寺内首相。升允抵达东京之时，适逢寺内身患小恙，特意在家中欢迎了他和佃信夫。寺内听了佃信夫的介绍，又阅读了徐州会议达成的盟约，郑重地说："张勋氏的希望，本人业已知悉。当命日本驻华公使注意保护宣统皇帝的安全，尽可放心。诸君既然按照十三省督军宣誓的精神谋划复辟，日本没有理由加以反对，请勿顾虑，尽可按计划行事。张氏既然声称不要日本的任何援助，本人也希望如此。然而此等事情还需多方准备，故请转达张勋，如有任何需要帮助之处，尽可提出。"寺内又向升允道："听说先生寓居青岛，归国后，如有不便之处，可与日本驻军司令大谷商量，不必客气。本人将致函大谷说明此意。"升允听了，感激之情油然而生，不禁唏嘘而泣，继而竟至泣不成声。寺内似乎受了感染，也垂下泪来。此是发生在1917年初时的事情。

至于张勋为何能够以一个北洋系之外的老粗军人，得以在政坛上纵横捭阖，耀武扬威，还得从府院之争说起。

第四章

府院、府院，几多恩怨

一　黎大总统继任

1 黎元洪委身未定

袁死黎继，黎元洪当上了中华民国第二任大总统。可是，关于他当总统的法律根据，却有了歧义的理解。黎元洪认为，他继任总统是根据民国元年的《旧约法》中第 60 条：大总统缺位时，由副总统“继任”。段祺瑞则根据民国三年（1914）通过的《新约法》第 29 条，宣告黎元洪只是“代行总统职权”。一个“继任”，一个“代行”，两字之差，引起了一场说大不大说小不小的风波。西南方面不承认新约法，说那是袁氏一人妄自篡改的，没有法律效力。段祺瑞则坚持，新约法行之已久，现在若以总统命令宣布废除，岂不是总统的命令可以更改法律？西南方面又反驳说，新约法并不是法律，所以并没有命令改变法律的问题。

南北函电纷飞,名义上是新旧约法之争,其实是旧国会恢复与不恢复的问题——因为根据旧约法,必定要恢复旧国会。黎氏是乐于召开国会的,因他嫌《旧约法》中规定总统的权限太小,所以主张恢复国会,趁机扩张总统权限。段祺瑞却以为国会重开,诸多掣肘,所以一味拖延。他还通电各省征求对约法的意见,同时授意其心腹呼吁召集约法会议。

辛亥革命时的黎元洪

以梁启超为首的研究系为了与当轴合作,趁机进言段氏:废弃《约法》,停开国会,施行军政统治。梁并策动其门生蔡锷发表通电,公开申明主张。梁启超号称学人,实则政客,戊戌变法失败后亡命日本时,办报痛诋袁世凯。岂料辛亥革命后返回国门后,始则与熊希龄大谈排满之失策,旋即与袁世凯握手言欢,前嫌尽释,欢若平生。老袁赏给他一个内阁总长的位子,梁更鼓吹中央集权主义,以投老袁喜欢。不过,在洪宪帝制时尚能明了大势,没有陷入进去。段祺瑞二次组阁后,他又投怀送抱,依附在老段门下——用他自己的话说,要利用当权者来实现个人的理想。

黎元洪就任大总统时的留影

不过西南方面开始对段产生怀疑,6月25日驻上海的海军总司令李鼎新突然加入西南护国军,宣言拥护《旧约法》,并表示"非俟恪遵民主约法,国会开会,正式内阁成立,北京海军部的命令,概不接受"。李鼎新还电告冯国璋,请他同意自己的立场。驻上海的海军属于第一舰队,实力最强,一旦行动起来,攻取南京易如反掌,冯国璋如何不怕?

这时,南京的冯国璋正在积极运动当副总统,看到形势如此迁延,对己不利,因此电促段氏速求一解决的良法。老段转念一想,《新约法》规定是总统制,而《旧

参议院议长王家襄

参议院副议长王正廷

众议院议长汤化龙

约法》却是责任内阁制，他作为总理又何乐而不为呢？便大大方方地做了个顺水人情，于6月29日以大总统名义下令恢复《旧约法》，并定于8月1日召集旧国会。

这时，黎元洪才名正言顺继任大总统，广东肇庆为讨袁而成立的"军务院"于7月14日宣布取消，中国名义上又恢复了统一。黎元洪继任后，以梁启超、蔡锷师生名满天下，曾礼聘梁启超为总统府秘书长，欲其为己臂助。而梁以黎有职无权，且左右多是是非之徒，知道政局前途隐忧正多，"过此以往，为上演水帘洞、恶虎村之时"，不愿投靠黎氏，决心与北洋实力派携手，遂婉辞了黎大总统的推重。

1916年8月1日，国会重开，两院分别选出王家襄、王正廷为参议院正副议长；汤化龙、陈国祥为众议院正副议长。

再说，旧国会被袁世凯解散后，大多数议员勒紧裤带，苦熬苦撑，此刻虽得以恢复，这些议员诸公以为议员资格并不可靠，便借着议员的头衔，纷纷钻营于官场之中。尤其以"政学会"的议员最为热衷，如张耀曾、谷钟秀、杨永泰、文群等人，长

众议院副议长陈国祥

袖善舞，整日奔走于黎、段之门。政学会本是从国民党分裂出来的一个小团体，这些人觉得挂着国民党的招牌不利于做官，于是便改换门庭以利升迁。

段祺瑞对于这些求官的议员，开始尚能敷衍，后来看到登门的越来越多，不堪其扰。而且僧多粥少，官位有限，求官者无限，哪里能够都照顾得到呢，老段干脆一律飨以闭门羹。有些为了商量政事而来的人，也受了池鱼之殃，老段为此得罪不少议员。黎大总统则不然，他向来是来者不拒，谈及谋官，只往老段身上一推："只要总理答应，我这方面是毫无问题的。"由于黎元洪待人和气，加上他胖胖的样子，所以众人奉送给他一个"黎菩萨"的绰号——他的人缘远比老段要好。

2 黎大总统的处境

黎元洪并非出身北洋系，手中又无军队，虽然名为大总统，却要时时处在北洋军人的阴影之下。再有，黎元洪也没有政党背景，辛亥年他曾挂名是"民社"的首脑，但民社后来蜕变为进步党，与他也毫无渊源。国民党则利用他作为工具，和北洋派斗法。冷眼旁观黎大总统的地位，正像一个受气的小媳妇，上面不止一个恶婆婆，旁边还有一群专门播弄是非的恶小姑。

先看几个婆婆。

国务总理段祺瑞这人刚愎自用而又好瞧不起人，他看不起的人很多，被他看得起的人却很少，黎元洪便是属于他看不起的其中之一。想当初逊清时代，他任湖广总督的时候，黎元洪不过是个协统（旅长），现在居然成了他的顶头上司（虽然只是名义上的）。老段还瞧不起南方人，更看不起国民党人。老段还有一个根深蒂固的情结，就是黎元洪的总统是他自己让出来的，当初袁世凯病死时，北洋系军人想要拥戴徐世昌或段祺瑞为总统，但老段宁愿做总理，而把总统作为自己手中的工具。

段祺瑞（1865—1936），字芝泉，安徽合肥人。其祖父办团练起家，曾任淮军的记名总兵。他祖父死后不久，段祺瑞又父母双亡，所以他小时候家中穷困得很，曾给人家放过牛，念书时因缴不起学费，私塾先生把他家的一块祖传

清末任方面大员的段祺瑞

民国时代的段祺瑞

端砚拿走。段一气之下，又跑到许姓老师的私塾中去读书。

1881 年，17 岁的段祺瑞的一个乡邻到北京办事，他恳求那人带着他一起北上。段的身上只有一块银元，步行走了两千多里来到山东威海卫，找到他的一个在军队当管带的族叔段从德，做了一个哨书。段从此离开家乡，走上发迹之路——所以有人说他是"一元钱发家"。1884 年，段考入北洋武备学堂炮兵班，毕业后的 1888 年，与荫昌等人一起到德国留学进修，曾在著名的克虏伯兵工厂实习。1892 年回国后，在威海卫武备学堂任炮兵教员。袁世凯督练新军后，荫昌举荐段祺瑞到小站，1896 年任炮兵营管带兼炮兵学堂监督。

以后，段祺瑞做了方面大员，驻节保定，家乡那位塾师北上来看他，段盛情招待老师，绝口不提当年的事情。过了两三个月，老师想回去，段一再留他，只好又住了一个多月。最后老师一定要走，段在酒宴饯行后，交给他一个封袋。老师打开一看，里面都是房地契，原来，段在老师留京期间，在老师的家里买下田地房产，留作其养老之用。这位老塾师感激得潸然泪下，把当初扣押的砚台还给了段祺瑞。

段的原配是吴夫人，生一子一女，后于 1901 年死去。续弦张夫人。张夫人是原江西巡抚张芾的侄孙女，她的父亲叫张赢，是袁世凯的表弟（袁姑母的儿子），在新疆做官。张赢早逝，袁把其母和妻小接回来，亲自赡养。袁将张女收在自己名下，称为大小姐，袁的正妻于夫人视张女如同亲生一般。段的原配吴夫人死后，即由袁氏夫妇主婚，以张女嫁给段为继室，两家往来甚密。袁的子女都喊段为大姐夫——这样说起来段还是老袁的晚辈。

袁世凯刚死的时候，迫于南方的压力，北京的帝制派中的某些莽撞汉，曾有过困兽犹斗，拼个鱼死网破的想法——欲拿国家命运做孤注一掷。那时北京上上下下人心浮动，在京官吏纷纷移家天津，好像是大祸临头一般。还是段祺瑞稳坐不动，压住了阵脚，才使大局不致鱼烂。就在袁世凯去世的当晚，北洋诸将几乎一致推举段祺瑞接班，担任大总统。但是，在袁世凯的灵前，段祺瑞找到张国淦，拉着他一起去看黎元洪。二人来到黎的府邸，段向黎行三鞠躬礼，然后坐下，一言不发。黎也似泥雕木塑一般坐在那里，张国淦在旁边也不好开口，这样三个人全都成了进了曹营的徐庶。最后段站起来向黎半鞠躬，表示告退，黎也站起来送客，还是谁也不说话。到了门口，段才向张国淦说："副总统方面的事，由你来招呼。"说罢，跳上车扬长而去。回到国务院，他又面对那些拥戴派，说服他们改拥黎元洪——直说得他口干舌燥，满头大汗，几个小时不得解围。

可是，黎元洪并不领情，因为刚才的一幕就像汉献帝见了曹操，如有芒刺在背。他再三要张国淦向段示意：不要做这个总统——他已经觉察到，这不是个好相处的人。何况，黎元洪对段祺瑞也是宿怨甚深。当年袁世凯派段祺瑞到武汉接他进京，段以霸王硬上弓的手段，几乎是将他押解上了火车，黎对此始终耿耿于怀。黎到北京后，袁世凯虽目之为政治囚徒，但还算礼尚往来，问寒嘘暖，大面儿上还过得去。而段却对他始终冷冰冰，不把他放在眼中。

黎总统的才干实属平庸，老段又是那样一种强势作风，所以一切军国大事皆由段总理一手包办，黎大总统根本无置喙余地。如果黎想过问一下某件事情，或与段有所争论，老段立即祭起"西山养疴"的法宝，黎即刻缴械投降，再也不敢有任何主张。说起这时中国的政体，既非总统制，又非总理制。老段自然以为按照《旧约法》，应该是责任内阁制；可是黎元洪，尤其是他身边的一群不甘寂寞的幕僚，却不甘于做个礼仪性的“虚君”。

黎当初上台时也曾有过一番抱负，很快他就发现自己不过是总理的一台签字盖印机器而已。湖南龙阳的才子易顺鼎觉得黎总统做得实在可怜，曾劝他举贤自代，并替他拟就一份退职令，黎看了后骂他“欺人太甚”。黎元洪不甘心只做一架盖印机器，可是处在北洋系包围之下处处受制，遂也想拉帮结伙，结成自己的势力。他最初想延揽孙文、赵尔巽、李经羲、瞿鸿禨、周馥、康有为等人成立“国老院”，形成国家最高决策机关。但是大多数人不同意，国会也未获通过，只好作罢。

但一开始事情并非不可收拾，段祺瑞毕竟是做过方面大员、总长、总理的大人物，对于黎元洪过去的一些所做欠妥的事情并不计较，例如，洪宪时，黎曾一度领衔劝进，就是他的东厂胡同住宅也是袁以洪宪皇帝名义赐给“武义亲王”的府邸。黎元洪也自知自己在北洋圈子里面没有丝毫凭借，只好借重段、冯这样的实力派。何况，在杯葛袁世凯的洪宪帝制时，二人虽然并未密谋于一室，毕竟是声气相求的同志。如果二人都始终抱着这样的初衷，本可同舟共济，合作无间的。不料，中间的一群小人坏了大事，这且留待后面再说。

老段瞧不起黎元洪，冯国璋又何曾看得起他？老段还想利用一下黎，而冯则是时刻想要把他踢到一边，取而代之。

还有那个被袁克定骂为“活曹操”的徐世昌，自然更是把黎看得不在话下。他曾经派自己的幕僚徐鼐霖向黎元洪吹风说：“北方的势力完全控制在北洋系手里，阁下又与北洋素无渊源，徐东海乃是北洋元老，你要是拜在徐的门下，则一切难题自有他为你排解了。”徐世昌是想收个总统门生，将来好做太上皇。但黎元洪历来不主张玩弄拜把子、拜门生这一套腐朽的作风，遂告诉徐鼐霖：“东海功厚德重，本是国家的柱石，将来正要借着他的能力。即使我们无师生之谊，东海先生也不会不管。何必弄那些庸俗的老套，反而叫人议论。”徐世昌听了徐鼐霖的转述后冷笑道：“我在官场混了三十多年，门生故吏满天下。他黎某人本是卑微之人，现在做了总统便不知天高地厚了，竟然不识抬举！好吧，看看他这把交椅还能坐多久？”有人把此话传给黎元洪，黎更不以为然地说：“当初袁总统把我幽禁在瀛台的时候，我就下定了牺牲性命的决心。现在恢复共和天下，我身为总统，就算不计较个人的名誉，也要考虑民国总统的声望。我宁肯挂冠而去，也不会卑躬屈膝去拜做他的门生。”黎的话传到老徐的耳朵里，使他更加衔恨黎元洪，二人从此结下冤仇。

黎元洪是个外柔内刚的人，他在受到外部压力的时候，开始只是一味让步，若是对方得寸进尺，把他逼得发起火来，也是很不好对付的主儿，虽然他不会声色俱厉，但若是采取无言的对抗手段，也照样使人头痛。

二　府院争权

1 帮倒忙的幕僚

前面说过，国民党既然以分化北洋为目的，自然要使出全身的解数，极尽挑拨之能事，在北洋系内部制造事端，这其中孙洪伊起了不小的作用。因段祺瑞主持国政，自然是孙党攻击的主要目标，于是孙洪伊等人遂定下联冯（国璋）倒段（祺瑞）的方针。孙利用直隶同乡的关系，竭力讨好冯国璋、曹锟等人，而对老段的施政多有杯葛，冯、段二人从此离心离德，终于导致了第二次府院之争，这是后话，暂且不提。

总统、总理不大见面，有事都是府院的秘书长接触会晤，这样，双方的幕僚就成了沟通两巨头的媒介。如果媒介起好作用，可以增进了解，消除分歧；若是搬弄是非，那就反而帮倒忙了。洪宪帝制时代，黎的幕僚大半回湖北去了，黎继任大总统后，这些幕僚又先后来京，府中秘书厅、军事处全是黎在湖北任都督副总统时的旧人，一时总统府被称为“湖北会馆”。

黎元洪的秘书长原来是饶汉祥，就是那个好作骈体文，动辄长篇大论拟电报的“巴黎人”。原来，饶起草文电时为了合辙押韵，不惜方圆纳凿，代黎拟的电报中竟有“忝居储贰”的字句。储贰原是太子之意，饶竟借来形容副总统。

此外还有“汉祥法人”之类的词语，人们为他拟了一副对联：“黎宋卿岂是项城子；饶汉祥讵作巴黎人。”在洪宪帝制时，饶劝黎元洪接受“武义亲王”的称号，以此失去黎的信用。黎当了总统后，秘书长由农商总长张国淦兼任（但饶仍留任副秘书长），秘书有林长民等八人。

张国淦（1876—1959），字乾若，湖北蒲圻人，1902 年中举，早年被黑龙江将军程德全所赏识揽入幕下，从此走上仕途。1910 年 6 月，在庆亲王奕劻内阁中任统计局副局长。1912 年曾以参议身份随同唐绍仪与南方谈判。在袁世凯时代，曾担任过总统府秘书长等一系列要职。但是张国淦却没有一点儿官僚习气，他平生从不联络政客，交通声气，进退自若——没有学问和修养的人是不易做到的。1926 年张作霖入关后，他即告别政坛，每天钻图书馆，专事方志学研究。张国淦和黎元洪是湖北同乡，私人关系不错，而且是个懂得顾全大局的人。他一直以沟通府院为已任，尽量不去制造矛盾。可是，哈汉章一伙却认为他在袒护段祺瑞，遂排之不遗余力。

总统府军事处为哈汉章、蒋作宾、金永炎等人把持，这些人向来是不满于段的，时常进谗言于黎，正是帮倒忙的角色。还有，袁世凯的那个亲戚张镇芳与段祺瑞素来不睦。自然，张镇芳也是段所看不上的人，段说他是靠裙带关系爬上来的，经常喊他是“黄带子”、“大管家”。张镇芳心里窝火，故意向其军谘府的老同学哈汉章，放了一把野火：“当初袁大总统咽气时，歪鼻子老段反对黎继任，还是徐世昌说服了他，这是我亲眼所见，亲耳所闻。”哈汉章是黎的红人，添油加醋的一番挑唆，黎对老段更有了衔恨之心。

此时，黎、段虽有矛盾，但还没有到达水火不容的地步。

中国人喜欢玩弄术数，例如，把好的、坏的人或物凑成“四”之数，大概是为了符合空间四个方向的意思吧。清末官场就有“四凶”之说，指的是：曹汝霖、陆宗舆、章宗祥、汪荣宝。到了民国元年，又有人（章太炎）指赵秉钧、梁士诒、陈宦、段芝贵为袁政府的“四凶”。袁死后，恢复了旧国会，旧国会之中又出了“四凶”，指的是孙洪伊、丁世峄、张耀曾、谷钟秀；此外还有帮凶四人，即哈汉章、饶汉祥、黎澍、孙发绪。

所谓“凶”者，大概是“成事不足，败事有余”之意。

不光总统府里有“凶”，段祺瑞身边又何尝没有？最典型的一个就是人称“小徐”的徐树铮。

徐树铮(1880—1925)，字又铮，江苏肖县醴泉村人。徐自幼有神童之誉，13岁进学成了秀才，但他喜读兵书，无意走科举出仕的道路。当他年方二十一岁的时候，外出谋事。起初他到徐州投奔张勋，写了一封口气极大的信，到辕门请见。张勋视之为狂生，拒之门外。张的幕僚们说，当年范文正(仲淹)镇守西北，有两个秀才上书投效。范不用，这两人投奔了赵元昊，遂造成宋朝几十年的边患，大帅不妨假意羁縻，将来量才使用。张勋却说，我何必怕他一个小孩子？坚持不理。为此，小徐和张勋有了过节儿。后来，张勋进京复辟，给小徐抓住机会，便狠狠地报复了他一番。

徐一气之下，只身到山东去投靠袁世凯，并上书言事，讥评时政。因袁当时正值母丧，没有接见他。徐孤身住在济南的一个小客栈里面，穷极无聊，便一个人在堂屋写对联消遣。时值寒冬，他只穿着一件夹袍，可是举手投足之间，自有一股豪爽之气。这天段祺瑞刚好到客栈找人，看见徐的举止不凡，便上前同他搭讪。徐告诉段，访友不遇，盘缠用尽，正在等着家里汇款。段问他愿否出来干事？徐答以：“值得干就干。”于是段让他当了幕下的文案。后来，袁世凯又把徐的万言书拿给段祺瑞，段对他更加器重。段特意于1905年保送他到日本留学，进士官学校学习了四年。大概是这段经历的缘故，以后徐树铮经常走亲日路线，并因此影响到老段的政策。小徐毕生追随段，成了段的灵魂，段对他几乎是到了言听计从的地步。后来人们称徐世昌为

徐树铮于20世纪20年代出访欧洲时在罗马留影

“大徐”，称徐树铮为“小徐”。可是不知什么原因，老袁却最讨厌小徐，称他为“小扇子”，意在讽刺其为段的狗头军师。袁多次想把他调离，都被段所拒。一次，袁又提起此事，段实在忍耐不住，竟然顶撞老袁道：“请总统先免我的职，然后要怎么办就怎么办吧。”

徐树铮虽是军人，对国学却有相当的造诣，于经学、诗词、小学等方面均有涉猎，实堪称是一名儒将。1919 年，徐出任西北筹边使督办外蒙一切事宜，率兵入库仑（今乌兰巴托）。徐积极谋划治蒙方略，限令蒙古活佛取消自治独立活动。蒙古人民扶老携幼，王公喇嘛以下数千人，步行三十里，拜伏迎接。徐趁机施行新政，改变蒙古的闭塞落后状态。短短时间内，开医院，设银行，办学校，修道路，兴市政，使蒙古发生了极大的变化。

但他终究是个旧式军人，在军阀混战的 1925 年，被冯玉祥暗杀于廊坊车站，年仅 45 岁。康有为挽以长篇，说他“其雄略足以横一世，其霸气足以隘九州，其才兼乎文武，其识通乎新旧”。

徐树铮恃才傲物，锋芒毕露，刚愎自用，飞扬跋扈。可是老段离了小徐却不行，在任他为国务院秘书长时，袁、段还有过一段争执。

1916 年春天，袁世凯在被西南护国军打得焦头烂额的时候，不得不起用段祺瑞当总理，可是心里又不放心，便派了机要秘书王式通到国务院当秘书长，以便随时监视。老段想用小徐来当秘书长，自己又不愿去碰这个钉子，就托王士珍去说。王是深谙黄老之术的，明知袁世凯不喜欢小徐，却又碍不过面子，只好答应了老段。可是老段等了几天不见回音，又请张国淦去袁那里探听。张国淦把段的意思转达了：“总理想用自己人做院秘书长。”老袁忙问：“是谁？是谁？”张吞吞吐吐地说：“总理的意思是想用徐树铮，比较熟悉一些。”袁立即变色道：“什么话，军人内阁，军人秘书长，文人的椅子都让挎东洋刀的占了去！”可是老袁又要利用老段来收拾烂摊子，不能过分得罪他，便自己转圜说：“你告诉芝泉，徐树铮是军事人才，叫他回陆军次长的任吧！”张国淦瞥了一眼坐在旁边的王士珍，见他一直是缄口不言，而且脸上不带丝毫表情，不禁心里暗暗佩服。张去见段，把老袁前半截不好听的话瞒下，只告诉说：“总统想用又铮做陆军次长。”一句话还没有说完，只听得“啪”的一声，原来老段把口中的烟斗扔在地板上面，铁青着面孔吼道："他到了今天，连这个还不放手！"说着，鼻子歪到了一边。

现在黎元洪做了总统，张国淦又碰到了同样的问题，老段又来托他把任命徐树铮为院秘书长一事转达给黎。张清楚得很，黎也是反感小徐的，不过他总以为黎是好好先生，或许不至于当面给他钉子碰。不料，当他把话说完之后，黎的脸色更加难看，冷冷地说："请你告诉他，总理一万件事情我都可以依他，唯独这件事断不可行！"张对老段摔烟斗的情景记忆犹新，不愿意再看他那张脸子，便先去找徐世昌，想要辞职，避往天津。徐世昌听了张国淦把事情经过叙述一遍后，对他说："你辞职，只免去了个人是非，这件事还是不能解决。让我向总统解释一下，或许能够化解，也说不定。"老徐果然有办法，见了黎菩萨后，轻描淡写地说："总统不就是怕又铮跋扈吗？其实芝泉已经够跋扈了，多一个又铮又有什么呢？我看一万件事可以不依他，唯独这件事却不能不依他。"黎素来敬重老徐，无话可说，只好同意了，不过提出一个附加条件，即院秘书长因公谒见总统时，须由府秘书长陪同。于是，1916 年 6 月 13 日发表了徐树铮为院秘书长的命令。

总统府中和徐树铮针锋相对的是孙洪伊。孙虽是内务总长，却天天跑总统府，每当黎元洪有事同别人商量，孙便过来越俎代庖，雌黄黑白，旁若无人，隐然自居执府中之牛耳的角色——与徐树铮恰是半斤八两的一对。

有一次，徐树铮送公文到公府请黎盖印，其中有福建三个厅长的委任状，黎偶然问及三人的履历，小徐很不耐烦地说："总统何必多问，我很忙，请快点盖印吧！"黎赌气盖了印。小徐走后，黎向他的秘书长张国淦跳脚发火："我本来不想做总统，他们眼里哪里有我？"

张国淦已看出黎的左右不容于己，怕惹麻烦，便于 8 月 1 日向黎提出辞职。孙洪伊趁机推荐丁世峄继任公府秘书长，这个丁世峄是山东黄县人，日本法政大学毕业，就是辛亥年以山东谘议局议长向清廷提出退位通牒的那个人，也是曾最先向袁世凯劝进，后又坚持袁必须退位的那个人。丁的为人粗鄙无学，浅薄无识，又极不安分，遇事好卖弄聪明，兴风作浪。在山东谘议局任内已经闹了很多笑话。民国元年，黎任共和党理事长，丁是该党中坚党员，和黎很有渊源。

府、院秘书长经常代表总统、总理会商公务，小徐的脾气和丁有异曲同工之处，两个好事之徒碰到一起，勾心斗角，负气逞才，多次闹出不小的政潮来。丁世峄上任伊始，就要谋求扩大总统的职权——实际是扩大他自己的职权，因此丁向黎建议："大总统应出席内阁会议，发表意见，只是不能参加表决罢了。"府方采取的攻势使国务院气焰压低了些，随后于8月27日双方议定：

(1)国务会议议事日程先期呈阅总统。

(2)国务会议议事录随时呈阅总统。

(3)国务会议结束后，推国务员一人入府报告。

(4)每星期五，府院召开联席会议。总统如对国务会议议案有不同意见，得命总理及主管阁员说明。说明后仍不合意，退交复议一次。

(5)未经国务会议议决之命令，总统有权拒绝盖印。

段祺瑞嘴上不说，心里自然是不高兴的，当然小徐就更加反感了。丁世峄则公开宣称："决心与歪鼻子较量一番。"许多国务院送来的文件，或者是留中不发，或者是拒绝盖印。

由于孙洪伊、谷钟秀等人帮着丁世峄等人吹毛求疵，府院的裂痕日益加剧。当时人们借《七侠五义》中"五鼠闹东京"的名目，称之为"五鬼闹北京"——五鬼指的是哈汉章、金永炎、郭同、汤漪、汪荣宝。

1916年7月6日，各省军民长官更名为督军、省长，各省督军从此成了左右中国政局的决定性力量。其中，广东督军陆荣廷却迟迟不到任，仍由龙济光代理，遂与进入广东的护国军李烈钧部发生冲突。

2 内阁名单问题

府院第一次直接冲突起因于内阁名单问题。按照约法和惯例，国务总理由总统提名特任，其他阁员名单则由总理提名，总统认可，最后由国会通过。

段祺瑞任总理后，破天荒地亲自到总统府把内阁名单呈交给黎，所开列的内阁阁员是：

外交：汪大燮，内务：许世英，财政：陈锦涛，陆军：段祺瑞，海军：刘冠雄，司法：章宗祥，教育：范源濂，农商：张国淦，交通：曹汝霖。

段的名单交到府中后，多日不见动静，原来黎总统的策士丁世峄、哈汉章、饶汉祥、黎澍、孙发绪等人怂恿黎元洪拟定自己的阁员名单，一面通知段，一面提交国会。黎的内阁名单为：

外交：唐绍仪，内务：许世英，财政：陈锦涛，陆军：段祺瑞，海军：程璧光，司法：张耀曾，教育：孙洪伊，农商：张国淦，交通：汪大燮。

这份名单中，许、程、张、孙都是国民党员，唐绍仪也曾在1912年南北和谈时加入了同盟会。北洋系的军头们在二次革命时与国民党人结成深怨，怎么会容得下以国民党为主的内阁？北洋系本来就不把黎元洪看作自己人，现在更以为黎总统是在袒护国民党。唐绍仪（1860—1939），曾任第一届国务总理，资望较高。丁、哈等人以为黎、段早晚有交恶的一天，提出唐绍仪是为了一旦黎、段分裂，就抬出唐任总理。许世英，字俊人，是安徽宁国人，曾留学日本。许身长不满五尺，一张嘴巴能言善辩，本属徐世昌一系，是个老官僚，手腕圆滑，和段是安徽同乡，同时又极力拉拢黎。陈锦涛的弟弟陈锦章与黎私交极厚，陈锦涛的提名据说在黎的幕僚中间花了许多运动费。程璧光是黎在天津水师学堂的同学，和段素无渊源。张耀曾、孙洪伊都是国民党籍众议员，张学法律，孙无专长，二人和黎的幕僚关系密切，所以得以被提名，与段并不相识。

段祺瑞为人较为深沉，接到此名单，默然不语，心里当然并不痛快。徐树铮却忍不下这口气，暗里唆使各省军人杯葛内阁名单，却单独反对唐绍仪。不久，冯国璋、张勋领衔通电，列举唐的罪状：

> 唐绍仪学识凡庸，才智猥下，素行不检，秽德彰闻……唐绍仪曾借比款，以六百万元之巨款，竟与少数伟人朋比分肥。及其任内阁总理，国会以比款用途相诘，唐软颜结舌，无可为辞，竟至弃职潜逃。唐之此来，实将要结外援，阴图不轨……

并声言如唐任外长，以后外交部与各国所定条约，各省皆不承认——这也是造成督军团干政的先声。北洋将领和唐绍仪还有一段旧怨。当初唐绍仪因被人指责侵吞比国借款，辞去总理，不辞而别后，曾几次通过徐世昌代为向老袁疏通，希望重回官场。但是袁世凯因他依附南方，深恶其为人，遂发誓不再起用他。唐因此对袁结怨甚深。洪宪帝制时，唐和国民党人一起发通电指斥老袁。帝制取消后，又通电要求袁辞去总统职务。老段这人对公私颇为分明，他虽然也反对洪宪帝制，但是绝不容许对袁世凯个人有所背叛。因此听到唐要求老袁下台的通电后，不禁怒道："没有袁世凯，哪里有你唐绍仪的今日？今天你却挟私愤，不讲一点情面，真不是东西！"遂鼓动冯国璋等人反对其出任外长。

至于通电所说，唐绍仪向华北银行借款一百万英镑的用途，外人不得其详，不过唐绍仪个人生活的超级豪奢，在当时是出了名的。他在清末时代，任天津海关道，羡余之丰尚不足供其挥霍。其父曾自广东老家来津探望，他派军舰出海迎接，并出动军乐队一路吹奏欢迎，把那个农村来的唐老头乐得不知东南西北。后来，他任奉天巡抚，建造豪华的洋式官署及内部一应设施，花了几十万两银子。唐绍仪和袁世凯闹翻卸任后，立即跑到沪上开设"金星保险公司"，其资金从何而来？也是一笔糊涂账。

唐绍仪北上到达天津后，天津警察厅厅长杨以德嗾使一群闲散刁民，假直隶绅民名义在车站散发传单，列举唐氏十大罪恶。唐还未进京，就来了个下马威，又见到督军团的电报后，即灰溜溜反转回上海去了。

再说，黎收到冯、张等二十余人的电报后，才自悔做事孟浪。黎幕诸人气焰也顿时低了许多。黎邀段过府，重新拟定内阁名单：

外交：伍廷芳，内务：孙洪伊，财政：陈锦涛，陆军：段祺瑞，海军：程壁光，司法：张耀曾，教育：范源濂，农商：谷钟秀，交通：许世英。

双方都觉得可以接纳，这场内阁风波才算过去。

徐世昌因有黎元洪不愿拜他为师的过节，也在黎、段之间兴风作浪。他叫人传话给老段说："黎元洪算是什么玩意儿，敢来欺负我们北洋团体？他不想想他的总统从何而来？如果袁项城死后，你不出来拥戴他，这个总统还不知道是谁的呢？他现在刚刚坐稳总统的位子，就恩将仇报。你不要让他得逞，让我们北洋系丢人。"老段本来就是爱耍脾气的人，听了老徐的话，更加与黎针锋相对，寸步不让。

3 孙洪伊问题

孙洪伊（1872—1936），本名洪仪，后为避溥仪的讳，改名洪伊，字伯兰，直隶天津北仓人。祖籍浙江绍兴，其先人精通武艺，以保镖为业，后落籍天津。他家在天津北仓有祖遗田产数十顷，在当地算是殷富之家。孙洪伊于光绪末年进学成为中国最后一榜的秀才，后来补廪成为贡生。他的原配夫人曹氏与曹锟为同族的远亲，因此他喊曹锟为"姻丈"。青年时代，他受康、梁变法思想的影响，以及八国联军侵掠京津暴行的刺激，纠合同志参加君主立宪活动，被推举为直隶谘议局议员，以敢说敢干闻名，但他为人尚侠好义，不畏强暴的同时，却失之急躁、固执。

1911 年监国摄政王载沣把持朝政，排斥汉人，拖延立宪，引起全国舆论的不满。各省谘议局代表在北京开会，商议立宪事宜，孙洪伊与湖北代表汤化龙、福建代表林长民都是活跃人物。

民国成立后，孙被选为众议院议员，并组建共和统一党。后与汤化龙的共和建设讨论会合并为民主党，进而又联合为进步党，孙都是其中的中坚。1912 年，他又跨党加入国民党。1913 年 5 月国会成立，孙活动竞选众议院副议长未成，汤则被选为众议院议长。孙怪汤拆台，二人从此疏远。

二次革命失败后，国民党议员资格被取消，国会无形中止。孙洪伊到上海与山东籍议员丁世峄一起出版《大中华》杂志，鼓吹反袁，因此二人结成同志。他们办杂志的经费主要由孙供给，其家产几乎全部用于政治活动。

袁死黎继，孙洪伊坚决拥护恢复《旧约法》，以黎继任大总统。黎由此对孙产生好感，甫一就任，就提名孙任教育总长（后改内务总长）。由于国民党有分化北洋系的既定政策，所以孙在黎、段之争的政潮中坚定地站在了黎元洪的一方。

后来丁世峄代张国淦任总统府秘书长，由于丁的吹嘘，孙与黎的关系又接近一步。他虽然名义上是段内阁成员，实际上成了黎的高级谋士。在府院之争中，孙不但为黎、丁暗中策划，而且亲自出马打击老段、小徐。一次，国务院未经国务会议讨论，径自发表郭宗熙为吉林省长。孙洪伊当面质问段祺瑞："各省民政长官的任命，内务部是否有权参加意见？此类重大问题，未经国务会议讨论通过，国务院是否有权直接发表？"段被问得无言以对，只好推说徐树铮荒唐。一天，国务会议讨论广东军事冲突问题，本来没有发言权的小徐提议四省会剿李烈钧，遭孙洪伊极力反对。徐未等到阁议通过即将会剿电发出，气得孙要辞职。

恰在此时，内务部的同仁又起来造孙洪伊的反。原来，组阁之初，孙自知自己的学识不高（只是秀才），不敢担任教育总长一职，而且其夹袋中已有一百五十多人需要安排，在教育界绝无可能安插下这么多的私人。这次改任内务部，孙甫一到部，即撤换参事、佥事等高级部员二十八人，以安置私人，惹得部员们联名控告到平政院。9 月 21 日，平政院决定受理此案，并限孙洪伊于五日内提出答辩。而孙洪伊却不买账，他认为平政院是袁世凯时代成立的非法机关，缺乏法律根据，遂置之不理。10 月 7 日，平政院缺席裁判，判决被免职人员回去照常供职，行文到内务部执行。孙大怒，怀疑是徐树铮在背后捣鬼，乃进一步谋划打击段系势力。孙趁机借整顿国务院内部办事手续为名，建议老段限制院秘书长职权范围。段虽然心里不愿意，表面上又不得不赞同，因而老段、小徐都对孙洪伊恨之入骨，必欲去之而后快。

北京的警察系统隶属于内务部，孙洪伊借口整顿北京警察，在国务会议上提出撤换京师警察总监吴炳湘，以何成濬接任。吴炳湘是北洋派的旧属，又是老段的安徽同乡，段自然不同意。段与孙的矛盾日趋激烈，加之小徐的煽风点火，段更加不能容忍孙。

当时，中国、交通两银行的钞票停止兑现，只能折扣使用，市面一片紊乱。商会呈请政府筹款维持兑现。老段令财政总长陈锦涛秘密商借美款五百万，已达成协议。陈锦涛并拿到国会开秘密会议，要求通过，黎总统也赞成。但是，此消息竟然外泄，惹起英、法、俄、日四国银行团的质问和抗议。先前市面上中行票只有四五折左右，若能保守秘密，借款到手，暗中回笼中票，则此借款可于收回中票后，尚可留作他用。但消息泄露后，市面上中票涨到八折，费尽力气只能勉强维持兑现而已。事后得知，是孙洪伊泄露了消息，他先期以低价收买中票，借以牟取暴利。为此，徐树铮和孙洪伊在国务会议上争吵起来。老段虽然跋扈，却是个两袖清风的君子，既鄙夷孙的为人，遂决意将其从内阁中清除出去。

孙洪伊在担任内务总长期间，虽然他的众议员资格依法开缺，但孙在国会中仍拥有一定的势力，人称"韬园派"。孙洪伊为了自抬身价，还制造"大孙小孙"之类无聊的名词，以孙文之名，为自己造势。

孙洪伊在反对洪宪帝制时，以同乡关系与南京冯国璋相结纳，因此向黎献联冯排段之策，意在分化直皖，这正符合府方一些人的心理，如哈汉章曾与冯国璋在军谘府共事，认为冯好交往，而段不易接近。于是这些人都依附在孙洪伊周围，以院方为敌人。孙洪伊挟黎自重，以排段为最高要务。为了倒段，他经常往来于北京、徐州之间；还不时跑到保定赶着曹锟喊"老姻丈"。

老段决心除去这个眼中钉，有人从侧面向孙说："你是阁员，既然和总理政见不合，何不退出，若只是意气用事，不免有失政治家风度。"孙却是个宁折不弯的角色，逢人便说："政治家就是要硬干，我偏不辞职，看他们能把我怎样？"老段听了更加恼火，不由分说拟好一道命令，免除孙的内务总长。10月18日，小徐把命令拿到总统府盖印的时候，黎却一反常态说："不合法的命令，我是不会盖印的。"小徐公然说："既然总统不盖印，那就只好不让他出席国务会议了！"黎听了大怒道："你说的是什么话？"段派人到公府催问过多次，最后亲自登门给黎扔下一句："总统不肯免孙的职，就请免我的职好了！"黎这时软了下来，只好说："可以叫孙自动辞职，免职总是不好的。"段气得撂了挑子，从此不到国务院上班，在家泡开了病假。有人从中调解，劝孙洪伊不妨让一步，改换一个其他的职位，或者暂时出国考察，还可以得些实惠。孙又不干，说："免职可以，叫我自动辞职绝不可能。我除了内务总长，什么也不愿干。"孙洪伊并非是个好惹的角色，果然不久，"韬园派"议员吕复、褚辅成提出弹劾国务院秘书长徐树铮案。小徐有些胆怯，告诉调解人："只要孙肯退出内阁，维护一下总理的威信，他要什么官都可以。"小孙则说："我什么官都不做，只要我的人格。"其实，他正是要借机破坏段的威信。

4 倒阁风波

这样，由孙洪伊、徐树铮二人的进退问题扩大为府院的进退问题。公府的智囊们异想天开地打算以孙洪伊代段祺瑞组阁，黎又觉得孙的资格不够，而属意徐世昌、王士珍或者李经羲出来组阁。黎大概感到做傀儡总统实在不是滋味，索性痛痛快快地干一场的好，乃命王士珍去河南卫辉的水竹村把那个"水竹村人"徐世昌请了来。黎属意老徐有几个原因，一是他听说袁死时，在继任人选上议论纷纭，唯有徐建议以副总统依法递补，因之对徐有特殊的好感。再者，北洋系中可以抗衡老段的唯有老徐和王士珍，王又是个万事不关心的人。还有重要的一点就是，老徐组阁是张勋所支持的。

老徐内心热度极高，表面却装得极冷。他不是不想出山，但自知手中没有实力，不敢与武人争锋，才说出酸酸的一句话："只要总统不让我做官，我随时可以进京效劳。"张勋得知老徐要组阁的传闻，马上派万绳栻于 1916 年 11 月上旬赴卫辉劝驾，并越俎代庖地为老徐拟好一份内阁名单，把李经羲推荐给老徐，做他的内务总长。实际上张勋是想要老徐打头阵，为复辟铺路。同时，也为李经羲组阁埋下伏笔。老徐却故做姿态，直到 1916 年 11 月 16 日才抵达北京。黎元洪派出的使者络绎不绝，相望于道，终于把老徐盼了来，全北京人倾城出动欢迎这位府院之间的调人。

黎于次日屈尊就教前去拜访老徐，以为他会有什么锦囊妙计。徐却只是海阔天空，不着边际地胡侃一阵，使黎始终不得要领。丁世峄替他出主意，强行发表令徐组阁的命令将段逼走，以后的事即可一帆风顺。黎身边的一批智囊们也自作聪明地放出风声来，说徐菊老已允出山维持大局，并电请冯国璋出面捧场。冯国璋对老徐的为人再清楚不过，他绝不会这时候蹚这个浑水。再有，自从他 10 月 30 日当选为副总统后，名义上比段的地位要高出一块，心里总是觉得有些过意不去，便想找个机会拉拢一下段，所以表态希望黎总统信任段总理，淡淡地表示："时局枢纽似仍以维持段内阁为宜。"冯的态度更使老徐不敢贸然应许组阁，顺势摆出一副和事佬的姿态，以调解府院自任。他先摆出老大哥（徐比段大了整整十岁）的姿态，责备段祺瑞过于自信；又说黎元洪身边不得其人。最后，他提出一条折中的办法，让孙洪伊和徐树铮同时去职。

黎也不好再说什么，遂于 11 月 20 日免去孙的内务总长，以次长谢远涵代理。两天以后，徐树铮带着免除自己职务的命令到公府盖印，张国淦继任小徐为院秘书长。过了不久，丁世峄也感到不安，乃于 1916 年 2 月 25 日自动辞职，以夏寿康为府秘书长，饶汉祥为副。张国淦和黎元洪既是同乡，为人谦和，且识大体；夏寿康也不是多事的人，所以双方迁就，府院之争似有平息的迹象。不料，由于对德宣战问题，使矛盾再起。

三 院会矛盾

1 选举副总统的内幕

在孙洪伊和段系针锋相对时，孙洪伊的"韬园派"议员忽然在国会上提出补选副总统问题。

这本是反对老段一派的政治手腕，原来，此时孙洪伊和南方拉拢很紧密，小孙自然成了国民党的马前卒。本来，国民党内部制定的方针是选举段祺瑞为副总统，这样可剥夺其内阁总理之权，将他抬到一个位尊而无实权的地位。可是，直隶籍的议员孙洪伊，还有那位吴三桂的后人、辽宁兴城的吴景濂等人却没有执行其党内的决策，而是自作主张地制定了一套“以冯制段”、“联冯倒段”的策略。孙利用同乡关系，抬出冯国璋压在老段头上，志在分化北洋系内的直、皖两派，利用直系打击皖系。而冯国璋一直觊觎总统大位不得，只好退而求其次，自然和“韬园派”一拍即合。

段祺瑞既对选举副总统没有兴趣，更无意去竞选副总统。所以，当国会通过补选副总统一案后，他的党徒徐树铮、靳云鹏等人代他声明：他不会竞选副总统，如果冯国璋当选，他抱着乐观其成的态度。

不料，冯国璋竞选副总统的消息传到徐州，却惹恼了张大帅。大概是因为复辟一事，冯的出尔反尔给他留下极坏的印象，张勋通电反对选冯为副总统，并提出了“选冯不如选岑（春煊）”的论调，实际张勋真正属意的人选是徐世昌。可是，张勋的反对电，却起到一种反向的促进作用，本来，国会并不怎么欢迎冯国璋这个人，但是议员们对气焰熏天的张勋更加深恶痛绝，由于他的反对，许多对冯没有好感的人也来投冯一票。冯当选之后，全国只有张勋一人不发贺电。

因为选举副总统一事，还促成了国民党又增加了一些派别。张耀曾（云南大理人，留日学生，老同盟会员）、谷钟秀（河北定县人，留日学生）等国民党籍议员，因吴景濂等人不遵从党内决议，擅自选举冯国璋为副总统，于是组织“政学会”，以示政治上与之区别。他们提出活动纲领为：仍是国民党一部；拥护孙、黄；奉行三民主义；坚持共和，实现宪法。吴景濂也拉拢他的支持者成立了“益友社”。

2 研究系和国民党

话说辛亥革命之后，中国的政党如同雨后春笋，蓬勃而出。在此，简单对当时中国的政党作一介绍。

(1)第一大党是由同盟会改组而成的国民党。

(2)共和协进会,由籍忠寅等人组成。

(3)国民共进会,系章太炎以光复会改组而成。

(4)民社,为辛亥年湖北的一些革命党人,如孙武、蓝天蔚等人所组织,以黎元洪为名义领袖。共和协进会、国民共进会和民社,后来合并为共和党。

(5)共和建设讨论会,系汤化龙、刘崇佑、孙洪伊、林长民等人所组,后来梁启超加入,成为其中的灵魂。后改称民主党。

(6)统一党,主要是一些拥护袁世凯的人,如王揖唐等组成。

共和党与民主党再合并而成进步党,但是合并后,仍然各自保持自己的观点和主张,再后来统一党也加入进去,成分就更为复杂了。

袁世凯称帝时,进步党与国民党曾携手合作,和帝制派进行了有效的斗争。但是共同的敌人消失之后,两党的暂时合作也宣告结束,重拾旧嫌,继续对立。这时,在国会内持"不党主义"的两党,都分裂成许多小支派,处于分化改组的状态。国民党化身为"宪法商榷会",内部又分为"客庐系",主要人物有张继、王正廷、张耀曾、谷钟秀等;"丙辰俱乐部",代表了"中华革命党"的林森、居正是其中坚;"韬园派",原属进步党新附于国民党的孙洪伊、丁世峄为其主力。之后,张耀曾、谷钟秀等又脱离"客庐系",另组"政学会"。宪法商榷会则改为"益友社",以吴景濂为首脑。

因国会重开,进步党对宪法的理解多有变化,以梁启超为首的一些人组成"宪法研究会",汤化龙则组织了"宪政讨论会",后来合并到一起,经常在石驸马大街活动,其对手即冷嘲热讽地以"研究系"呼之。汤化龙提出"毁党造党"的动议后,进步党无形中被研究系取代了。研究系的中坚力量是梁启超、汤化龙、林长民、蒲殿俊、籍忠寅、胡瑞霖、刘崇佑、张君劢等。梁因在戊戌变法和袁世凯时代深有体会的一点是:没有权力任何事情也办不成,自然产生一种权力崇拜心理。因之,他抱定一个信念,只要不违背自己的理想原则,他尽力靠拢主流势力,以达到自己掌权的目的。所以,在黎、段相争中,研究系支持老段也就是顺理成章的事情了。

再说,汤化龙和黎元洪都是湖北人,而且辛亥革命时,是汤化龙以谘议局名义提名黎为湖北军政府都督，所以二人关系本来还算密切。可是，黎元洪当了总统后，在周围群小的浸润之下，逐渐和汤有了隔阂。而且，黎想依靠国民党人来抗衡北洋军人，所以极力拉拢谭延闿、孙洪伊、唐绍仪、伍廷芳等国民党方面的阁员，而并不推重汤化龙、梁启超等人入阁。可是，从袁世凯时代起，进步党和国民党就是冤家对头，这样就和黎元洪拉开了距离。自然，如果黎要是靠拢了研究系，国民党也同样不会支持他的。

孙洪伊和汤化龙两人形同水火，而总统府秘书长丁世峄是孙洪伊的亲信，一时间，总统府成了孙洪伊一派的天下。所以，汤化龙认为黎被小人所包围，不足与谋。孙洪伊主张黎元洪和孙文联合，对抗北洋系；而研究系希望黎元洪和段祺瑞结合对付国民党。黎左右的金永言、饶汉祥等人虽然和汤化龙也是湖北同乡，但认为他被研究系所控制，倒向了段祺瑞，怕他和黎接触多了会影响黎的信念，遂千方百计阻止汤、黎二人会面。这样，研究系和黎总统之间的对立越来越尖锐起来。

袁世凯死后，孙文、黄兴曾在上海召集各省党员开会，研究以后的行动方针，会议决定凡是国民党籍议员都返回北京，和北洋系进行议会斗争，利用一切机会分化北洋系。这样，黎元洪成为了国民党手中的一件工具。相反的，段祺瑞则成了研究系手中的王牌。“韬园派”志在分化北洋系，而研究系尽力维护北洋系的团结。

在国会中，研究系和国民党各派也处在针锋相对的斗争中。研究系议员主张国会采取一院制，关于省一级的法制不列入宪法之内，应该另外独立制定相关法律。宪政商榷会的国民党派议员则采取完全和他们相反的立场。其他，如国会的组织和解散，阁员不信任案等，两派皆有不同主张。1916 年 12 月 8 日，众议院讨论省制问题时，研究系议员和国民党议员发生龃龉。直隶议员籍忠寅主张守旧，湖北议员刘成禺建议维新，彼此相持不下，起初还是“笔墨纸砚乱飞，桌椅板凳乱撞”的文场，后来竟然发生肢体冲突，以至拳打脚踢，扭作一团。结果，研究系人少势弱，籍忠寅、刘崇佑等多人受伤。事后，双方议员一面向总检察厅提起公诉，一面各自通电各省督军，攻击对方。语云：“夫必自侮而后人侮之。”说起军人干政，也是国会的诸位先生自己引鬼上门的呢。

但督军团对国会根本就没有好感，12 月 29 日，冯国璋领衔发出通电，对黎、段、国会三方面都有所规劝，而指摘国会，尤为尖锐。张勋趁机提出解散国会。倪嗣冲在通电中也说："中国不亡于真专制之政府，而亡于假共和之国会。"张作霖则大骂："国会捣乱，妨碍国是。何物党人，妄兴妖论。"

四　德国带来的麻烦

1 对德绝交案

至 1917 年第一次世界大战已经打了三年，当年 2 月德国又提出无限潜艇政策。所谓无限潜艇政策，乃是德国声称以潜艇封锁公海广大海域，不许中立国船只通过，其目的是为了孤立英法等协约国，但因此伤及美国人的生命安全，引起美国的抗议。2 月 9 日，中国接受各协约国公使的劝告，对德国提出最后通牒敦促其取消潜艇政策，否则将要对德绝交。但德国不予答复，协约国各公使力劝中国加入协约国，对德宣战。4 月 6 日，美国宣布参战，也敦促中国参战。

中国参战问题，首先是伍廷芳的主张。伍常年担任外交官，游历各国，对于欧洲形势比较了解，认定德奥集团失道寡助绝无取胜的可能，所以鼓动黎大总统参战。国会议员大多数同情协约国，抨击德国的黩武政策。与此相反，段祺瑞早年留学德国，自然对德印象极好，平时非德国药不吃，而且一直相信德国陆军无敌于天下，何况当时的舆论权威梁启超也是个亲德派。可是院秘书长张国淦是坚决主张对德绝交的，每天把不利于德国的情报往老段那里送，日子长了使段不得不信。后来，梁启超也转变了对德国的态度，对老段影响更大。段曾连日征求在京的外交家如陆徵祥、汪大燮、魏宸组等人的意见，于是段由一极端的亲德派变成了极端的反德派。在野政客们也互相结合，成立组织，如“外交后援会”、“外交商榷会”等，前者以支持政府为主旨，后者则多批评。

黎元洪对于外交一向尊重伍廷芳的意见，伍的主张是“与美国保持一致”，所以黎于参加协约国一事，并无反对之意。但是黎元洪还有进一步的考虑，东方的协约国就是日本，参加协约国后，偶一不慎，即倒在日本方面。亲日派——如曹汝霖、陆宗舆之流，见段内阁有意加入协约国，便极力向段拉拢，这就引起了黎的疑惧，遂有了反对参战的意思。而黎的周围还有一群排段的人士又是另一般想法，他们也知道协约国必胜，但这样一来岂不成就了老段，所以他们的方针是：必须先把段轰下台，则成功归于黎总统。

张国淦施用老办法，不断打电报给冯国璋，晓以对德绝交的益处，终于把他打动，“以今日之我与昨日之我宣战”成了绝交派。1917 年 2 月 23 日，冯副总统以商讨外交问题入京，下榻总统府。黎以为来了帮手，因为他知道以前冯是亲德的；段也以为自己添了一份生力军，因他清楚冯后来态度发生了转变。一天，段邀集众人入府谒见黎总统，请他公开其不赞成对德绝交的理由。黎诺诺地说：“我是无所谓的，我的意思是不要违反舆论。”这时梁启超站起来说：“舆论吗？我忝为舆论界的一份子，不见得舆论都是反对绝交的。”原来，这位经常改变观点的任公先生已经由亲德变为反德。黎总统左环右顾，想搬出一个替自己说话的人来，忽然他发现了王士珍，便说：“聘老是和我有相同见解的。”素来不愿得罪人，不肯负责任，不想多说话的聘老，被黎元洪逼得无路可退，只好诺诺地说：“德国陆军最强，他们若是杀到亚洲来，可怎么好？”

最早主张对德绝交的伍廷芳博士，鉴于府院之争影响了对外政策，打算挂冠而去，外间遂有梁任公继任外长的传闻。但是他的老师康有为要“鸣鼓而攻”，此外匿名信如雪片般飞来，骂他昨是今非，要以激烈手段对付之。天津意租界当局特派武装巡捕保护梁的住宅，对入内者严密盘查。

内阁阁员们大多是“好好先生”，对于这样的重大问题不表态，只有教育总长范源濂和段、梁的意见一致。3 月 4 日，老段亲自把对德绝交案提交国会的咨文带到公府，请总统盖印。但黎菩萨犯了牛脾气，死活不肯盖印，要“大家从长计议，不可轻率从事”。范源濂不愧是湖南人，辣味十足地拍着桌子向黎大总统喊道:“总统优柔误国!”张国淦劝他:“对总统要心平气和一些。”再看黎大总统,不说一句话,脸上也没有丝毫的表情——不愧人们以黎菩萨称之。段也不说话,脸色铁青着,鞠了一躬,退出总统府,接着挂专车出了北京,住到了天津意租界段芝贵的家里。这是继民国元年唐绍仪之后,总理“拂袖而去”的第二次。

德国公使辛慈得知总统拒绝盖印的消息后,想觐见总统与之会谈。黎以为现在不是接见他的时候,辛慈知趣也不再坚持。但是,德国人暗中花巨款收买反对参战的人士,一挥手就是几百万。

黎当天召见徐世昌,请他担任组阁,被徐婉拒。黎又找来王士珍,这位黄老之徒更加敬谢不敏。最后找到李经羲,李吞吞吐吐想干又不敢干的样子。3月5日,黎召见全体阁员,叫他们照常供职,只有范总长递交了辞呈。黎又想找个阁员暂时代理总理,冯国璋劝他郑重其事,并自请赴津疏通老段。黎虽然嘴里仍然说:“照约法规定,大总统有媾和宣战的特权。”但也同意冯的意见,派汤化龙去天津见段。

督军团虽然不甚赞成段的反德政策,可是对黎的做法更加不能接受,便于当天发出拥护段内阁的通电。这样一来,黎的勇气全都吓到爪哇国去了,3月6日,连忙请冯国璋赴津去见老段,并且说:“对德问题我绝对无成见,大家认为怎么好我就怎么办。”

当晚,冯、段同车回京,冯入府报告,段回家睡觉。次日,冯陪同段去见黎,段见了面仍然一鞠躬,接着把对德绝交后,协约国方面可允许缓付庚子赔款,修正辛丑条约及提高关税等诸多利益说了一遍。黎则默默听着,不发一言。3月8日,对德绝交案送交国会,10日两院通过,11日冯国璋离京南下。

中德绝交后,中国对德国侨民的处置极其宽厚,辛慈下旗回国时,黎总统还赠以国宝珍品多件。3月27日,辛慈抵沪时,中国士兵列队举枪致敬,车站上军乐队奏着两国国歌,官员们也列队相送。辛慈不像下旗回国的公使,倒像是凯旋而归的英雄。

3月14日,对德绝交令下,黎以为与德国之间的一篇文章算是完成了。段却认为只做了一半,因为还有宣战问题没有解决。

2 对德宣战案

这时，中国驻德公使颜惠庆回国，中国收回德国租界及津浦路北段租权，停付德国赔款，处理德侨、德商等，次第实行。可是突然接到荷兰公使照会，称绝交和宣战不同，不能适用对待敌人的办法，并且宣称受德国委托代管在华利益，事情变得棘手起来。另一方面，协约国劝诱中国参战者纷至沓来，而且美、日都已加入战团。日本既然加入，中国若不参加，日本对于山东青岛势必染指掠夺。同时，中国驻外使节纷纷电告协约国允许修改条约，缓付赔款等条件。美国公使蓝辛曾对段透露，美国总统威尔逊表示，只要中国参战，美国愿意提供三亿美元无偿贷款帮助中国建设钢铁厂，但嘱咐老段：不要对日本人提起，遂愈加坚定了段祺瑞的参战决心。

参战派的理由是：

> (1)协约国获胜的可能性极大，一旦胜利，中国可以将山东半岛的权益收回。
>
> (2)获胜后，中国可以借机缓付各国的庚子赔款——每年两千万！
>
> (3)如果老段得到协约国的同情，他的武力统一政策将容易施行，借款练兵等问题也容易解决，自己的领袖地位岂不固若金汤。

黎元洪一派看到老段积极支持参战，又改变了自己的初衷，正所谓“为反对而反对”。更何况，黎也知道如果老段得到列强的支持，怎能扳倒他呢？于是从原来的立场来个一百八十度的转变，联合部分的国会议员，极力反对对德绝交。国内最早反对对德绝交的是谭人凤和章太炎的联名电，国会中反对最力的是马君武——他说：“中国连一条像样的马路都没有，还要参战？”而疆吏中极力阻止绝交的是冯国璋，名流中则有康有为宣传与德友好，督军团中绝大多数主张中立、反对参战，似乎站在了黎总统的一边。

反对派的理由也够充分：

(1)他们欧洲人打仗，我们中国人为什么参加？这也是大多数中国人的看法。

(2)此时的当务之急是推翻军阀统治，这代表了国民党中革命派的意见。

(3)西南军头们急于打破北洋派的一统天下。

(4)国会议员们为了推倒政府，所以也和老段唱反调。

黎元洪清末在武汉操练新军时，多请德国教官，而且他亲自到德国考察过，对德国有一定的好感。黎对于与德宣战一事本是无可无不可的，但他是个无主见的人，惑于丁世峄等人的中立理论，遂采取了反对的态度。当时中国人的普遍看法是，欧洲人打仗关我们中国人屁事？他们爱打就叫他们打去，我们自己国家还乱成一团糟，管别人的事干吗？各省督军，连国民党的孙文等要人也是这样认为。不过，从另一个角度出发，这未尝不是政治斗争的机会，于是这时国民党议员得到党内指示，以倒段为首要任务，而置外交于次要，其目的是不使段在外交上成功提高他的威信。国民党籍议员林森、王正廷等私下里也反对德国的不人道政策，但到了国会上，却反对参战。

这里还有一个徐树铮，他以往事事占先，唯独在对德宣战问题上采取消极态度。因为他认为德国民族优秀，科学进步，绝无战败之理，曾屡次上书老段主张不要参战，起先段还看看他的意见，后来干脆弃之于地不再理会他了。老段在此大事上还能够抱定主见，没有听从小徐的意见。小徐又暗中向倪嗣冲、王占元等人示意，叫他们电请中央保持中立。督军团的那帮武夫以为小徐是代表老段说话，于是纷纷成了反战的主力。站在他们的立场上想想也是，谁愿意抛弃养尊处优的生活，投入枪林弹雨之中去呢？自己的地盘能不能保住不论，小命可是不能丢掉的，这时他们与段的利益发生冲突，也不再唯段的马首是瞻了。

对德问题里面还有着一段外交的黑幕。日本起初不同意中国对德绝交，认为不必紧跟美国亦步亦趋——日本一直想独占在中国的领袖地位。中国既对德国宣布绝交后，美国很是满意，认为中国无进一步参战的必要。可是日本人又唱反调，积极鼓动中国参战。日本公使对段祺瑞说：“世界上任何国家没有不先安内，而能攘外的。中国政府倘欲实现统一，日本愿借款及供给饷械，先成立模范军为中央武力，讨伐西南军。”老段听了后十分对自己的胃口——他一直企图武力统一全国，但督军团是靠不住的，只有建立直属自己的军队。新交通系首领曹汝霖也以近交远攻政策说服老段：“英美虽强而远，远水难救近火。日本近而强，中国内政问题如不得到日本支持没有成功的可能。袁世凯就是忽视日本而走英国路线，导致帝制失败的。”段遂决心走亲日路线。

不久寺内首相的密使西原到北京，签订了一系列所谓的有利于中国的条约，实际上只是有利于段个人的。日本惯于在中国制造内乱，以便从中取利，这次又借着参战问题造成南北对立。

第五章 参战、参战，向谁宣战

一 府院决裂

1 督军团会议

1917 年 3 月 14 日，黎大总统向中外发布了对德绝交的文告，但是却绝不同意对德宣战。孙文、唐绍仪等国民党要人，以及各省议会、商会纷纷致电黎，声言加入协约国为不智之举——商人说："德国商人最遵守诺言，讲求信誉；德国产品最耐用。"各省督军也大都不拥护，尤其张勋和倪嗣冲更持异议。段遂仿老袁的故智，决定电召各省督军来京商讨大计。这时，在当时政界举足轻重的陆荣廷来到了北京。

3 月 26 日，陆荣廷为筹商广东的军事财政问题，来北京和中央磋商。陆荣廷路过徐州时，在张勋那里盘桓了几天。当初二人都在苏元春帐下当兵，酗酒赌博，偷鸡摸狗，无所不为，现在一晃都成了"帅"级的人物了，所以见面格外亲切。当二人来到巡阅使官署大花厅的时候，张勋还别有深意地行了前清同寅见面时的跪拜大礼，陆荣廷只好跟着跪了下去。张勋接着大骂民国，追忆清廷的好处，陆在旁边听着，不时地“哼、哈”两声——张勋遂以为找到了复辟的同道了。所以，后来张勋在计算他的小九九时，把陆算在自己人里面。

陆荣廷到京后，老段为了笼络他，导演了一场各界欢迎的仪式，其热烈程度远过于上次冯副总统到京之时。老段对陆大灌迷魂汤，称颂他“再造共和”云云，其用意无外是在内外政策上，多给自己一些支持。陆却回答说，他既不贪名，又不贪利，既不要权位，也不要地盘，惟愿解甲归田。老段自然明白，他的潜台词是要更大的名利、更大的权位和更大的地盘。4 月 10 日，特任陆为两广巡阅使，还把他的两个部下陈炳焜、谭浩明分别委任为广东、广西两省的督军。陆荣廷还拜见了黎元洪，在黎的面前吹嘘了一通张勋“忠勇可嘉”，使黎对辫帅的印象大为改观，这也为他后来召张勋来京埋下伏笔。

老段为了拉拢讨好陆荣廷，特请菊坛大王谭鑫培演剧《洪羊洞》招待。那时谭老板年事已高，早已告别舞台，本不想去做这种应景的事。但是，老段拿出总理的架子，谁敢不从，只好勉为其难地演了一出《洪羊洞》。谁料想，那陆荣廷本是广西瑶族人，压根儿就不懂京剧，所以看得兴味索然，稍微坐了一会儿，就跑到后面去打麻将去了。陆荣廷高兴起来，就露出其绿林本色，只见他用脚蹲在椅子上面，揎拳捋臂，吆五喝六。而谭老板却因为劳累过度，过了一个多月去世了。张伯驹在《红毹记梦诗注》里，曾有诗云：

> 慈恩盛日忍相忘，凝碧池头梦一场，
> 此曲岂非天上有，苗瑶亦复效周郎。

还有一天，段祺瑞在家里宴请陆干帅，一时府学胡同的段宅车水马龙，嘉宾云集，酒到酣处，老段请陆表演枪法。原来陆荣廷早年在绿林中练得一手好枪法，百发百中是有了名的。只见陆客气一番之后，拔出枪来，见院子里有个金鱼缸，金鱼数尾悠然自得遨游其中。陆回头向众人说：“各位见笑，诸位看那只凤尾狮子头！”只听得砰的一声，鱼死缸破，简直是大煞风景。客散之后，老段连连说："这家伙，野性难驯！"

4 月 9 日，老段为了借各省督军的势力，压迫国会和黎总统通过对德宣战案，致电督军们进京开会。陆荣廷却不动声色，借口要到"人间天堂"去逛一逛，15 日便乘车南下了。虽然老段再三促请他回来参加督军团会议，因为有了陆的参加，可以表示督军团会议并非北洋系包办，再者也是想借他来分化西南方面。但是，这位广西绿林出身的"干帅"连老袁都不买账，岂肯受老段的摆弄，便杳如黄鹤，一去不返了。

冯国璋在调解府院风波后，也不再为老段作嫁衣裳，早于 3 月 11 日便回南京去了。段一再催他北上开会，他答以："防务重要，碍难分身。"

美国国会通过参战案时，北京城内已满是督军团的新型汽车和威风凛凛的马弁了。参加会议的督军计有山东张怀芝、湖北王占元、直隶曹锟、江西李纯、河南赵倜、福建李厚基、吉林孟恩远、安徽倪嗣冲。都统有绥远蒋雁行、察哈尔田中玉。其余的浙江、奉天、陕西、山西、新疆、湖南、四川、广东、广西、云南、贵州、黑龙江、热河都派有代表。只有冯国璋、陆荣廷、张勋不愿意做府院之争的马前卒，借故推托了。段想借重督军团做武器，一方面打击黎，一方面劫持国会。借武人干涉政治是当初袁世凯所不屑做的事情，现在段祺瑞居然堂而皇之地实行，段又不如袁远甚矣！

张勋不愿为他人作嫁，待在徐州不动，督军团又产生了一位新领袖，即安徽省长倪嗣冲。这位倪省长本是极力反对对德参战的，他动身北上前，还在蚌埠发表"宣战召亡"之论，过天津时，又大骂主战派的梁启超为"文妖"。倪本非段的嫡系，入京后不去见总理，先到公府谒见总统。见面之后，倪执礼甚恭，一张口便要保举他的子侄做中将、少将。倪满以为过去袁世凯对他也是"有求必应"的，现在换了宽仁敦厚的黎元洪当是不成问题的，谁知这个不懂利用形势的黎菩萨，把受段的闲气都发泄在倪的身上："什么话！你来这里是为子侄谋功名富贵的吗？他们配当中将、少将吗？"把倪一顿冷嘲热讽，崩了出去。倪又去见段，段却会见机行事，好言抚慰了一番。其实，段又何曾看得起倪，不过此时欲借重他来增加自己的分量，来对付总统和国会。果然，从此倪由反参战派，一下子变成积极参战派。

4月25日，“军事会议”开场，段自任主席。老段向督军们传授了一套“对外宣而不战，对内战而不宣”的妙诀，只是把训练模范军一事瞒下了。诸位督军听说宣战并非叫他们上战场，这才知道小徐玩的鬼点子，一下子，个个又都成了铁杆的参战派。首先反战最力的李纯发表长篇大论的“主战论”，其他督军也个个跟进。这帮老军头开会，也没有讨论、表决之类的繁文缛节，只是事先预备了一张签名单，上面写着“赞成总理外交政策”八个大字，让各督军签字画押，全体签名，一致同意内阁的外交方针，决定对德宣战。4月29日，军事会议议决赞成段内阁的外交政策。

黎元洪看到老段专横到了这种地步，乃下决心和他背水一战。黎负气地说：“当初受项城的屈辱，今天又受段的欺负。总统是婆婆，不是小媳妇，婆婆可以少管事，可是媳妇也不能命令一切啊！”

适逢此时内阁发生危机，财政总长陈锦涛贿案发生。陈锦涛、许世英为了入阁，已经花了不小的本钱，所以一到任即拼命捞本，终于因赃案系狱。许出狱较早，陈一直蹲了一年多。段有意以李经羲继任财长，李经羲虽然一向

1917年5月召开的督军团会议，前排有蒋雁行（右一）、曹锟（右二）、张怀芝（右三）、孟恩远（右四）、王占元（右五）、李厚基（右六）、阎锡山（右七）；中排有徐树铮（右一）；后排有倪嗣冲（右五）、陈光远（右六）、靳云鹏（右七）

以擅长财政自诩，但其志在国务总理一席，不屑为段的阁员。有人劝他：“段的势力很大，此时暂屈居财政，将来内阁变动，以财政接替阁揆较为便利。”李说：“段的势力不过是北洋系，北洋出自淮军，我家是淮军的老前辈，何必买他的账？”李经羲暗示张勋是他的旧属部下，因此对老段不屑一顾。同时院秘书长张国淦因府院相争，左右为难，一再求去。

黎身边的策士们纷纷进言说，段祺瑞毫无实力，不过是个光杆司令，手中没有一兵一卒，只需一纸命令就可将其免职。黎元洪三个策士之一的郭同是江西籍议员，与张勋、万绳栻是老表同乡，又与万有旧。郭遂向黎大总统毛遂自荐，愿凭三寸不烂之舌说动张勋为总统之助。黎元洪起初和段祺瑞一样十分厌恶张勋，可是面对老段咄咄逼人的气焰，又想拉拢张勋为己所用，便同意了郭的主意。郭到了徐州，张勋向他拍着胸脯说：“俺老张有三不做：一不做总统，二不做总理，三不做总长。黎大总统是忠厚长者，如有难言之隐，俺老张一定支持他。”向郭表示了坚决拥护黎总统的意向，并建议黎以徐世昌代替段祺瑞组阁。有了张勋的表态，黎总统以徐代段的决心更加坚定。

再说，督军团奉了段的“将令”，公然向外交使团联络，向内阁请愿，向总统示威。美、日两国驻华公使也公然设宴招待他们。5月2日，倪嗣冲率领张怀芝、李厚基、孟恩远等人到国务院，请求列席内阁会议，倪在会上大放厥词，满口“无条件加入”，“快快加入”对德宣战等等。山东督军张怀芝发言更是绝妙，他说：“地方老百姓都是赞成打德国的，若不尊重民意，怕闹出风潮来，咱们地方官不能负责。”张怀芝是河南人，北洋武备学堂毕业。辛亥革命时各省纷纷响应，惟独天津始终未曾脱离清廷，这其中有天津镇总兵张怀芝的作用。他对南方的革命党衔恨已久，所以一直拥护段祺瑞的武力统一政策，因之与老段关系最厚。其实，内阁诸位阁僚，平时畏于总理的威风，不待督军团莅临早已没有异议，听了督军团诸大人的一番高论，遂全数通过了参战案。5月2日，督军团又推李厚基入府面见总统，这位行伍出身的刘邦老乡（江苏丰县人）能说出什么好听的话来呢。

一向拙于言辞的黎大总统，此刻却不再让步，他向督军们声言：“参战问题本大总统自有权衡，岂容尔等饶舌！尔等职司守土，竟敢干预外交，擅与外交使团交接，发表对外主张，试问民国体统何在？”晚上，黎又把倪嗣冲召进府中，斥责他不该到处发表演说，不该把督军团签名的照片分发各省，倪慑于总统的威严，诺诺而退。

斥责督军团就是斥责老段，这不单与政治主张有关，且直接关系到总理的威望，岂能等闲视之？当晚老段在府学胡同宅内召集心腹开会，商讨对策。这些人并不研究如何参战，而是商讨怎样以外交为武器倒黎。傅良佐首先发言，竟无法无天地要驱逐总统，解散国会。众人都觉得这办法不但痛快，而且别无良策。只有张国淦力排众议，主张："凡事须依正轨而行。"段也连连点头说："对，对，我们要依正轨而行。"

所谓正轨就是要经国会通过后施行。5月3日，段设宴招待两院全体议员，态度闲逸，声音清朗地请大家支持政府的对外举措。4日，督军团推出四员大将倪嗣冲、李厚基、张怀芝、孟恩远为代表，大宴国会议员，四人虽然面带笑容，可是话里话外透露："不通过本案，即解散国会。"

国会议员大多数本来是赞同对德宣战的，可是由于督军团在北京闹得乌烟瘴气，再者段一味炫耀武人，而将国会置于可有可无的地位，反倒刺激了他们的神经，偏要来个"反其道而行之"。黎元洪背地里咨询于法律专家张耀曾："国会若不通过此案，他们是否敢于解散国会？"张答以："即使解散了国会，也要召集新国会，再行提出宣战案，通过后方可执行。若照现行约法，政府无解散国会之权，解散便是违法，违法便是谋叛。"黎加重语气说："对，谋叛就是造反！"

督军团所作所为使外间有宣战案是"军意"而非"民意"的说法，段既要依正轨而行，便又行"制造民意"的故智，命各省督军授意民间团体发表请求参战的通电。刹那间，此类通电如雪片飞来，不过手法拙劣，时有令人捧腹的笑话。例如，上海绅商的通电却从北京电报局发出，而上海电报局发出的却是上海总商会的反战电。

政坛斗士梁启超愈战愈勇，以他"带感情的笔触"写了一篇洋洋大观的文章《外交方针质言》。他的好友丁世峄却站在了他的对立面。丁的反战理由十分简单："老实说，我是赞成参战的，但是段内阁主张参战，则我必反对到底！”说起来，这个丁世峄也是个喜好金文的文人，却被官场的乌烟瘴气熏陶得面目皆非。

5月6日，内阁虽有分歧，但仍然通过了“对德参战提交国会案”，老段亲自率领阁员进总统府，请黎总统盖印。黎略加翻阅，即交给身边监印官唐浩镇。以往的公文盖印也是由总统交付唐某，唐即行遵命盖印的。谁知这次唐某人因为认定德国强大，中国参战必败，也是出于爱国的考虑，遂硬邦邦地说：“此案我不能盖印。”说着将公文推了回来。老段当时脸色骤变，却没说什么，范源濂陡然从椅子上跳起来，怒不可遏地喝道：“你是什么人？你还不配说这话！”说完，推门离去，这位范总长气恼异常，使劲一摔门，哗啦一声将玻璃门上面的玻璃震碎。接着，老段也负气而出。在此过程中，黎的脸上毫无表情，一言不发，见段等离去，他怕闹出什么新的花样，马上盖了印，交给张国淦带回国务院。次日，宣战案递交国会。

话说参战决议出台之后，老段为防止泄密，下令国务院及下属机关一律停止会客三天。北京的新闻记者四处打探消息，却是不得其门而入，急得简直就像是热锅上的蚂蚁。而独有《京报》社长邵飘萍拿到了这独家新闻。原来他多次碰壁之后，索性一不做二不休，不知想的什么办法，弄来一辆挂有“总统府”牌照的小汽车，大模大样地冲进了国务院。下车后，他从兜里掏出名片，请负责接待的人员替他通报一声。那位老兄直言相告说，总理有令，这三天不见客。邵飘萍并不废话，立即从怀里拿出一千元现钞，递给那老兄五百，说：“总理见不见都没关系，只要你替我通报一声，这五百元就归你了。若是总理答应见我，就再送你五百。”这位门差官果然见钱眼开，拿着名片进去了。过了一会儿，出来笑嘻嘻地说，段总理同意见你。邵飘萍见了段祺瑞，开门见山询问关于参战一事。老段开始还左遮右拦，邵飘萍以身家性命向他保证，三天内若在北京走漏风声，甘愿受罚。这时老段才吞吞吐吐露出实情。邵飘萍得到准确消息，急忙离去，离开时把五百元给了那位门差官——当时的一千元可买一套不错的四合院了。邵飘萍直奔电报局，一纸电报拍到上海，这绝密的消息立即在上海见了报。当时津浦铁路尚未通车，沪报都是走海路运至北方。当北京的百姓们看到“中国参战”的消息时已是四天以后，邵飘萍并未食言，老段也拿他没办法。

2 节外生枝的公民团

5月10日，众议院开会讨论该案。其实，国会对外交很少专门研究，所以对提案并无定见，在审查时，并无人表示异议，国务院只需稍等时日便可得到结果，不料被几个心浮气躁的军人把事情弄糟。

原来，那天国会开会时，不知从哪里钻出来许多请愿者，有些自称是市民代表，有些自称是陆海军代表，有些则自称是各族公民代表，或是政、学、商各界代表。诸如“公民请愿团”、“五族请愿团”、“北京市民主请愿团”、“军政商界请愿团”等等人数多至两三千，由陆军部人员指挥，个个手中挥舞着传单、请愿书之类，将众议院包围得水泄不通，议员只许进不许出。这些“代表”们，口中呼着：“不通过提案，不准出院！”“打死那些不同意的家伙！”起先还只是嘴里喊喊，接着这些无法无天的代表果真动起手来，整天流连于八大胡同的议员们哪里是“公民”的敌手？有几个反战的国民党籍议员，如邹鲁、吕复、田桐都被打伤，有人看见段的左右手傅良佐、靳云鹏在场压阵。如此一来，激起议员们的众怒，各党派联合一致要求段总理亲自出来弹压暴民，并且出席会议答询议员的质问，提案反而没人提起了。清楚底细的人知道，这些“公民”不是军警，就是无业游民或抬棺材的杠夫，当然“公民”不白当，每人二十个铜子。

议院外面是“公民”的叫嚣怒骂，议院内是议员们的拍案狂呼，一直相持到下午4时。外面的“公民”是有大饼、油条供应的，可里面的议员却只能呼吸空气，只把一群议员大人们饿得饥肠辘辘。这时才见范源濂总长踽踽而来。6时，江朝宗、吴炳湘等军警大员也先后到了会场。7点半，段总理来到了充满火爆气氛的会场。

段祺瑞在答复议员的质问时声称自己对“公民”请愿一事一无所知，但是，“人民到国会来进行和平请愿，不应当以武力驱散，只能以和平劝导的方法”。可是，“公民”却不愿意接受和平劝导，依然与议员对峙着，并提出最后通牒：限议员于24小时内投票表决，若是通不过，即请政府立即解散国会；若政府不解散国会，即由“公民”自动将众议院拆毁。有人看见指挥“公民”的是国务院参议陈绍唐和陆军谘议张尧卿。汤化龙虽然是拥护老段的，这时也不得不做出姿态，以议长的身份接见了“公民”代表，对他们的无理要求给予驳斥。

议员们怒不可遏，也顾不得身份体面，纷纷喊叫着：“公民能打议员，议员也打得总理！”“把他当作抵押，切莫放走他！”双方僵持着，“公民”们的火气也越来越大，竟动用起砖头瓦块，不料一块石头击中了来国会采访的日本记者，老段怕引起外交纠纷，令吴炳湘调集马队，才于晚上10时半将“公民”驱散。岂知公民不肯罢休，以“京津各界公民联合请愿团”的名义，通电谴责“政府指使军警威逼解散”，将要“依法起诉”云云。

事后有个叫王合新的给《醒华报》报馆写信道出了内中的奥妙，他说：

> 鄙人来京谋事未遂，前日由同乡合肥人陆军部秘书谭君毅甫介绍加入公民请愿团，当时言定自十二点钟起随大家包围议院，每点钟给大洋五角，散时立付，并云将名册造成具报总理以后可派一差使。鄙人如时而往，站至八点半始去，并被军警击一枪托，当晚往寻谭先生领取公费大洋四元二角五分，乃谭吝而不予。今早又往索取，谭先生避不见面，由一少年出见，大言恐吓，并云此事闹糟，总理不肯认账，恐怕要办凶手，嘱令闭门不出，不许再提此事。鄙人忿极，为此特请登出，俾知谭之欺人手段。

这个王合新可能还不知道，他的一小时五角钱报酬是高等“公民”的待遇，普通公民只有二十个铜子呢。

3 段内阁的危机

事情闹到不可开交，老段只好死赖到底，来个不认账。5月11日，国民党阁员海军程璧光、农商谷钟秀、司法张耀曾、外交伍廷芳四总长，因为“公民团”侮辱议员一事呈请辞职，范源濂见势只好也请假。财政陈锦涛、交通许世英因贿案去职，李经羲则尚未到任。算来算去，内阁里面只剩下一个光杆总理。

黎总统不禁心中暗笑，表面却不露声色，在所有辞呈上面都批以“交院”二字，把球踢给老段，看他如何是好。

次日，府学胡同段宅又召集紧急会议讨论对策，众人面面相觑，竟想不出一条妙计。张国淦说：“总理不妨暂时引退，不久仍可上台。”话音未落，有人拍案大骂：“你想要总理辞职，以后的事情惟你是问！”大家回头一看，原来是徐树铮。张因是湖北人，和黎多少有些渊源，本是府院之间的一架桥梁，而段派的人视为亲黎之异己分子。张何尝愿意当这不讨好的角色，就此也递上一份辞职信——大家全都回家算了。老段本已叫秘书拟好辞呈，钤印待发，经过众人一番劝阻，又打消了念头。

段本来就恋栈，乃以“维持秩序”为辞，好像本来想辞，却有辞不得的苦衷。5 月 12 日仍然到院，装出一副无所谓的样子，可是从镜子中照见偌大的房间里只有自己一人，也觉得无趣得很，坐了一会就走了。黎听到此事后，幸灾乐祸地对左右人说：“看他的独角戏唱到几时？”

5 月 12 日，督军团在倪嗣冲住处举行会议，他们决定，阻止总理辞职，在总理去留未定之前，督军团绝不出京，并分别疏通议员。

会后，曹锟、李厚基、田中玉宴请直隶籍议员；张怀芝邀请山东籍议员；王占元、赵倜、阎锡山、倪嗣冲分别宴请鄂、豫、晋、皖各省的议员。这些军头或以同乡资格，或以地方长官资格，请议员以国家利益为重，维持段内阁。5 月 13 日，全体在京督军联名欢宴全体国会议员于迎宾馆，但是议员们尽管吃了请，却不买账，依然要求老段到议院把嗾使暴民打议员的事情说清楚。

这位惯于使气儿的老段，平时动不动就“拂袖而去”的主儿，这次则抱定贯彻其参战政策的决心，顽强到底，决不轻言“退”字，于 5 月 14、16、18 日三天三次促请国会审议对德宣战一案。国会在 5 月 19 日开会时，对于国务院三番五次催请表决参战案表示不满，最后议决：“现在内阁只有总理一人，不能达成责任内阁的实际任务，本院对于重大外交案件，应俟内阁改组后，再行审理。”言外之意要求将老段免职，并缓议对德宣战一案。

就在同一天，督军团和研究系的重要人物在倪嗣冲住宅召开紧急会议，讨论如何对付那些软硬不吃的议员。不知哪位督军大人提出，如果不通过对德宣战案，就请求总统解散议会，得到那些军头们的一致同意。但是，研究系的政客毕竟有丰富的法律知识，他们指出众议院并没有否决参战案，只是由于公民团问题而推迟。所以不如另找题目，从宪法草案的条文中间挑毛病，同样可以达到解散国会的目的。督军团那些老粗懂什么法律？只觉得这是个好主意，决定就按照这个办法去施行。倪嗣冲最后还提议，如果黎不同意解散国会，就来个联名总辞职，宣布不负各省治安的责任。想想看，一个督军辞职尚且令政府诚惶诚恐，何况是全班督军总辞职？倪的这个建议又被研究系军师们认为不妥，如果在北京提出辞职，总统批准并令别人接任，岂不弄巧成拙？所以他们最后决定，如果黎不批准解散国会，督军团就集体离京表示抗议，回到自己的防地再想办法。

于是，在研究系头目的策划下，督军团于5月19日向黎总统提出《谘请国会改正宪法草案》的呈文。呈文对于宪法中不利于责任内阁的条款，诸如“大总统任免国务总理，不必经国务员之副署”等，进行了严厉指责；并提出如不改正，即解散国会。这个呈文是由督军团中年齿最长的吉林督军孟恩远领衔，其他签名的还有王占元、张怀芝、曹锟、李厚基、赵倜、倪嗣冲、李纯、阎锡山、田中玉、蒋雁行等二十二省区的代表。孟大哥是天津妓院里提大茶壶出身，当上督军后练得会写“一笔虎”，这次到京曾为吉林籍议员每人写了一幅大“虎”字中堂。他在送总统的呈文上也画了“虎”字押，因为除了这个字之外，他再也不认识其他字了。

督军团解散国会的要求，可把黎菩萨挤到了死胡同，免段是他想干而不敢干的，解散国会更是不愿干也不敢干的。5月21日，黎元洪召见孟恩远，告诉他，解散国会在《约法》上是没有根据的，当前的问题不在国会，而在内阁。解决时局的关键只有总理辞职一法，拟在徐世昌、王士珍、李经羲、赵尔巽四人中选择一人继任。黎还催促督军们赶快回任，并以“三不主义”答复督军团：不违法，不盖印，不怕死——当时人称黎为“九字总统”。看来黎菩萨也不想再做菩萨，而要改做金刚了。

议员也对军人干政大力抨击，致使各督军愈加愤慨，集体谒见总统陈述议员的乖戾。黎则面斥各督军干涉政治，欲解散国会的荒唐，谈话中声色颇厉。解散国会要求未获总统同意，且挨了一顿臭骂，督军们哪里受过这个？倪嗣冲多次受黎总统的申斥，且知道黎曾几次要撤换自己，遂有了与黎不共戴天之念——若是不将黎总统赶下台，哪里还有倪某人的立足之地？

督军团呈请解散国会，一时又闹得人心惶惶，议员们纷纷避居东交民巷和六国饭店，有些办法的人家也设法离开北京。黎总统准备了惩办倪嗣冲——褫夺倪嗣冲的官位、勋阶，以及切责各督军的两道命令，想以此作惩一儆百之计。这时，黎菩萨真像是决心挑战风车的唐吉诃德一样，要单枪匹马和全体北洋系决一死战似的。可是，他的决心很容易动摇，王士珍在旁边轻轻说了一句："如此岂不把事情越闹越大吗？"把他的勇气又吓跑了，那两道命令也就留中不发了。

在黎大总统和督军团相持不下的时候，5 月 21 日晚间，督军团打伙儿离开了北京，先在天津落了脚。

4 向辫帅求教

却说，督军团在北京胡作非为，忽而主张对德宣战，忽而又包围议会，忽而又要解散国会，但有一个好出风头又好发议论的要角，此时却一言不发——那就是辫帅张勋。

黎虽然也不喜欢这个脑袋后面拖着辫子的老粗，可是想到要利用他来倒段，也就不去计较过去的印象了。至于这个辫帅经常鼓吹复辟一事，黎总觉得现在民国已成立七年，谁还会敢于做这种事情呢？再说，一年前，以袁世凯那样的威风，也因帝制自为落得个身败名裂的下场，张勋比起袁世凯差得多矣，所以黎并不认真对待这种传言。他想到的是，这个老粗经常和德使辛慈来往，一向是反对参战的，而且和老段历来面和心不和，倘若把他拉到自己的阵线来，岂不是多了一条有力的臂膀吗？黎乃通过自己的亲家，总统府秘书唐浩镇，以同乡关系找张寿龄去说服张勋。张寿龄，字小松，江苏常州人，久在袁世凯幕中，也是个热衷复辟的人。张寿龄介绍金永去见黎元洪，黎又请金永催促张勋入京反对参战，如不能来京，发一个反对参战的电报也好。金永则向黎献策，发电报不如下令召张勋入京。但是，此时在京活动的阮忠枢、张寿龄等人均不赞成张勋入京。这是黎第一次想要召张勋入京。黎为了保住自己的权位，寄希望于这些密谋推翻他的人，适足以加速自己的垮台，活现一副“泥菩萨”的嘴脸。

有意思的是，老段也相中了这位辫帅，想从他身上找到绝处逢生的机会。段想到张勋起码有两点是可以利用的：一是他痛恨国会，二是他看不起黎大总统。于是老段派人秘密到徐州，请他第一把黎赶走，再者就参战问题，给予国会以致命一击。张倒是愿意帮这个忙，解散国会是他求之不得的，驱逐总统也可同意，但这两者的目的却不是拥护他老段。他想利用府院之争，阁会之争的机会，达到他自己的目标——复辟。他明白无误地告诉段的使者：“总理如果赞成复辟，这两件事包在我老张身上好了！”

复辟是老段绝不赞成的，但是参战这一篇文章做得不干不净，已使府院势不两立，内阁与国会是有你无我的境地。何况，解散国会和驱逐总统都不是“依正轨而行”行得通的。想来想去只有借助老张这个傻蛋——先借张勋打倒黎，打倒国会，让他去复辟，然后再来收拾他，那岂不是“山穷水尽疑无路，柳暗花明又一村”了吗？

早在开督军团会议时，倪嗣冲和段芝贵就一个劲儿撺掇张勋来京参加会议，但是，张镇芳、雷震春向张勋露了底：老段的意思是借参战为名，实则是倒黎推徐，借以倒冯，推徐也是假意，最终要自己上台。倪嗣冲呢，不过是想借着段来倒黎，再借老徐来除段。现在正是群雄争霸的时候，何必来凑这个热闹，因此劝辫帅不急进京。张镇芳、雷震春看得倒也透彻，这群武夫既无治国之理想，又无安民的抱负，所有考虑完全出于个人利益与恩怨，纯粹是狗打架式的争斗。

张勋稳坐徐州，静观北京的好戏连台上演，可急坏了黎大总统。但黎还是不死心，又派亲信哈汉章去徐州、南京，游说张勋、冯国璋。因为，张勋不止一次通电反对参战；冯国璋也曾致电中央，主张查处公民团扰乱众议院一事，黎便引以为同道。黎在给张勋的信中，低三下四地写道：

少轩仁兄督军阁下：前闻贵体违和，谅早痊愈。此次军事会议，未得骀从莅都，籍聆伟论，实深歉疚！兹哈中将汉章因事南行，特命到徐致候，并聆教益……

哈汉章南行，张勋表示绝对服从大总统，冯国璋也表示反对参战，看来和老段的意见都是相左的。

5 月 20 日以后，老段知道黎已经拟好另派国务总理的命令，便召集自己的心腹幕僚秘密会议，商讨对策。这时，连最靠拢他的研究系人物也劝他作必要的退却，以积蓄力量，重新再起。老段也觉得除此之外并无良策。5 月 21 日，老段再次去公府见黎，表示要黎尽快找到总理人选，自己好脱身。接着，二人又谈到对德宣战问题，各自坚持己见，越说越僵，段老总拍着桌子大嚷大叫，鼻子就歪到左边去了——原来他一生气就有歪鼻子的毛病。临走，老段跳着脚指着黎说："我不干了！"段回去后，即刻命令他的卫队营长备专车去天津。到了前门车站，站长告诉他，黎总统有令，不经总统批准，任何人不准开行专车。老段冷静下来一想，国务总理擅自撂挑子毕竟不大合适，何况事情并未到不可收拾的地步，又驱车回到自己住处。

老段亲自拟就一份内阁补充名单，以夏寿康、饶汉祥、汤芗铭分别任内务、司法和海军总长，这三人全是黎总统的湖北老乡，其他的补充阁员也是与黎关系不错的人。老段这最后一招，显然是想以此交换总统对他阁揆地位的挽留。但是，黎的左右都认为，这正说明段的外强中干，所以奉劝黎菩萨不要再动菩萨心肠。这时，伍廷芳已经答应代理总理一职，王士珍也同意段离开后一定帮忙，而且就免段一事已和东交民巷方面取得谅解，再有督军团都已离开北京。黎菩萨以为自己有了足够的本钱，遂下了决心，于 5 月 23 日断然下令免了老段的总理职务。

二 政治危机

1 复辟会议

再说，督军团的众督军们虽然在北京唱了一出“闹天宫”，显得八面威风，却是一事无成，所以还得到徐州找盟主想主意。23日这伙军头又从天津南下徐州。就在他们去徐州的时候，黎总统发表了免段的命令，一时他们还蒙在鼓里。这次由天津直放徐州的专列上，有倪嗣冲、张怀芝、王占元、赵倜、李厚基，还有冯国璋的代表胡嗣瑗、段祺瑞的代表曾毓隽，以及曹锟、张作霖的代表等二十余人。连徐世昌也派了原东三省总督署的副官长李席珍代表他来到徐州。

不过，督军团也并非完全一致。曹锟中途托病去了保定，孟恩远留在天津没上车，李纯也留在天津没走。这些人还透露出拥护王士珍组阁的意见，实际上直、皖分家已见先兆。曹锟虽然一向被认为是直系，但他的归属也极复杂。当初袁死后，段任曹锟为四川军务会办，因西南声势过盛，段不想过分消耗北洋主力，遂调他的第三师回北京，未经阁议便任其为直隶督军。段有意将他收在自己名下，不料孙洪伊有意挑拨直、皖的关系，所以曹在北洋系分家时，是属于直、皖两栖者。

在天津时，这伙头上插鸡毛的军头们为了人多势众，强挽雷震春、张镇芳一起去徐州。二人故意说：“少轩是有他自己宗旨的，不是随便听人指使的人。”众人说：“他的宗旨不就是复辟吗？我们一起帮他复辟好了。”当然，这也是赌气的话，谁知道一语成谶，不久真的复辟了一场。

再说，督军团到了徐州后，众人急于让张勋为他们泄愤，便坐到一起商计起来，这就是被称之为“复辟会议”的第四次徐州会议。开会时，张勋只简单讲了几句话即离去，会议改由其秘书长万绳栻主持。后来，张勋也只在会上露了一两次面，尽管众人慷慨激昂，踊跃陈词，辫帅却故意漠然视之，有时，屋子里在开会，他却在院子里坐在茶几旁边，独自品茗，悠然自得——其实这是老粗欲擒故纵的计策。

众督军到徐州的次日（5 月 24 日），老张还以置身事外的姿态，以通风报信的口吻，给黎元洪发了一封电报，电文云：

> 各督及代表等二十余人，昨偕同到徐，以宪法就商。旋奉公府秘书庭电开：国务总理段祺瑞免职等因。咸以民国适用内阁制，凡任免官吏，非经总理副署，不生效力，群情愤激，各省惟有自由行动等语……谨飞电直陈。

这封电报已是莫测高深，更令人不解的是，这时在天津的刘廷琛听到段祺瑞免职的消息后，认为是复辟的大好时机，立即打电报给老张，劝他趁机而动，而辫帅对这个平日奉为上宾刘幼老的来电竟然置之不理。

老粗人自有他的戏法，他将免段的电报公诸会上，好似火上浇油，引起与会者暴跳如雷，一片谩骂。老张却慢条斯理地说："诸位要泄愤也好，解气也好，非军队说话不可。可是师出要有名，如果没有正当理由，还是听人摆布吧！"说完，他就起身告退了，谁都看得出他是给大家出了个难题，叫他们自己去寻找答案——说出他想说的话。

曾毓隽是段祺瑞的代表，大家都知道老段是不主张复辟的。万绳栻见到曾毓隽，便拉着他用闽语交谈，因万虽然原籍是江西，但久宦福建，所以能操闽语。曾毓隽对万表示了段不同意复辟的态度，万怕曾的表态影响会议的气氛，遂只和他讲闽语。不过徐树铮作为老段的心腹却是另一种手段。

次日晚间，忽然接到天津电报，告知倪的安徽省长已被免职，由张勋兼任。其实，这是某些人的一个阴谋，故意为了激怒倪嗣冲。因为黎总统虽然拟就了免除倪嗣冲、朱家宝、李厚基，代以张勋、曹锟、胡瑞霖的命令，但是在公府秘书征求张勋的意见时，张勋的秘书只回电说："五督到徐，激烈异常。定武态度镇定。"对于是否愿意代倪为省长一事根本不提。于是，黎又将命令留中不发了。

这封天津来的电报是打给张勋的，当时张、倪二人正在闲聊，张把电报给倪看了，倪嗣冲横跳八尺，竖跳一丈，大骂道："黎元洪反了，黎元洪反了！"——一个省长说总统反了，滑稽不？这也是只有那个时代才有的怪事。张勋笑道："老弟，别跳，老张不是不讲交情的人，你先走一步，我随后就来。"

那天晚上，由定武军的总司令官张文生代表张勋举行宴会招待参加会议的代表。宴会上张文生喝得过了量，晕晕乎乎躺在客厅角落的沙发上昏睡过去。过了一会儿，张文生醒过来，只听得有人在低声商谈着什么事情。他瞥了一眼，只见是徐树铮和倪嗣冲在那里交头接耳，还有几个人没有看清。张文生赶紧又把眼睛闭上，仍然装睡，静听他们在说什么。这时他们的谈话已近尾声，只听到一人说："他是个复辟的脑子，别的他听不入耳。咱们就先赞成他复辟，等他复辟了咱们再想别的法子。"另一人说："走！咱们找他谈谈。"张文生听了这些话之后，心知这里面有阴谋，便想去报告张勋，可是等他到了张勋那里，那几个人围着张勋又谈了起来。

原来，众人到了张勋的住所，向他摊了牌，首先从倪嗣冲和张怀芝口中道出了"复辟"二字，他们说："大帅的意思不就是复辟清室吗？我们就依大帅的意见好了。"既然，底牌已经揭开，顿时多数人都成了心怀故主、效忠前朝的孤臣孽子，纷纷表示："愿意追随绍公（张勋，字少轩、绍轩）之后。"其中，发言最激烈的是倪嗣冲和张怀芝。还有一个福建督军李厚基，他自称他之所以主张复辟是奉了母命，在他离开福州时，他老母对他说："你可记得你的父亲是为国阵亡的？你这次上京，只要遇到关系皇室的事，就应当尽力报效，这才称得起继承你父亲的遗志，报答国家的厚恩。"因此，他说："我要是不为这件事尽力，不但对不起朝廷，也对不起父母。"

徐树铮代表老段出席了这次会议，张勋虽因老段无兵权不大重视他，但毕竟也是北洋元老，想通过小徐摸清老段对复辟的态度。小徐告诉张勋说，芝老只要达到驱黎的目的，一切手段在所不计。张勋遂以为老段是不会反对复辟的了。

张勋见众人已经上钩，这才心满意足地说道："既然这样，很好。不过，这么大的事情，不能空口说白话，说定了就要干到底才行。"这时，双方达成了妥协，张勋同意领头向黎元洪发难，那些代表也同意了张勋的复辟主张。张勋叫副官到后宅去要黄缎子，刚巧张的二太太邵夫人那里有一块黄绫子，原是准备盖上张勋的大印，为她的儿子辟邪用的，于是拿到前面来。参加会议的众人都在上面签了名，万绳栻还在上面写了个缘起。张勋把这块绫子交给万绳栻，由他保存起来。有意思的是，签名其中的不但有众人熟知的遗老遗少，竟然还有南方的革命党人——谭延闿。

5月26日，徐州会议在达成复辟的共识后闭幕。次日，张勋电召李盛铎到徐州，说有要事相商。李临行前到公府与黎商谈很久，才动身南下。5月31日，李盛铎从徐州带回张勋的口信：他同意进京调停。

2 督军团兵谏

黎元洪不知出于什么心理，对张勋在徐州密谋开会，倒抱着一种乐观其成的态度。他现在着急的是由谁来取段而代之。徐世昌敬谢不敏，王士珍谦让不遑，李经羲不敢轻试，转来转去，只好由伍廷芳以外长身份暂代总理，总算结束了无政府状态。

张国淦听说总统真的要去段而后快，连忙跑到公府劝解道："总统莫意气用事，要从大局着想才是。"不料旁边跳出一人大吼一声："以后不许你多开口，否则我金永炎非一枪打死你不可！"可怜张国淦满心维护双方不要弄得大家不好看，结果他劝段辞职，徐树铮骂他是黎党，劝黎莫仓促下令解老段的职，金永炎又骂他是段党。幸好黎是知道他的，向他深深一揖，然后把金喝退。

黎元洪将印铸局局长吴笈孙叫来，将免段的命令交给他，令他即日发表。吴说，以往的命令都是由国务院交下发表，从来没有总统下令的。黎又把张国淦传来，要他以院秘书长名义将命令交给印铸局，张推说应该由府秘书长夏寿康交印铸局。恰在这时金永炎又跑进来，听了张的话后大怒，用拳头捶着桌子喊道："此地不是你讲话的地方，今天不准你开口！此件非得由你交出发表不可！"张国淦本是极有涵养的人，此时也被金所激怒，也捶着桌子叫道："总统一直提倡法治治国，你这样在元首面前拍桌子，眼里哪有总统，还讲什么法治？

简直和那些公民团的行径一样。”这时旁边屋里的人听见吵嚷也都跑过来，气势汹汹地帮着指责张国淦。张将命令摔在地上，气愤地说：“我今天就是不管，即使总统命令我，我也不负这个责任！”黎菩萨这时低声下气地弯腰拾起文件，一再央求张国淦帮忙。张国淦怒气冲冲地拂袖而去，当天就去了天津。

最后还是研究灵魂学的伍廷芳博士以代总理的身份，将免段的命令送交印铸局发表。5月23日，黎总统明令免除了段祺瑞的总理职务，又命王士珍为京津警备总司令。

段祺瑞在免职命令下达的同一天，乘车去了天津，下榻于意租界段芝贵宅内，不久又移居吕调元宅。临行前，段则以“国务总理段祺瑞”名义通电各省，谓免职令未经本人副署，无法律效力，将来地方和国家因此发生一切后果，他概不负责——这无异唆使各省起来反对黎大总统。在天津，北洋系诸人，靳云鹏、段芝贵、傅良佐、徐树铮、曾毓隽、曹汝霖、陆宗舆、王揖唐等经常往来段的住处，发泄心中的怒气。北洋系诸人以为，当初老段拥黎上台劳苦功高，怎么可以一纸命令就罢免了呢？今日可对老段如此，安知明日对别人不如此？兔死狐悲，物伤其类，今日不争这口气，明日北洋团体无立足之地矣。徐世昌也来长谈过两次。倪嗣冲见到段，大声叫喊道：“黎宋卿跟我说：‘不经国会通过，径行对德宣战是违法。’什么他妈的法！总理是责任内阁的领袖，总理说的话就是法律。他不经过内阁副署，就免总理的职，是合法吗？他在辛亥武昌之变时，钻到床底下，现在忝居高位，居然妄自尊大，以开国元勋自居，以后还有谁来拥戴他呢？”老段幽幽地说：“庸才足以误国啊。”

免段命令发布后，引起北洋系军头们的普遍不安，他们以为这次如不奋力相争，以后将没有在政坛上立足的余地了。于是，借口免段命令无效，兴师问罪。倪嗣冲跑回蚌埠于5月29日宣布脱离中央而独立，通电中有“若中央不有持平之治，恐问罪之师联翩而起，祸机一发，糜烂随之”等恐吓之语。随后响应的有奉、黑、浙、赣、鲁、闽、陕等省。倪嗣冲在蚌埠扣留车辆，运送军队，令其侄儿倪毓棻为北伐司令，欲率兵直捣丰台。倪毓棻宣称：“此次北征，专为推倒昏庸的黎氏，废除不良之约法，绝无调停之余地。”并扬言要和奉、鲁、豫等省一道进攻北京。

张作霖的通电中有“执戈待命，声罪致讨”、“如不蒙垂察，惟有断绝关系，以谢天下”之语，黎所担心的造反真的发生了。督军团以“清君侧”为口号，实际上清的不是“侧”，而是那个“君”。一时，有三策士、四凶、五鬼、十三暴徒等名号。三策士指的是郭同、汪荣宝、章士钊；四凶是丁世峄、哈汉章、金永炎、黎澍；五鬼是汤漪、郭同、汪彭年、哈汉章、金永炎。至于这些说法，也是言人人殊，不必认真。

6月1日，徐州的十三省区代表联名电请黎大总统退位。黎元洪被逼不过，真的打算不当这个八面受气的总统，便于6月5日电请冯国璋副总统来京代之。这时，冯也不愿跳这个火坑，赶紧向北京提出辞去副总统职务，表示对当前局势不负责任，推了个干净。6月4日，江西督军李纯进京，想要调停局势，不过他既没有这个能力，也没有这个资望，谁也不听他的。

倪嗣冲这个安徽省长，其粗鲁不下辫帅。宣言独立后，即挥师北上，在老徐授意之下，会同军事会议的中坚人物，于6月2日在天津召开秘密会议。这时老段是败军之将，不宜再执牛耳，便请出北洋元老徐世昌主持。会上，倪嗣冲破口骂道：“段祺瑞什么东西，连几个小孩子（指那些议员）都玩儿不过，看我们演一出的，倒要看看谁有本事。”

3 天津总参谋处

这时，天津又成了北京、徐州之外的另一个政治中心。一时间，武人、政客、名流、议员、说客、记者、帝制余孽、复辟先锋，冠盖云集于津门，绚烂飞扬，反倒使北京的总统府、国会显得寥落堪怜，似有楚囚对泣之叹。众人背后的盟主自然非老徐、老段莫属。这时，“下野”在津的段祺瑞门庭若市，研究系、交通系的文人，北洋系的武人都奔走于其门下。他们决心在北京政府之外，另立分号。

徐世昌自以为：以满清师相的资格，帝业却颠覆在我的手里，因此时有清廷亡在我手，还需兴在我手的感慨。现在无疑是个绝好的机会：各省督军云集津门，而且曹汝霖、陆宗舆一再保证说外交没有太大问题，某国已经同意，某国也抱同情等等。他二人又以交通银行的财力全力支援。如此一来，有兵，有钱又有外国人的支持，遂默许了这群荒唐鬼们的胡闹。

段祺瑞又是另一种想法，他想借助各省督军们的兵力，逼迫黎元洪下台，解散国会，以造成自己在北方的绝对势力，再以武力统一全国。

各省督军的本意还只在解散国会，修改宪法，而集政客、野心家之大成的总参谋处却在成立通电中进一步提出"……黎居不负责任之地，事事干涉，破坏内阁制度，听信群小，排斥正士，暴民盘踞议会，与府中沟通勾煽，劫夺政权，约法偏弊，穷于救济，共和国政体竟成专制……出师各省意在巩固共和政体，另订根本大法，设立临时政府、临时议会"的要求。总参谋处在致电北京总商会时明确提出"此次用兵，专为黎氏一人"，"已筹备米面及大批铜元运京接济，惟须黎氏退位后，方可实施"云云。

这时，一般活跃的人物是：汪大燮、梁启超、李经羲、段芝贵、孙宝琦、熊希龄等人；还有多方奔走其间的如：曹汝霖、陆宗舆、叶恭绰、张镇芳、雷震春诸人。梁士诒闻讯自广东赶来，杨度也从青岛翩然而至，还有汤芗铭、陈宧这两个反复无常的人，也在无聊中从北京来凑热闹。综观其中，不外这样几方面的人士：

（1）武人派，以十三省督军为代表。

（2）阴谋派，以梁启超、汤化龙等政客议员为代表。

（3）洪宪帝制派，其代表人物有段芝贵、曹汝霖、朱启钤、张镇芳等。

（4）复辟派，以徐世昌、康有为、杨度、朱家宝诸人为核心。

1917年6月3日，在天津河北大经路上的"中州会馆"里，"各省军务总参谋处"正式挂牌成立，雷震春暂为处长——雷也自知声望不够，不过是暂时应付。下设军事、军机、军需等部。但在分配权力的问题上，各派又起了纷争，最后在秘密会议上，各路神仙勉强达成如下的共识：

（1）黎元洪必须退位，但不能让他离开北京。

（2）推举徐世昌为大元帅。

（3）组织临时政府，以段祺瑞为总理，内阁成员为：外交，曹汝霖；陆军，段芝贵；海军，汤芗铭；财政，梁启超；内务，钱能训；教育，范源濂；交通，叶恭绰；江朝宗为北京监察使。

(4)召集研究系、讨论系以及帝制派等系议员，召开临时国会。

在商讨具体办法时，又出现了分歧。有人主张先解散国会，驱逐总统，然后再组织政府，也有人认为关键是废除旧约法，恢复袁氏的新约法。还有人建议，慢慢来，从长计议。

老徐此前一再对组阁敬谢不敏，此刻对大元帅却情有独钟，跃跃欲试，准备通电就职。

段祺瑞却以为以上的决定过于急迫，会招来西南方面的反对，所以并不热心参与。他手下诸人也以为，老段到手的国家元首何必拱手让人，对推举老徐并不积极。

这时的政治形势胶着不清，虽然倪嗣冲等各省军头带兵北上，但是王士珍负责维持北京治安，他们尚不敢乱动。冯国璋在南京通电否认解散国会的办法，也使他们心有顾忌。还有张勋表示愿意调停其间，西南又在组织护法军，宣告拥护总统、服从中央。黎元洪则在北京镇静自若，表示一切遵从法律，即使卸职也要由冯副总统继任。所以，这些人虽然达成共识，行动起来也有些犹豫不决，投鼠忌器。

王士珍于6月4日，派张志潭、陆锦来津，与津方商谈总统退位的手续问题。这又使"总参谋处"诸公感到为难，如果马上直接复辟，民意、外交方面能否通得过？段祺瑞已表示坚决反对，而且连清室方面都一再推托劝阻。如果缓办的话，由谁继位总统？若是叫冯国璋继任，督军团、帝制派、交通系全都不同意，老段也不赞成——黎元洪尚且玩儿不转，冯国璋可比黎元洪难对付得多。可是，徐世昌、段祺瑞继位又于法无据，曹汝霖、陆宗舆也曾为此向外交使团活动过，但被一口拒绝。

各国公使对叛军行为时有质问，总参谋处的诸公们见事机不协，内部顿起纷争，不但时有语言冲突，就是挥拳奋掌也屡见不鲜，总参谋长雷震春也控制不了这群好汉，曾有两次没有参加会议。倪嗣冲和雷震春托徐世良（老徐的堂弟）带信给徐世昌，请他尽快出山。

主张一切皆走正轨的张国淦此时也在天津作寓公，听说老徐欲将黄袍加诸自身，忙跑来劝阻他道："你早晚是要当总统的，何必给人留下话柄？"徐仍然心有不甘，这时小徐和王揖唐找上门来，王揖唐本是老徐的门生，说："大元帅不过是个空名而已，若是真要行使指挥权，必然得和各方面起摩擦，那样树敌太多，反而骑虎难下。我替老师打算，与其现在屈就大元帅，不如明年竞选总统，以老师的名望，各方面对老师的好感，当选是绝无问题的。至于联络、招待议员的费用，我可以从盐款中想办法，不用老师操心。"老徐是个吝啬鬼，听说不用自己花钱，总是合算的，便不再说什么——其实，王揖唐是受命于老段而来，段祺瑞自然不愿意自己和黎元洪斗了半天，却叫老徐这个渔翁得利，很快制止了手下拥徐为大元帅的企图。这王揖唐乃是前清最末一榜的进士，后又留学日本学习军事，学问当属不弱。其实其为人最为卑鄙，最后投降日本，落得个命丧刑场的可耻下场。

说起这个王揖唐，最是个无耻的人物。

王揖唐（1878—1948）是安徽合肥人氏，光绪三十年（1904），以二甲第五名高中进士。但是他却跑到日本进了"士官学校"，超负荷的军事训练，使他不堪忍受，又改读"法政大学"。法政念了两年，未及毕业，闻知朝廷对于留洋学生，经过考试可赐予进士、举人出身。王揖唐又匆匆赶回，参加了 1907 年的"考验游学毕业生试"，再次高中，成了一土一洋的"双料进士"。从此进入段祺瑞幕下，以军事专家自居。可是，这个军事家却偏爱好政治，民国后包打包办"统一党"，包领党费，收买议员，排斥异己，一心取媚于上，连素有财神之称的梁士诒也要让他三分，有人讥他是"双手抓住袁总统，一脚踢开梁士诒"。

再说，钱能训带着由梁启超起草的"总参谋处通电"来到徐州，想通过张勋以大盟主的身份发出。张因为前些时候陆宗舆给他所看老徐拟的复辟条件，对徐即已不满；这时见"通电"中不提复辟一事，反而要另立总统，心中大为不快，遂发了一个通电表示："此等办法，异常荒谬，万难赞成"，"不得于通常名目之外另立名目"。老徐讨个没趣，一气之下装起病来，遂闭门谢客，不再过问。

6 月 6 日，总参谋处再次秘密集会，会上出现了更大的分歧。陆宗舆倡言赞成复辟，而汤化龙力主共和，表示脱离总参谋处组织，声明拥护元首、国会。雷震春、张镇芳眼看总参谋处总是作不出像样的文章，便代表张勋发表高见，大谈尽快施行复辟。研究系、交通系的反对者群起而攻之，段派军人吴仲英也跳起来反对。会场秩序大乱，一个茶碗飞到雷震春的头上，霎时血流满面。正是：“茶碗与拳头齐飞，口水共血水一色”，大演武打行。经段芝贵的竭力调解，乃不欢而散，总参谋处从此不再开会，实际上早就无疾而终，等到6月8日张勋来到天津后不久就正式撤销了。

三　如何收场

1 戏剧性的变化

天津总参谋处演出这一武打行时，各路诸侯、政客摸清了外国的态度，使复辟形势一下子发生了戏剧性的变化。6月7日，总参谋处的机关报《大公报》发表文章，否认有临时政府之说。其实，不过是“此地无银三百两”的笨拙手段，因为前几天雷震春宣布就职的通电中，明明有建立临时政府、召开临时国会的字样。可见，临时政府之议无人敦促，是其自动取消了。

段祺瑞、汤化龙等人纷纷表态撇清自己，退出总参谋处。老段的灵魂小徐进京会见王士珍，态度极其恭谦，语言极其柔软。范源濂也代表老段谒见黎元洪，表示了段某人绝不与复辟党同流合污。连那个“霹雳火”似的倪嗣冲也和赵倜一起抽身其外。倪还派他的代表易迺谦到京，向黎总统表示，这把野火是倪某人点起来的，现在却不能熄灭，甚为后悔，只好听从中央解决，自己完全服从；并且表示倪氏绝对不赞成复辟。汤化龙则用脚表示了自己的选择，他携带家眷又从天津搬回了北京，并声明维持元首，维持国会的明确立场。研究系、讨论系的议员也大都回京，国会颇有大难不死、回光返照的气象。

总参谋处成立刚刚四五天时间，何以有如此大的变化？这其中决定性的原因是外国人不支持。

总参谋处一成立，即向天津的领事团递交了照会，要求承认其合法性。但是，某个国家（日本）的领事很快将照会原封退回。6月6日，美国公使公开劝告中国：对德宣战尚属次要，中国国家政治上的统一才是首要的——实际上表明了反对倪嗣冲等八省督军宣布独立的态度。而且外国人表示，如果民意选择对德宣战，自然是协约各国所希望的，但是若是因此引起内乱，导致分裂，协约国反而会深受其害，所以绝不赞成。如果第一次劝告无效的话，他们会提出第二次劝告。劝告者，警告之别名也，警告者，干涉之先声也。那些军头天不怕，地不怕，总统、总理都不怕，就怕外国人的鼻子大，一听说外国人不支持，一个个像是霜打的茄子，全都蔫了。陆宗舆为此四处活动，终不得要领。接着领事团限期令总参谋处撤销，否则，他们将仿照庚子年联军占领天津时的成例，把天津划分由各国保护，那时总参谋处也得撤销。他们还引经据典说，根据《辛丑条约》，不宜在天津设立军事机关。

津门的这出好戏本是研究系的梁启超、汤化龙等人在暗中写就的脚本，被张勋一个通电给搅黄了，内心的失落感可想而知，便于此时通电声明："须保持共和国体，及立宪政体，否则不敢与闻矣。"研究系一方面借此掩饰他们欲称兵讨黎的阴谋，另外，他们此时似乎也看出张勋肆意跋扈，目无他人，早料到他将来权欲熏心，必定为众人唾弃，不得不预先宣言，以防舆论攻击，可谓用心良苦矣。

2 李经羲内阁

在徐世昌、王士珍诸人都不出山的情势下，5月25日，黎命李经羲组阁，他以为李过去是督军团盟主张勋的老上司，必然会得到他们的拥护。而且，通过李经羲组阁，还可以联络张勋。李经羲是逊清时代的云贵总督，洪宪时代的嵩山四皓之一。蔡锷和张勋都是他的老部下，所以洪宪帝制将要失败和督军团乱政时，这位年过花甲的老官僚就陡然身价百倍起来。

李经羲是李鸿章的侄儿，庚子年间曾任云南巡抚，因当地教案中焚毁教堂事件，云贵总督答应赔款三十万两银子。李经羲这时出来和外国人谈判，以云贵七府的开矿权为代价，将赔款减为十五万——云南的士绅反倒以为他能干。辛亥年间，云南民军准备革命，李经羲将部属召来，自己握着一把鸦片灰道："我李某一家世受国恩，今天惟有一死而已，不知诸位有没有与我同志者？"众人正在面面相觑的时候，他又说："不好，不好！我当换上官服，坐在大堂之上，待到匪徒来到，大骂不止，以身殉国，那才是英雄本色。诸位稍待一会儿，某去去就来。"说完进入内堂，他的下属们等了多时不见人影，原来早已从后门溜走了。李老先生虽然时有短视的举动，但做起文章却不含糊，他的幕僚曾经用尺量过他的长文，足足有一丈二尺。

早在民国三年（1914），袁世凯召开政治会议时，曾邀他当议长。袁的智囊杨士琦曾向他表示，会议结束一定以总理相酬。由政治会议产生的约法会议，制定了《新约法》，而政事堂国务卿却给了徐世昌。李经羲大为懊丧，连呼上当，从此寓居津门，更加起劲儿地和政界人士拉拢联络，是个热衷到发烧的老头子。洪宪帝制时被袁封为"嵩山四皓"之一，他没有表示接受，也没明确拒绝。袁死后，继续游走于官场之上，由谷钟秀、张耀曾为首的"政学会"除拥岑春煊之外，其次就是李经羲。

李经羲

李经羲素以善理财自负。段祺瑞内阁的财政总长陈锦涛免职后，本拟由李经羲继任，府院双方都曾到津与之洽商，不料老李意在阁揆而不屑财长一职。有人劝他说："段有特殊势力，此时暂屈财政，内阁若有变动，以财政接替，较为便利。"李却说："老段的特殊势力不过北洋而已，须知，北洋出自淮军，我乃是淮军之前辈，何须当他的僚属？"别看他大摆淮军前辈的资格，却暗中看出，此时的张勋势焰熏天，所以极力攀附张勋。

黎大总统罢免了老段之后，本想起用徐世昌或者王士珍出来组阁，借以镇服北洋系的军心。可是，二人死活不肯从段的手中接棒，怕人说是"卖友求荣"。利欲熏心的李经羲想趁机猎取揆席，遂定下左攀黎右倚张的方针。黎元洪的副秘书长饶汉祥也向黎总统吹风，原来饶和李二人都是袁世凯的参政院同事，后来退居津门又比邻而居，过从甚密。恰在此时，皖、奉称兵独立，老李献计于总统，何不请张大帅任调解人？因为兵谏的局面形成于徐州。黎为了解救燃眉之急，只好求助于李经羲，一方面安抚北洋系，同时拉拢张勋，遂于5月25日提请国会通过李经羲内阁一案。

其实，国会对李经羲这个滑头官僚并无好感，不过为了挽救时局的进一步恶化，也只好暂时将恶感搁置一旁了，所以5月27日李的组阁顺利通过。李经羲梦寐以求的揆席到手之后，却因形势不够明朗而推却不就，扭捏着避往北戴河去了，同时又电请张勋指示办法。张的回电只有"苍生霖雨，允符众望"八个字。张又电公府："中央困难情形，已分告各督，务以国家为重，乞勿念。"一副公忠体国的口吻，使黎越看越觉得这个老粗居然妩媚可爱起来，以后竟引以为同志外援而不疑有他。王士珍只要自己不当总理，乐得吹捧李经羲，在他的授意下，李纯、曹锟、孟恩远、江朝宗、田中玉、蒋雁行、陈光远、蔡成勋等人都有电报向李内阁致贺，也算是给黎、李捧场了。

5月29日，传来倪嗣冲独立的消息，接着各省纷纷响应。吓得李经羲躲在天津租界里面不敢出来。黎总统希望李经羲快些来京就职，也好给自己壮壮胆，便派公府秘书长夏寿康、军事顾问金永炎到天津专程迎接，最后把江西督军李纯也派了去劝驾。黎以为，李是张勋所支持的，把李抬出来，张勋自然不会坐视不救。可是在官场上滚打多年的李经羲，怎敢在这个时候去捋那帮督军们的虎须。虽然众大员一再督促，他就是不肯进京。

独立各省的军人们以通电代替枪炮，满天乱放一气，张作霖于5月30日通电称："项城逝世，海内瞩目段公，而段公愿居今大总统之下，以相扶持……作霖当率辽奉子弟直捣京师，惩彼奸人，卫吾社稷。"听其口气，好像"奸人"指的就是黎大总统。同一天，又有一电致独立各省："奸人涛张为幻，广派密使，遂其阴谋……公府派少将周斌持函到奉游说，已予扣留，俾莠言无滥进之由，庶时局有澄清之望。"明确无误地把黎当成奸人，他之所说也是一派"莠言"，其代表自然应该"扣留"了。

这时，天津的总参谋处诸人正为将来的前途而茫茫然的时候，小徐从徐州赶了回来。老段和研究系政客得知了徐州会议的一切，于是另一套行动方案很快制定了出来，只等着张勋自投罗网。

各省宣布独立，倪嗣冲率军抵达马厂，张怀芝一直挺进到天津近郊的良王庄，曹锟则到了北京附近的良乡。困在总统府内的黎元洪请老徐进京调停，老徐推托以“杜门谢客”；请梁启超调停，也被以“身处海滨，与世隔绝”为辞拒绝了。在无计可施的情况下，黎只好派李盛铎、蔡儒楷等奔赴徐州，请张大帅进京调停，或者发一份拥护李内阁的通电。黎总以为张和李有面子，让他发个电报还成问题吗？谁知，张却不给这个面子，不但不发通电拥护，反而于5月30日，提出调停时局的五项条件：

(1)修改宪法。

(2)段内阁复职。

(3)斥退宵小。

(4)赦免帝制犯。

(5)清除议员中的暴烈分子。

并限中央五日内答复，黎元洪第二次邀请张勋进京又搁了浅。

地方官吏对一国之尊的总统只有服从或叛逆两途，现在竟然打出“调停”的旗号，也可见那时中央政府威信之一斑了。黎元洪的左右丁世峄、章士钊等人建议他尽快将总统辞掉，让冯国璋接任，把这烂摊子一股脑丢给他去处理。冯国璋也不傻，不但不接总统的位置，甚至连副总统的职务都想辞去。此时，北京人心惶惶，不少人携家带口，避往天津等地。汤化龙辞了众议院议长，避往天津租界，紧接着八十多名议员也辞职，跟随议长来到海河之滨。

3 辫帅来调解

熊希龄坐在段祺瑞的客厅中发表其对时局的高论：“若张勋复辟成功，是再好不过的事情，那时又需要你来收拾残局了。所以与其打倒张勋在复辟之前，毋宁打倒之于后。”段没有说话，但是一个巧妙的圈套已经形成了，正所谓

“螳螂捕蝉，黄雀在后”。

张勋的态度很有些现代心理战的味道，他既不拥段，也不拥黎，给黎以希望，却又永远得不到，最后只好落入他的圈套之中。当时，许多人认为老张是个心直口快的粗人，其实，这样的人玩起阴谋来，更能迷惑人呢！

这时，有两个神秘人物成了张勋的座上客，一个是劳乃宣，一个是康有为。劳在民国四年劝袁世凯归政宣统，碰了个大钉子后，吓得跑到青岛做起遗老寓公。1917 年 1 月，老庆王奕劻去世，劳偷偷摸摸化装到了北京给溥仪拜寿，并且上了个“联德复清”的条陈，其中的得意之句说：“世界各国，德最强盛，倘陛下与德联姻，赴德留学，并允璧还青岛，则将来得德之助，复掌中国，实为易事。”连光绪皇帝的遗孀瑾妃也说他是个怪物，叫他不要胡乱说话。他只好复回青岛，现在居然跑到徐州。康有为和张勋早有联络，1917 年 2 月是康的六旬大寿，张特派人到上海为康祝寿，称他为：“天南一人”，并请教复辟之事，不久张领衔通电请将孔教列入宪法。张勋反对与德宣战也是受了康的影响。可想而知，这两个人会给张勋出什么好主意。

黎元洪玩弄起政治手腕毕竟不上档次，以致府院纷争的风潮越来越大，连本不拥段的曹锟、王占元也闹起独立来了。不过曹锟的独立是有代价的，段应许他以副总统的位子，后来却没有兑现，终使段、曹分家——这是后话。王占元的独立则采取了在政府和督军团之间的中立立场。真正表示声援黎总统的只有西南五省，他们接二连三地通电拥护国会，反对武人干政。可是，他们身处边远，远水救不了近火，更何况，他们也是口惠而实不至，只不过嘴里喊喊而已，黎也从来没有指望过与他们的合作。

督军团的气焰一步高似一步，黎的态度则一天软于一天。除了不停地催促李经羲来京就职之外，黎总统已经是一筹莫展了。但是，黎催得越紧，李越往后退，只是一个劲儿地劝黎电召张勋进京调停。李经羲以为，张勋是督军团的盟主，足以控制督军团；再有张勋并未宣布独立，当调解人最合适不过；更为重要的是张勋和自己有部属之谊，有他护驾，自己的阁揆地位稳保无虞。

当初，李经羲应邀北上时路过徐州，受到张勋的盛宴款待，席间，李谈到当前局势不无忧虑之感。张勋抓住机会，忽然发话道：“仲帅，您甭烦恼！这档子事，说难不难，黎大总统要是叫咱们进京，咱可以出面调停。”李听了好不喜欢，抵京后便把老张的话一一转达。黎也记起春天陆荣廷来京时，曾提起张勋，说他“忠勇可属大事”。黎又算了算，那些跋扈的军人都是小站出身，唯独张勋不是，而且他又是省区联合会的领袖。如果这个人肯出来调停，或许有望打破僵局。

6月1日黎发布命令：“安徽督军张勋功高位重，公诚体国，盼即来京共商国是。”张勋马上回电，表明“拥护元首，力任调停”的态度。黎好容易抓住这根救命稻草，也就不肯轻易放弃了。

这时，张勋正被徐州的复辟会议点起的虚火，烧得醺醺然，陶陶然，恨不得一脚跨进北京，实行他的复辟梦想。但，许多政坛要人都奉劝张勋不要管闲事，他的正妻曹夫人也从天津打电报给他，阻止他北上担任调停。更让张勋踟蹰不前的是日本人对复辟一事的态度。先是日本陆军大臣向青岛驻军司令大谷发出训令，请他转告升允“时机尚早”；继而参谋次长田中义一亲来徐州，劝他慎重考虑，勿得造次。这时，这位武夫真的深思熟虑起来。

张勋几次召集参谋会议，广泛听取属下意见。会上有些急功近利的人提出激烈主张，要趁此北上之机，一举复辟成功。也有人认为，此时黎、段二人不过都是利用他，不如稳坐徐州作壁上观。这时张勋却表现了超常的沉稳，他说：“本人经过多方考虑，认为黎元洪这次敦促本人北上，说明他已智绌计穷，无法收拾时局了。但本人乃一介武夫，即使能排解一时纠纷，暂时稳定局面，若长期主政，则断不适宜。因此，本人早有打算，将来复辟之时，拟请徐世昌出来掌政。此次北上，不能趁此良机一举实现我等夙志，固属遗憾万千，但日本既不愿我等于此时发动复辟，我们也无须过拂其意，急欲求成。只要能解散国会，修改宪法，推徐世昌出来执政，即可谓不虚此行。”

张勋拖延不来，急坏了黎大总统，面对万分险恶的局势，他像是下了最大的决心，宁可牺牲总统，也不解散国会，宁愿粉身碎骨，也不向悍将乱兵低头。可是，有人向他说了一句“京津治安难于维持”，他的决心又化为乌有了。只好应督军团之请，先罢免了哈汉章、金永炎、黎澍三人。

黎的另一个老部下孙发绪，辛亥革命时不过是鄂军都督府的秘书，被黎一步步提拔到现在的山西省长。在黎被督军团围攻时，孙发表通电痛论《临时约法》的弊病，主张召集代表组织“制宪会议”，而过渡时期请徐世昌组临时政府——竟然把黎总统搁置一旁。黎看了孙的电报直气得说不出话来。

各省督军不可一世，各省省长却遭了殃。督军想要集一省军政大权于一身，便利用对北京政府独立之机，将政府简派的省长统统驱走。除了安徽省长倪嗣冲是个变相的督军不论之外，陕西省长李根源成了阶下囚，孙发绪被阎锡山赶走，还跑到北京见黎，劝其退位。黎只瞪了他一眼，半句话也没说。福建督军李厚基派兵包围了省长胡瑞霖的公署，给了他三千大洋，押着他上船，递解出境了。在李厚基未来福建之前，这个胡瑞霖是福建督军，也是个厉害角色，人称“老虎”。为了免灾，福建全省官员莫不奔走于督军公署，送礼，拉关系，套交情，却独有省立图书馆的馆长黄蔼农不理会这个老虎。胡瑞霖感到奇怪，决定亲自见识一下这位馆长大人。黄蔼农疏懒成性，对下属要求极松，所以图书馆里杂乱无章，遍地狼藉。黄听说胡督军要来视察，连忙高挂免战牌，贴出“今日闭馆”的告示。胡督军来到图书馆，不管闭馆不闭馆，硬是闯了进去，把黄馆长弄得狼狈不堪。有人建议黄说，你何不送给督军两件文物？原来胡督军虽是武人，却雅好斯文。黄于是刻了两方图章送给胡督军，结果，黄不但没受训斥，反而加了薪。后来，黄蔼农弃官不做，到上海当起寓公，一日突然有个僧人来访，自称法号妙观。黄连说自己眼拙，辨认不出高僧是何方大德。那和尚哈哈大笑说，我就是当年的胡督军啊，因为厌恶官场黑暗，所以出家了。

冯国璋一直想利用机会造成自己第三者的地位，府、院鹬蚌相争之时，他则扮演渔翁的角色，问鼎大总统。不料冯的心思被革命老前辈章太炎看出，痛骂他道：“冯不讨贼，反倡调停，觊觎继任，妄词虚饰，应认为内乱犯，实为罪魁，倪、张犹在其次。”冯不得不装模作样地请辞副总统，可是这时候谁也不会注意他了。

张勋的如意算盘是，先解散国会，制定一部“军人宪法”；然后迫使总统下野，阻止副总统继任，以徐世昌为临时总统；最后归政清廷，完成复辟大业。张还怕黎不肯离开，以天津总参谋处的名义公开宣称：“此次用兵专为黎氏一人。”至此黎要维护总统威信的决心彻底地烟消云散了，惟有希望维持民国的国体。他派人到天津提出退位的几个条件：

(1)依法以副总统继任。

(2)不得变更国体。

(3)不取消临时约法。

(4)化除南北意见。

(5)国会自动闭会。

黎元洪急切盼望着张勋进京调停，以免督军们直捣京师。就是在解散国会的问题上，他的态度也已经动摇，在5月31日表白心曲的电文中就有“国会再召，党帜纷歧，成绩鲜闻，争端迭起，迩者议宪之举，过为束缚，利用时机，率行可决，万夫愤激，目为祸胎”之句，隐示不得已时，也可考虑解散国会。黎又派钱能训去徐州告诉张勋：“警军们请求惩办宵小，如果是指哈汉章、金永炎诸人，他们已经出京，公府中只有我一人，至于解散国会，似不宜办。即使必欲解散，也应等到议定宪法后再办。况且宪法问题也还有疏通的余地。如果是要我下台的话，那就请冯副总统来京。”焦头烂额之际，黎的确曾与左右商议过辞职问题，作为最后的退路。

张勋见到黎元洪的这番态度，知道已经到了火候。国会问题，黎已大有松动，不再一口咬定“不违法”。如果黎真的辞职，调停的理由便不存在，再由冯国璋继任的话，自己还调停什么呢？于是张勋于6日通电宣布：次日北上。他在6日会见《大陆报》记者时说，他北上的目的是应黎之命调停说和，虽然调停的方法还未详细审定，但解散国会是必须之举，“黎总统致予之书，亦允解散国会”。他否认进京的目的是清帝复辟，表示“力愿拥护总统”。

第六章

调停、调停，面目狰狞

一　张勋在天津下了车

1 张勋改变了主意

1917年6月7日，张勋率领辫子兵十营，计有卫队一营、炮兵一营、步兵八营，共计四千余人，随员148人，以及谋士如陈毅等人，威风凛凛地由徐州出发了。动身之前，张勋接见外国记者时，还表示：此行一定维持黎总统的地位，绝不会复辟云云。张勋此言并不完全是故作姿态，他的确没有将复辟付诸实施的完整计划，所以只带了区区的不足五千人马。

可是，在张勋启程的前一天，刘廷琛人不知鬼不觉地自徐州溜出来，先期入京向清室报信。张和刘约定，次日他北上，路过天津不下车，直达北京，抵京后立即发表复辟。张勋有两个堂侄，一个叫弼廷，一个叫敏斋，见其老叔被这些人鼓动得颠三倒四，便劝他道："叔叔握天下重权，切不可冒天下之大不辟，骤变国体。况且环顾这些将帅，有几个真正帮您的？还不是都为自己打算，何必上他的当呢？”张勋听了大怒道：“无知小子，你们懂得什么？”令人将二人禁闭起来，自己急匆匆北上了。

刘廷琛动身进京前，胡嗣瑗先回上海，将在徐州酝酿的复辟计划，告知沪上的同道们，叫他们从心理和行动上都有所准备。沈曾植听了之后，兴奋地欢呼说：“晴初新归，消息绝佳。”

刘廷琛衔张勋之命到达北京之后，秘密地将一切经过和张的安排告诉给这时还在紫禁城做太傅的陈宝琛，以及新任的毓庆宫行走梁鼎芬。这些迫不及待的孤臣孽子们，焦急地等待着第二天张大帅的到来。谁知，次日刘廷琛望穿秋水，却不见“伊人”的“倩影”，最后传来消息说，大帅在天津下了车。

刘廷琛赶忙折回天津，见到张勋，这才知道张勋在离开徐州时，冷静思考了许久，权衡各方面的情况，一时举棋不定，对原来的如意算盘感到未能尽如人意，所以先到天津，看看形势再说。刘听了，不由怒火中烧，怪老张言而无信。张只好敷衍道：“先看看风色再说吧。”刘告退下来，怒气未减，发了书呆子脾气，写了一封信，责以春秋大义，说他“欺君卖友”，“生不如死”。张勋看了，也发起大帅脾气，拍桌子，跳脚，骂“老头不懂事”。

张勋为何突然变卦呢？原来这其中又有日本人的作用。

话说袁世凯死后，日本急欲扶植一个新的北洋系首领，作为他们的代理人，使其侵华合法化。再说，日本政府和军方历来在对华政策上有所分歧，虽然在侵华野心上二者并无二致，但军方更为冒险激进，而政府方面则力求稳妥，使欧美各国在外交上无懈可击。代表政府方面的日本驻华公使林权助看中了段祺瑞，认为他是继袁世凯之后的北洋领袖无疑，可是军方却不这样看。

再说，第二次徐州会议的内容被日本特务探知，天津的日本驻屯军司令石光真臣少将，请直隶省长朱家宝写了一封介绍信，去徐州与张勋见面商洽。石光看到张勋的实力，及其俨然北洋盟主的地位，认定他可以成为北洋系的掌门人。于是，拥段拥张，政府和军方各执一词。

听了军政双方的分歧意见，寺内正毅首相不好定夺，遂于 1917 年春天派遣军部参谋次官，侵华急先锋田中义一来华考察。田中是个军人兼政客的野心家，臭名昭著的"田中奏折"就是出自他的手笔。他还是个不折不扣的"中国通"，对于中国的情形他了解得比一般中国人还要清楚；诸如各地的名胜古迹、山川风景，他娓娓道来，如数家珍，了如指掌。田中到了中国，穿着一身笔挺的西装，彬彬有礼，态度娴雅，根本不像军人，倒像是个文人墨客。田中一行只有三人，其中一个是他的翻译中岛比多吉，此人说得一口流利的北京话，且是围棋高手，还是段祺瑞的棋友。

负责接待的陆军部让讲武堂堂长陈文运陪同田中，到各地游历、考察。田中一行于1917年4月份，沿津浦路南下，第一战就在徐州下车，自然是为了会见张勋。朱家宝、雷震春、张镇芳等人特意给张勋写了一封密信，告诉他：

> 闻田中次长乃寺内腹心，远道来华，实欲调查各方何人可助。对于我辈宗旨似甚赞同。兹借谢一庵（介石）前往招待之便……想铃辕樽俎之间，定能随时应付也。

在信尾，又加上一句：

> 如抱从前宗旨与田中谈，只可请其赞成，不可求其帮助，倘处处求彼，则彼笑我毫无力量矣。

田中在徐州和张勋的密谈，以及下一站在南京和冯国璋的密谈，持续了两三个小时，都只有翻译一人参加，所谈何事，外人不得其详，但后来张对人扬言，日本是支持他的复辟主张的。不过这是张勋的一厢情愿，其实田中对复辟一事并未明确表态，后来到了北京会见了日本公使林权助，更是不同意此时复辟。接着，田中又经过上海、杭州，然后溯长江西达武汉——这时，第二代日本在华特务头子坂西利八郎的副官，后来成为第三代特务首脑的土肥原贤二，也加入进来（第一代乃袁世凯政府顾问青木宣纯）。田中从武汉转回北京，取道东北回国。一路上，他和浙江督军杨善德、湖北督军王占元、奉天督军张作霖都进行了长时间的密谈。其中，只有张作霖向陈文运透露了密谈的内容。田中对张作霖说："中国的辛亥革命成功，实现共和，都是在日本的支持下完成的。可是最近日本政府考虑，共和政体与中国的国情不合，最好还是恢复帝制，请宣统皇帝重新出来执政。"张作霖请陈文运回京报告段祺瑞，老段只轻飘飘地说："张作霖是个头脑清楚的人。"

再说，田中见过张勋后，对中国政局的看法竟与石光的意见一致。不过，为了慎重，田中临别时嘱咐张勋，等他回国向寺内首相汇报之后，再采取行动。他于6月4日到北京后，召集林权助、青木宣纯会议，准备支持张勋复辟的计划。但林权助认为张勋的办法虽然可行，但嫌张勋力量不足，须求得徐世昌、段祺瑞等北洋系的支持方可。于是，田中又到天津访徐、段二人，但徐的态度模棱两可，段则坚决反对。而且，这时天津的总参谋处进展不顺，各国全都采取不承认态度，使田中知难而止。

6月6日，田中派译员中岛比多吉到徐州见张勋，告诉他各省的态度实在暧昧得很，不可轻易相信那些人的签字保证，所以不要轻易北上。但是张勋同意北上的复电已经发出，举国皆知，不便轻易改变行止，只好带着少量的人马，北上先看看形势再说。6月7日，张勋路过济南的时候，张怀芝到车站迎接，上车和张勋说，形势不利于马上复辟，千万不要照以前的协议办事。张勋斥责他道："当初你也是积极赞成的，现在大军已动，你应该坚持，怎么能畏首畏尾？"张怀芝被驳得不敢再置一词，在德州下车离去。沿途车站转来的各地给张勋的电报，也多认为现实不宜照原议行动，请他慎重行事。等他8日到了天津，迎接他的朱家宝也说，形势变化，还是不要轻举妄动，张勋这才留在天津观望形势。

张勋在天津受到了冷遇。

张勋到天津的当天晚上，段祺瑞闻讯即赶来看他，两人交谈了很久，段对张说："大哥来了很好，到了北京首先要维持治安，这是要紧的事。别的事也可以办，只是保清帝复位的事还不到时候，即使勉强办了，就算北方答应了，南方也不会答应，我看这件事还是慢慢办的好。"张没有说话，只是点了点头。不过，段并没有把话说死。6月14日，张勋去北京那天的上午，他带着 15 辆福特小轿车的车队，回访了段祺瑞。二人交谈了近半个小时，段送他出来时，说："好吧，你到北京看着办吧！"话中有话，这其中的火候实在令人玩味不已。

徐世昌和张勋也多有接触，讨论过复辟一事。

阮忠枢曾于 4 月 19 日向张勋建议，拥戴老徐为临时大总统，等过一两年之后，国势稍定，再经徐之手归政清廷。张勋也曾考虑过这个建议，但是，万绳栻、刘廷琛、胡嗣瑗等人对老徐插手复辟一事，极为怀疑、排斥。老徐见了张勋又把任辅政王的旧话重提，张勋仍然不愿意接受。老徐见自己的意见不被采纳，热度有些降了下来，但他并不就此罢手。在张勋进京之后，他又派钱能训两次找张，提出两个备用方案。其一，复辟后实行国民投票，以定国是；其二，先设立元老院为最高权力机关，以张勋、徐世昌、段祺瑞、王士珍、冯国璋、陆荣廷等，再加上两三个国民党。这些办法也都被张勋的策士们否定了。

李经羲也来看他，并恳切地对他说："大哥此来，天下议论纷然。以效忠清室言，我李氏子孙当有义不容辞之责，但是正是为了清室打算，遽然行复辟之事，绝非好事。大哥到底想要如何，望直言无讳告知在下，也好做个准备。"张勋漫应道："我虽然一直有这个志向，但时机未到，也不可强求。国政还是请你做主，不要顾虑此事。"李的心思才稍微安定一些，并打定主意，不许一个复辟派，如张镇芳、雷震春之流入阁。

张又和诸多军头、政客会面，征求各方面对过去在徐州所谈复辟计划的意见，以相机行事，做最后的决定。结果，大多数人对复辟不抱乐观态度。张还特意拜访了他的拜盟兄弟小德张，他对小德张说："你还不跟我进京，伺候咱们的小主人去？"小德张问道："你是怎么跟各省合计的？"张勋说："只要皇上一登基，他们全都拥护。"小德张连连摇头说："不妥，不妥，要么不来，要来，不能只带这么一点兵。"张勋安慰他说："这些兵也就足够了，我已经和曹锟说好，许他直隶总督、议政大臣；还有李长泰，许他的九门提督。加上他们的兵力还不行吗？"小德张还是说："我不去，我在北京待了这么多年，我知道北京的情况，你那点兵，镇不住啊！你不如坐镇徐州，派兵过来，让徐世昌、王士珍他们谁揭这个盖子都行，你袖手旁观，到时谁都得听你的。"

张勋见各方面都冷淡，心知复辟这步棋还是慢走为上。

2 张勋提出最后通牒

张勋莅临天津，他的辫子兵驻扎在北站一带，他本人回到原来德租界的住宅。张的原配夫人曹琴常年住在天津，经常为定武军的饷械而奔波于京津之间。

到了天津之后，对张勋忠心耿耿的定武军统领苏锡麟受张文生的嘱托，将徐州会议上众人做的圈套说给了曹夫人，要她务必劝阻张勋不要行复辟之事。曹夫人和张的一些幕僚确曾苦求张勋，甚至跪地哭求，但张勋终于不能采纳。

张的幕客张文通曾有诗记载云：

> 汉家易帜又纷然，歌管迷离正绮筵。
> 谁信溃堤风雨夜，有人曾此塞涓涓。

张勋动身之前，康有为曾到徐州，为复辟一事对他面授机宜，嘱咐他务必留意六件事：

> (1)应实行虚君共和制，政权归于内阁，责任内阁对国会负责。
>
> (2)虚君可以避免府院冲突，以及争当总统而起革命。
>
> (3)国务总理由徐世昌担任为宜，各省军政长官不宜变动。
>
> (4)徐州的三万军队，调一万进京，一万留徐州，一万守津浦路。再调冯德麟军一万守京奉路。若兵少，不能起震慑作用。
>
> (5)务必把段祺瑞挟至北京，监视起来，不可叫他留在京外。
>
> (6)遗老无知识，不明世界大势，所以用人切切谨慎。

张勋当时唯唯听命。不知他是心不在焉，没听进去，还是没有听懂，总之，后来他一条也没按康“圣人”的意思办。

再说，黎元洪虽然平庸，但也看出，调停府院之争，何用带兵五千？他知道来者不善，遂派夏寿康及公府秘书瞿干卿赶往天津见李经羲，想通过他劝止张勋带兵进京。瞿先找到张国淦，想先研究一个挽救危局的办法。张国淦说：“我看找李经羲是不中用的，他对张少轩说不起硬话来，再说张也未必听他的。还是请你转呈总统，此时有力量能够阻止辫子兵入京的只有一个段芝老。总统要快下决心，即日起用他为国务总理，他抢先到了北京，辫子兵也就不敢进京了。”

瞿也觉得张国淦的话是解救危机的不二法门，可是他又想：“一会儿免他的职，一会儿又起用人家，总统的话岂不成了儿戏？”张国淦向他晓以大义说：“黎总统首创民国，何忍见其亡于本人之手！今天的事，是意气用事好呢，还是抢救民国好呢？”瞿一想的确是这个理儿，便于次日就把这个意见带回了北京，黎认为事情到了这一步，也只好忍气吞声向老段服输了。可是，他身边的几个不出好点子的人又出馊主意了：“千万不可中了段的诡计。不要听信那些没有影子的谣言，现在光天化日之下，哪个敢复辟？退一步说，今天的事情，宁肯断送于老张的手里，也不能再让那欺负总统的人回到总理的位子上！”黎的耳根子本来就软，遂说道：“一点不错，我们要贯彻宗旨于始终，不可中别人的计。”

夏寿康曾就复辟的传言，诘问过李经羲，李请夏向黎总统转达：“张大帅绝对不会复辟。”夏问李：“那张为什么带这么多的兵来？”李拍着胸脯答道：“这些兵绝不进京！”

夏寿康比瞿干卿晚回来一步，带来了张勋的六项条件：

(1)解散国会。

(2)解散各省议会。

(3)实行责任内阁制。

(4)改订宪法。

(5)惩办宵小。

(6)赦免政治犯(实际是洪宪帝制犯)。

老张并托夏寿康带话给总统:“以上条件限于二十四小时答复,总统若有一项不同意,我张某人即刻回徐州,以后有天大的事,再不要来找我!”

还没等到黎的答复,张勋又在天津发出通电,内中谓:“国会前度之解散,出自首座领衔之呈请。”这说的是袁世凯时代,解散国会时由各省武人联名发表电报,黎当时是鄂省都督兼副总统,是列名首位的。今天张勋重提往事是“以其人之道,还诸其人之身”,一下子,把黎的嘴给封住了。调停人的嘴脸暴露无遗,原来比倡乱者还要可怕得多,黎总统陷入了请鬼容易送鬼难的尴尬境地。

这时一个名不见经传的武夫,绥远旅长王丕焕公然通电“反对共和”,要求“变更国体”。全国南北一片乱哄哄,熊希龄通电反对复辟,孙文电请西南各省起兵讨伐,连那个八面玲珑的徐世昌也提出三点主张:维持总统地位,恢复段内阁,解散国会。

美国鉴于中国的政潮起因于参战问题,于是提出“中国参战问题尚居其次,第一要统一内部”的忠告。唯恐中国不乱的日本听了,不以为然,向老美发话道:“我们日本何时干涉过南美的政治,请你们也不要过问中国的事情。”

3 国会解散了

张勋不等总统表态,于6月9日命令辫子兵先头部队两千人开进北京天坛、先农坛一带驻扎,使阴云密布的北京城,更加闹得满城风雨。辫子兵们蓝衣红帽,手持大刀长矛,蜈蚣旗随风飘舞,也使北京人大开眼界。这时,黎又想起李经羲来,当初找他是为了对付督军团,现在又借重他来疏通张大帅了。李经羲又能管得了多少事?言不由衷地说:“少轩想要复辟是毋庸讳言的,但现在还不到时候。他此行的目的是为了解散国会。他是个血性男子,倘若总统结之以恩,多采纳他的主张,他是必能为总统所用的。”黎知道他是在自说自话,可是事到如今,只好“姑妄听之”了。黎吩咐将公府大礼堂收拾出来，所有陈设更换一新，作为辫帅的下榻之所，以前这里只招待过冯国璋一次。

但是，张勋的前提条件是解散国会，为此伤透了黎的脑筋，犹豫不决了十几天。他特意找来袁世凯时代的日本法律顾问有贺长雄，咨询他关于解散国会是否于理有据。那个挣着中国人大钱的日本人似是而非地解释说："召集旧国会议员开会，本身就是错误的，解散国会不妨看作是纠正错误的一种办法。而且约法上并无不可解散国会的条文，可见解散并不违法。"权衡利弊之后，黎决计屈从张勋所请。解散国会命令拟好后，黎派步军统领江朝宗领着一群人，拿着命令去找代总理伍廷芳签字副署。江朝宗见了伍，请他务必帮总统一个忙。伍本来就是同情国民党的，自然不肯副署这样的命令，说："职可辞，名不可署！头可断，法不可违！"江还在哀求说："事情闹僵了，于总统和你老都有不利之处。"伍博士本是研究灵魂学的专家，开导江说："我研究灵魂学多年，近来颇有心得。人终有一死，灵魂却是不灭的，善人灵魂得安乐，恶人灵魂受痛苦，我今天不署这命令，充其量不过一死，但死后灵魂却永得安乐。"江目前管不了灵魂问题，却要向总统交差，遂一个劲儿向伍老博士磕头作揖，还继续啰嗦。伍索性闭目养神不再理他。张勋知道此事后，想方设法，威逼利诱，无所不用其极，伍就是不为所动。张束手无策，反过来压迫黎，因为伍的代总理是黎所任命的，解铃还需系铃人嘛。黎此时已成惊弓之鸟，忙不迭地于6月11日召见伍先生，劝他以民国为重，副署这道命令。伍明白黎的意思，干脆以有病为由，避而不见。黎的策士夏寿康竟然想要以提拔伍廷芳的儿子伍朝枢为诱饵，促使伍签字，气得伍氏父子认为侮辱了他们的人格，更加坚定了其拒绝副署的决心。

黎想把球踢给张勋，说："不是我不想解散国会，是没有副署命令的人啊！"

谁知张勋不理这些："这种命令，要副署何用？只管从速发表就是！"把球又踢了回来。

黎没有法子，只好派夏寿康到天津找李经羲，请他以新任内阁总理的名义副署。李却不想惹麻烦，连忙说，他是尚未到任的总理，无权副署这个命令。

夏寿康实在无法可想，厚着脸皮登门拜访老段，请他这个帮忙。段哪里会帮他，连说："不成，不成！我是已下台的人，怎么能副署命令呢？"此前，老段还以"合法总理"自居，此时忽然又承认"下了台"。黎已经免去段的职务，此时又去找他，全都是自相矛盾的做法。这些笨拙的政客们，虽然全是为了自己的利益，在这里变戏法，可是毕竟还有个法制的幌子在头脑之中。比起那些无法无天的独夫民贼来说，多少还有些可爱呢。

黎曾经暗示国会自行解散，可是那些议员们却不加理睬，硬是赖在那里不走。

黎又请王士珍到总统府来，请他以京津警备总司令的名义函请国会自动休息。王回答说："我既无此职权，也无此先例。"黎又以商量口吻道："聘老帮帮忙，先代理总理，然后副署如何？"王答道："总统一定要逼我，我只好离开北京。"黎忙说："千万莫提离开北京，要走大家一起走！"

段祺瑞现在又何曾安心呢，他发现督军团中真正站在他一边的寥寥可数，大多数是在观望形势。有人捧徐世昌，有人附和复辟，有的是冯国璋一党，他想要呼风唤雨指挥一切已是没有可能了。

6月12日，张勋在天津发火了："24小时的期限已过，我要回徐州了。"黎慌了手脚，他怕老张真的回去造反，想随便抓个人来副署命令就算了。其实，他没有想到，张勋真的回徐州，岂不是解了北京之围吗？黎急忙召集各部院高级官员开会，众人推江朝宗以代理总理名义副署了命令，总算渡过了这道难关。黎大总统又另发一电，自述苦衷：

> 国会再开，成绩尚渺，宪政会议于行政立法两方权力，畸轻畸重，未剂于平，致兹口实。皖奉发难，海内骚然，众矢所集，皆在国会。请求解散者，呈电络绎，异口同声。元洪以约法无解释明文，未便破坏法律，曲徇众议，而解纷靖难，智力俱穷，亟思逊位让贤，还我初服，乃各路兵队，逼近京畿，更于天津设立总参谋处，自由号召，并闻有组织临时政府与复辟两说，人心浮动，讹言繁舆，安徽督军北来，力主调停，首以解散国会为请。迭经派员接洽，据该员复述，如不即发明令，而行通电卸职，各省军

队自由行动，势难约束等语，际此危疑震撼之时，诚恐藐躬引退，立启兵端。靡特国家政体，根本推翻，抑且攘夺相寻，生灵涂炭，都门首善之地，受害尤烈！外人为自卫计，势必始以干涉，终他保护，亡国之祸，即在目前。元洪筹思再四，法律事实，势难兼顾，实不忍为一己博守法之虚名，而使兆民受亡国之惨痛，为保存共和国体，京畿人民，保持南北统一计，迫不得已，始有本日国会改选之令。忍辱负重，取济一时，吞声茹痛，内疚神明……

黎元洪解散国会命令发布后，人们对“九字总统”又有了新的诠释：不违法，不盖印不？怕死！一个标点之差，活画黎总统以个人为进退原则的嘴脸。中国人的春秋笔法，能不使当政者凛然心惊乎？

黎元洪的电文传到天津时，研究系的几个议员正在段芝贵的家里闲聊，小段一边念着电报一边笑着说：“黎宋卿好可怜啊，想不到他也有这一天！”有个议员说：“老黎是倒定了，不过下一步怎么应付那个大辫子呢？他动不动就要复辟，你们老总跟他也是貌合神离……”蓝公武接着说：“张勋要真的实行虚君共和，不失立宪国家精神，我们未尝不可牺牲自己的主张。只是他这个老粗哪里懂得什么宪法？不过如果他抖起黄龙旗，开唱《大保国》，倒是我们做文章的好题目。”段芝贵也附和说：“的确是个好题目，这篇文章恐怕还得推我们的大文豪梁任公先生来动笔了。”众人哈哈大笑。

黎以为解散了国会，张勋总可以打消复辟的念头了，可事实正相反，老张现在无所顾忌，复辟的决心更加大了起来。一时间，北京城里人心惶惶，人言汹汹，道路传闻都说，复辟就近在眉睫了。黎菩萨这时手足无措，只好又派夏寿康秘书长到天津，阻止辫子兵进京。一日之间，专车往返三次，但是张勋拒而不见。李经羲又下了一个保证，不过改了说辞，道：“大帅虽然带兵进京，但保证不会复辟。”

中国文人好借古讽今，有人责怪黎元洪召张勋进京，正像东汉末年大将军何进召董卓一样。章太炎骂李经羲好比是唐朝末年的崔胤召来朱温。孙洪伊从另一角度骂：“北洋系乃我国中心势力，以五光十色，千奇百怪，儿戏乌合之十九世纪旧式营伍装缀于庄严灿烂之军系上而为代表，不亦为北洋之羞耶？”既骂了北洋，还捎带骂了张勋。

二　张勋进京

1 重新找题目

1917年6月14日，张勋带着二太太邵夫人、小妾王克琴、傅筱翠及子女离开天津进京。当时的那番景象可是非同小可，从他在德租界的住宅经金刚桥到北站，五步一岗，十步一哨，如临大敌一般。设在大经路中州会馆的“总参谋处”恰是其通过之地，只见松枝彩楼高搭，五色国旗高悬，欢送大帅进京。到车站欢送的人员，都事先由有关部门核准发给通行证，才能进入车站。同行的有李经羲、张镇芳、雷震春、段芝贵等，还有老李当初保证不进京的辫子兵三千多人，也同车开拔。在火车上，报童们向乘客兜售新出版的《红楼梦索隐》，雷震春说：“不要看索隐了，我们到北京索隐去吧。”似乎是一副胸有成竹的样子。

至于北京方面，正阳门京奉车站早已张灯结彩，各机关首长、代表先期等候在那里，恭候大帅的专车到达。站内的警卫由定武军的先头部队担任，站外则是京师警卫部队担当，只见一个个持枪佩刀，雁翅排列，总有上千人之多。张的专车徐徐进站之后，黎总统的代表丁纽芳最先登车晋见，其次是代理国务总理江朝宗、陆军第十二师师长陈光远、警察总监吴炳湘、交通次长李思浩、财政次长高尔谦等。次长以下的官员只能远远地看着，没等到他们看清张大帅的辫子到底有多粗，呼啦啦人群散开，原来大帅早已离开了。

北京市里面，其热闹的场面也是自袁世凯出殡后所未有，那天，自前门车站至南池子张宅，沿街铺黄土，一路上军警密布，辫子兵分段站岗，城楼和城墙上面站满荷枪实弹的士兵。张的汽车未到之前,先派马队驱赶行人,东、西城断绝交通达四个小时。张勋的座车前面有马队为先导,只见坐在汽车中的张勋头戴瓜皮小帽,前面嵌有宝石两方,脑后垂辫,身着纱袍外套金边黑马褂,脚登乌黑缎鞋,完全是前清时的打扮。他个子不高,矮墩墩的身材,满面红光,两道粗眉,并没有武将的做派,倒像是个皮货商。相形之下,瘦弱的李经羲显得更加渺小可怜,这个行将就木的老政客,明知前面是火坑,还偏偏往里跳,为的是要当两天国务总理。

辫子兵到了北京,其军纪之坏是八国联军入京以来所未有。这些头上包着青布包头的兵爷们横冲直撞,倚仗着脑后一根辫子,看戏不买票,买东西不给钱,调戏女人不犯法。南河沿张勋公馆外面,天一黑就戒严,偶尔看到一两个像模像样的人物,辫子兵就要行搜身大典。搜出一只金表来,先骂一声:"他妈的,这不是外国炸弹吗?你想炸我们大帅?操你娘的!"接着一个免费的耳光掴过去,"炸弹"没收,人轰走。有个日本魔术团正在北京演出,辫子兵照样闯了进去,不料日本公使馆马上提出抗议。张勋在1913年曾因在南京误打日本人,引起外交纠纷,把到手的江苏都督丢掉了。这次听说日本人抗议,连忙向几个变戏法的日本人交涉,除道歉外还告诉他们,以后辫子兵进场的票价统一到军营来拿。

伍廷芳、伍朝枢父子于同一天微服化装出京。

张勋到京后,和家眷住进南河沿公馆,虽然总统府正张灯结彩等候着他。定武军的两个统领苏锡麟和李辅廷带着队伍驻扎在天坛。

张大帅进京的次日,6月15日早晨,黎总统派秘书长夏寿康亲自到南河沿张宅去迎请大帅。直到9点钟,这位辫帅才启驾动身,先访过了王士珍,才到总统府。黎以盛宴招待徐州的贵客,作陪的有王士珍、李经羲、江朝宗等。

张勋以书面形式向黎元洪提出解决时局的五条办法,即:

(1)组织责任内阁,

(2)召集宪法会议,

(3)改良国会规则,减少议员名额,

(4)赦免政治犯，

(5)屏退公府佥壬(宵小)等。

然后，辫帅又当面向黎提出三个条件：

(1)将优待清室写入宪法，

(2)订孔教为国教，

(3)定武军增加二十营。

黎只说了句“让我考虑一下”，结束了二人的会见。其实，在张大帅大兵压境之下，哪里有他黎总统的考虑余地，很快张勋就收到了黎亲笔签字的同意函。黎元洪也向张勋提出，请各省取消独立，各省军队撤回原防地等。总统居然向一个省的督军乞求，这也是民国出现的笑话。不管怎样，张大帅成了北京的新主人。

这时，张勋的威风真是如日中天，亦为他一生的巅峰。北京宣武门外大街的江西会馆是当时京师首屈一指的西式建筑，里面有花园、戏楼，自备发电机发电，屋里一式新式家具，都是张大帅捐赠。南昌会馆也是他捐赠，而在京的奉新县会馆竟有五处，东西南北中雄踞对峙，所以江西人到了北京不愁找不到住处。在北京读书的江西学生，都有张大帅发给的奖学金，奉新县的子弟更以各会馆空房出租的租金，按月发给作为补助。

张勋进京后，先拜见了皇叔载涛，载涛特意在大书房接见了他——平时他只在小书房接见一般的客人，两人密谈了很久，至于谈的什么则非局外人所知，也不便妄测。6月16日，张勋进宫觐见溥仪“恭叩圣安”，溥仪在养心殿传见。张勋诚惶诚恐地向“小皇上”道出自己平日复辟清廷的抱负，不想圣上并不领情，连连摇头认为不妥。张勋忙问：“皇上为何不想复辟？臣愿一闻圣虑。”这位十一岁的圣上天真而稚气地答道：“师傅陈宝琛每天教我经史诗文，我哪有工夫管别的闲事啊？”张勋跪在下面叩头如捣蒜，道：“皇上若是即了位，必须管理国家大事，不能尽是一味地念书。”溥仪问道：“如果我当了皇上，就真的可以不再翻书本儿了吗？”张勋说：“自古皇帝都是善骑射，能征战，哪里有只知道读书的皇帝呢？”果然，溥仪听了十分高兴，遂道：“若如此，即可按你的计划行事，我就按你的安排行动是了。”说罢，张勋送上两箱子的贡品。内务府大臣世续代表溥仪，赏张勋以“紫禁城骑马”的荣耀，并赐给了名瓷、书画。张勋从溥仪那里出来，又跑到翊坤门外，笔直地跪了一刻钟，向“留守”清宫的四位太妃(同治皇帝的三个妃子，还有光绪皇帝的瑾妃)请安，四位太妃特意赐宴为张大帅洗尘。

接着，张勋以调解人和大盟主的身份向各省发出取消独立的通电，略谓：

> 入京后折中各方意见，条举磋商，如组织责任内阁，召集宪法会议，改良国会规则，减少议员额数，赦免政治旧犯，屏退公府佥任等事，均蒙主座批准，则收束军事，亟应实践前言。电到之日，请即取消独立名义，调回军队，勋俟部署稍定，亦当率部回徐。

截至6月20日，独立各省都取消脱离中央的宣言，连天津的总参谋处也宣告解散。

话说张勋到京之后，各方人士无不来奉承大帅，真是三日一小宴，五日一大宴，美酒加美女把张大帅的脑袋弄得晕头转向，颇有乐不思蜀、流连忘返的意味。这时，他对政局拿不出自己的主张。虽然，复辟是他一贯的理想，但是在中外各方面形势并不明朗的情况下，他也只有走一步算一步——老粗人也有他的精明之处。眼下，既然李内阁已经出台，先看看反应再说罢。所以在那

溥仪与他的师傅陈宝琛(右)、朱益藩(左)

风雨欲来之际，北京倒显得格外的宁静起来。可是，这中间急坏了几个热心复辟的人。

张勋和他的策士刘廷琛、胡嗣瑗、万绳栻等人当初在徐州计议的如意算盘是，张勋率领军直抵北京，利用当时段内阁刚被免职，督军团与国会、总统正相持不下的形势，迫使黎元洪退位，解散国会，然后提出以复辟为排纷解难，解决时局的唯一办法。这时，徐州之盟，言犹在耳，各省刚刚宣布独立，即使那些人言不由衷，也不会这么快就出尔反尔。

可是，政治形态瞬息万变，张勋只在天津耽搁了七天的工夫，形势就全然不同了。现在国会已经解散了，李经羲内阁也已经通过了，对手不存在，对峙状态结束，复辟还有什么借口呢?

随同张勋入京的胡嗣瑗、万绳栻，还有在天津观望的刘廷琛、陈毅、章梫等人搜索枯肠，费尽心机反复合计，才另外想出一条锦囊妙计。那就是先用欲擒故纵之计，让李经羲放手去拼凑他的内阁，暗中策动各省督军们一致反对，造成倒阁的态势，然后利用这场新的纠纷，为复辟寻找借口——这就叫“乱中取胜”。章梫(1859—1949)字一山，外号“一撮毛”，浙江三门海游镇人，清末翰林，曾任京师大学堂提调(大致相当于系主任一类的官职)，和王国维是莫逆之交。其子章以吴(1897—1983)是朱启钤的女婿、周恩来的同学，其孙章文晋(1914—1991)，曾任外交部副部长，驻美国大使。

2 反对李内阁

李经羲夹袋中最初的内阁名单是：

外交：梁敦彦

内务：袁乃宽

财政：张镇芳

陆军：雷震春

海军：萨镇冰

教育:蔡儒楷

农商:李盛铎

司法:钱能训

交通:杨士琦

其中大部分是洪宪帝制派或是复辟派,而且原来曾拟劳乃宣为内务总长,由于其政治色彩太特殊,才改为袁乃宽。这张名单实际并非出自李经羲之手,而是上一年秋天,张勋推戴徐世昌组阁时,由张勋亲自拟定的——所以与其说是李内阁,毋宁说是张内阁。

段祺瑞一派岂能容忍李经羲登场?若是李内阁树立起来,自己岂不失去了东山再起的机会?于是千方百计地向阁员们施压,阻挠李内阁的成立。

此时报纸上攻击说,李内阁多是黑籍中人物(吸鸦片者也),讥之为"芙蓉内阁"或"凌烟内阁"。李经羲被舆论所困,颇有踌躇之意。一天张镇芳来见李经羲,李把报纸的议论给他看过,意欲让他知难而退。张悻悻而退,对人说,以我的资格当个阁员还不是绰绰有余,他李九却有眼不识泰山,不出十日,我要是不当度支部尚书,就不是条汉子。于是,张镇芳加紧了对张勋的复辟游说。有人分析说,张勋的复辟关键棋子是张镇芳。

各省督军除受了胡嗣瑗、万绳栻的策动之外,他们不喜欢这个名单也是实情。再有,军阀之间的利害矛盾,个人之间恩恩怨怨谁能说得清楚?果然,过了几天,各省反对李内阁的通电如期而至。张作霖在6月14日的通电中说,李经羲不肯副署解散国会的命令,乃是由于和南方的国民党有了勾结,因此他建议仍然恢复段祺瑞内阁。曹锟15日通电还建议成立以王士珍为首的军人内阁。继而,阎锡山、张怀芝、杨善德都发来电报,虽然推谁为总理各有分歧,但反对李经羲则是一致的。李内阁是张勋一手扶植的,此通电不啻否认了张的盟主地位,更加难堪的是电报中不乏指桑骂槐的字眼,把老张气得七窍生烟。张何曾是服软的主儿?也跳脚骂街道:"好,好,很好!反对李内阁就是反对中央,反对中央就是造反!我对李内阁本来也无所谓,但有责任维护中央权威,谁造反,我就打谁!"

洪宪时代被袁世凯封为“嵩山四皓”之一的李经羲，老来蹚了一次浑水，落个上不来下不去的境地，好不尴尬。可是他还不死心，非要过把瘾不可，假意让贤给王士珍。其实早有人多次吁请聘老出来，聘老岂是轻易往火炉里跳的人，只轻飘飘地说：“仲老（李经羲字仲轩）莫推到我头上，我一定帮你就是了。”有了这话，李又来了精神，愿意“牺牲一身，三月为限”，终于在6月24日宣布就职。就职次日，李总理第一个发表王士珍为参谋总长兼陆军总长，萨镇冰为海军总长，程璧光为海军总司令，他本人兼任财政总长。李经羲以为，有了王士珍这个北洋元老帮忙，督军团肯定不会再反对了。这位老先生真的是老天真，以为王士珍的允诺就那么神奇，却忘记了聘老是典型的黄老之徒，向来是不负责任的。他又哪里知道，自己不过是给人当成了一场闹剧中的道具而已。

再说，张勋虽然放出“谁造反，我就打谁！”的狠话，但这仗岂是轻易打的？何况他最了解他的辫子兵，看蹭戏时冲锋则勇矣，打仗时冲锋却靠不住。老张此时也尝到被架空、晾台的滋味，只好天天打电报，派代表，向各方疏通意见。疏通尽管疏通，各省军头却不买账。倪嗣冲、曹锟、张怀芝、张作霖四员大将公然草檄讨李，劝他“不如适性烟霞，优游自得”，躺在一边抽你的大烟去吧——原来李鸿章这位胞侄每天都要吸二两的烟土。张心急如焚之际还曾想拼凑一个六巨头元老会议，拉拢徐世昌、冯国璋、陆荣廷、王士珍、段祺瑞，再加上自己，这六个人发话，那些后生小辈们还敢不服吗？谁知，老徐第一个泼了他的冷水，因为徐世昌已经和段取得联络，知道张勋不过是走到底的卒子，已无能为矣。

老张不得已抬出北洋元老王士珍来，和他联名通电疏通李内阁。这样，6月17日，冯国璋、田中玉、杨善德、赵倜才回电表示：“对内阁无成见。”张作霖也表示“不坚持己见”。在各省都取消独立之后，6月24日，李经羲才像怕见公婆的丑媳妇一样，羞答答地正式通电就职，并自我感觉良好地声明只做三个月——实际上只做了一个礼拜。鉴于上次的内阁名单引起偌大的麻烦，李总理想仿效当初熊希龄的名流内阁样板，也来拼凑一个“第一流的人才内阁”。不过他的流品标准与其他人不大一样，例如，他夹袋中的理想人物是：

内务：赵尔巽

教育：严修

交通：汪大燮

农商：张謇

司法：汤化龙

可是他不想想，严修、张謇这种连袁世凯都请不动的人物，他李经羲算老几？

李把事情看得太轻巧了，一个风雨飘摇的内阁，在一片反对声浪中，仅靠那个并非众望所归的张大帅为后盾，能够支撑多久呢？更何况，张勋并不真正支持他，不过借他作为复辟的一块跳板而已。不说真正名流不屑入此内阁，就是那些急于过总长之瘾的假名流，谁肯在这时候去惹麻烦呢？果然，严修以八字作答："八年山居，敬谢不敏。"张謇逞其状元之才，极尽调侃之能事，因原电有"佛入地狱"之句，遂回电道："果佛也然后可入地狱，公奈何预约短期作佛，而又强非佛者同入地狱？地狱沉沉，愿入者多。謇薄劣衰退，无此宏愿。"赵尔巽干脆不理他，连回电也懒得回一个。

既然凑不成第一流的人才内阁，老李只好退而求其次，找来一些二流人物来垫背。可是凑来凑去，他手里还是个残缺不全的内阁，开始只公布了财政、陆军、海军三个部的阁员。到29日，又公布了司法、农商、交通三部的阁员，其中还有一个是他自兼。

财政：李经羲（兼）

陆军：王士珍

海军：萨镇冰

农商：李盛铎

司法：江庸

交通：龙建章

组阁还是没有完成，老李不得已又到天津约汤化龙、张国淦，苦苦央求他们帮个忙。

当然，有人不屑进李内阁，也有人想尽办法要钻进李内阁。那个从洪宪帝制时就热心拥戴的张镇芳就是一个。张镇芳是河南项城人，和袁世凯有点远亲关系，曾做过河南的民政长，因刮地皮刮得太厉害，给河南人轰了出来。老袁死后，他沉寂了一阵，现在又攀上了张大帅。自从张勋来京后，他天天跑南河沿，想入李内阁当个财政总长。但是连李经羲都讨厌这个宵小之徒，宁肯自己兼任，也不给他做。最后张勋复辟后，到底给他一个度支部尚书的伪职，张镇芳感激涕零，跟在张勋屁股后头喊"宗叔"，因为二人都姓张的缘故。

再说，老李总是凑不齐他的班底，引起督军们鄙夷的目光。他们仍然推重王士珍组阁。张勋这时也懒得再为李老头费心思，赶紧撇清自己，致电各省督军道：

诸公敦劝聘老，何啻再三，而匪石之诚，竟不可转。聘老不担任，勋不得而强之，犹如仲轩自欲担任，勋亦不得而阻之。仲轩今就职矣，此时无论推举何人，亦谁肯横身插入！勋对此席毫无成心，凡我同胞，当能共谅。

电报不但否认是他支持李内阁，且把李说成是毛遂自荐要当总理的，真好像反手一掌掴在李的嘴巴上。而且，一口一个"仲轩"，不论李曾做过他的上司，既使对一个年齿较他为长的老者，这也不是礼貌的表示。看来，督军团给张大帅受的气，他反过来都撒在了老上司的身上。

张勋到北京之后，徐世昌两次派钱能训进京试探，大概是想看看自己能够在这权力大饼中分得多少？及至张勋发表他做弼德院院长，老徐知道这个老粗想要独吞，只剩下一些渣子留给别人，便决定改变方向了。各省来电询问他的意见时，他一律不予答复，可是给张勋的信中仍称其为"今天的狄梁公"

之类，给清室内务府大臣世续的电报中，开头就称：“天祚皇清，复正大位。”但却托病不入京。段祺瑞赴马厂前，征询他的意见，老徐模棱两可地说：“你去倒也可以。”

3 解题还需出题人

在各省督军起劲儿地炮轰李内阁的时候，由幕后大军师刘廷琛的策划，从津、沪两地各发出一封给辫帅的联名信。

天津遗老们在6月18日的信中写道：

> 李仲轩世受国恩，此次入都，义取排解，必不至别有希冀，贪旦夕之虚荣，致声名之俱裂。且各省皆不赞成，势已难成事实……若断行此举，中央巩固，内蒙、东省足为屏蔽。河间（冯国璋）稳健，不能有所异同。即粤省为乱党所勾合，龙（济光）军足以牵制。陆干卿（陆荣廷）亦有故主之思，必然与公一致。川省内讧，自保不暇。滇、黔两省，形格势禁，并无实力。是公进有万全，退无一是；进有不世之功，退蒙不测之祸。孰得孰失，不待智者而决矣。

这是为张勋实行复辟打气，不过这些乐观的估计，只能说是一厢情愿而已，到后来事实证明，算盘完全打错了。

6月23日，上海遗老们的信是这样写的：

> 此次大旆入都，名为排难，意实收京。公之素志，昭然若揭。天生我公以为社稷，列祖列宗之灵实式凭之……今公入都已旬日，犹未揭出正义，海内喁喁仰望，知公必有妙用存乎其间。然时机已迫矣！现国会已解散，黎公威望既堕，势难复居其位；河间亦知难而退，予行辞职。而今而后，民国已无存立之理，自非复辟不能立国。我公智深勇沉，乘时而动。其不知者，以为动天下之兵，其结局不过驱逐百数之议员，卵翼一李仲轩

之总理而已。其知者,知公必贯彻其万变不挠之初衷而后已也……公耿耿孤忠,可质天日。七载以来,几经艰难困苦,始有此千载一时之会,虽天所相,实我公之精诚有以感之。万世瞻仰,在此一举……

信后的列名有陈夔龙、瞿鸿机、李经迈、李经方等三十余人。不过,两封信实乃出自陈曾寿一人之手,所列的人名中间,许多人并不知道自己曾经写过这样一封信。

张勋也曾回信诸遗老,告知:"俟中外部署略已就绪,便当迳入正文,绝不敢稍涉因循。"除书面复信外,张勋并请陈曾寿代为邀请沈曾植、王乃征、郑孝胥等人北上,迎接复辟。陈曾寿于6月25日回到天津,正打算南下,又收到北京追发电报一封,告以沈曾植、王乃征已偕同康有为自沪启程,嘱其在天津等候。

原来,刘廷琛、万绳栻、胡嗣瑗诸人认为复辟的火候已经差不多,该是揭锅的时候到了。便一纸电报将康有为从上海召来。

康有为自戊戌变法以来,一直以保皇自居,是海内外复辟分子的一面旗帜,所以,复辟派的刘、万、胡诸人不能不借重他的名望——康、张一时并称"文武二圣"。康接电后,立即扛着行李于6月26日乘坐津浦铁路最末一班车秘密进京。康把胡子刮掉,化装成一个老农的样子,登上三等车厢后,以大蒲扇将脸遮住,怕人认出他。

康有为北上时,曾路过南京造访冯国璋,探他的口气,冯见他一副痴迷心窍的样子,便略带调侃地说:"这是一件大事,张少轩怕办不了,要是南海先生能居中主持,那就十拿九稳了。"所以康一直认为冯是靠得住的。冯的心理无非是借张驱黎,给自己出线制造机会。后来,黎逃入东交民巷时,密令冯代行总统职务,冯喜从天降,果然是天上掉下一个大馅饼,早把对张勋、康有为说的话忘在脑后去了。

6月27日,康有为、沈曾植、王乃征抵津。康圣人曾造访在津的徐世昌,老徐已经知道他的来意,不愿见他,以头痛推辞了。次日,康带着他拟好的"诏书",三人联袂入都。

6月28日火车路过丰台,康有为从车窗中见西山远远在望,一时难捺内

心的激动,即时赋诗一首:

> 廿载流离逐客悲,国幻生入岂能知。
> 长驱津浦有今日,大索长安忆昔时。
> 朝市累更哀浩劫,天人合应会佳期。
> 西山王气瞻葱郁,风起云飞歌有思。

康老先生心里寻思,自己戊戌年间曾辅佐光绪皇帝实行新政,那个老粗张勋听说我来了,不知会如何欢迎呢?谁知下了车,只有定武军的一个刘秘书来接,关照他说:“大帅说的,此刻入府,诸多不便,请康先生在别处暂避一下,晚上再请康先生过去。”康有为同着沈曾植、王乃征,面子有点儿落不下,但又不能发作,只好强忍着说:“我们上法源寺去吧,那里的方丈是我的老朋友。”刘秘书的马车把三人拉到广安门大街南边的法源寺。康有为哪里知道,事先张勋根本不知道请他进京的事,李经羲听到风声后跑来问他:“请康有为来京是什么意思?”张勋竟茫然不知。黎元洪也听说康“圣人”莅京,请人接他到公府一谈,康连忙说,连日旅途劳顿,改日再去谒见吧。康见外面已经露出风声,便扬言自己是来游览十三陵的。有人偏要刨根问底去找康的弟子梁启超,问他在天津见过康没有,梁说的确未见。原来,康素知梁不赞成复辟,怕他从中坏事,所以避之唯恐不及,哪里会找上门去呢?

晚上,康有为才和沈曾植、王乃征被请到南池子张宅。

康有为虽然和张勋一样,一直是坚定的复辟派,但是他的理想和辫帅,以及一般遗老们却是方圆纳凿,大有差别的。他游历过欧美,目睹了各国的政治体制,因此提出“虚君共和制”,召开国民大会实施宪政,行政归于责任内阁;再有为照顾广大汉民族的情绪,复辟后不要使用“大清帝国”的称号,而改用“中华帝国”等主张。因此多数遗老,并不把他视为同路,而且暗中排斥他,叫他“康土匪”。张勋对这些情况自然心里有数,所以故意作出安排,叫其他遗老下榻法华寺,而把康有为接到自己的南河沿公馆。张勋对康“圣人”执礼甚恭,却不让他参与机密大事。

可是康“圣人”醉心于戊戌年间曾一度参与中枢的辉煌，决心再次下水。还在上海的时候，他就替辫帅拟定诸多“诏书”的草稿，如《复辟登极诏》、《开国民大会以议宪法诏》、《召集国会诏》、《保护各教诏》、《免跪拜诏》、《免避讳诏》、《合新旧诏》、《亲贵不许干政诏》等等。可是，张勋是以磕响头为荣的，就这一点已和康“圣人”的主张背道而驰了，遑论其他。

7月1日凌晨，康有为又跑到三贝子花园(今天的动物园)找末代状元刘春霖借朝服，在“豳风堂”吸着烟，吟诗云：

六年四乱不堪悲，明主中兴万物熙。
鸡犬不惊金鼓静，驰驱九陌看龙旗。

讵料七天之后，九陌景色竟大不相同了！

第七章

民国、民国，几日蹉跎

一　复辟那一夜

1 就这样决定了

6月29日，张勋再次陛见溥仪，张密奏道："现在时局纠纷，不能统一，非请陛下复政，不足以救国救民。"按照师傅陈宝琛的教诲，溥仪说："我还小，哪能担当这样的重任？" 张叩头说："当初圣祖仁皇帝（康熙）登极时也只有八岁。"溥仪站起来说："我哪里比得上圣祖？"张再三叩首，溥仪才不再说什么。临退出时，溥仪又嘱咐说："你来京见到王爷（指其父载沣）没有？" 张答："尚没去谒见。" 溥仪说："你如果去见王爷，刚才说的一律不要提起，王爷胆子太小。"张勋听了，心想溥仪虽小，但也是个有心机的人。

6月30日，张勋有两个宴会要应酬，一个是江朝宗在外交部迎宾馆举行的欢迎宴会。本来欢迎宴会的主角是张大帅，李经羲不过是个配搭而已，谁知承办这个欢迎会的陆军部，只觉着李经羲是新任总理，在职务上要高过张勋，便在请柬上面将李的名字放在了前面，张大帅反而落在后面。当江朝宗卑躬屈膝地将请柬送到大帅府时，张勋一见不高兴了，指着帖子上的“午时”说：“李九爷抽大烟，咱可不抽大烟，我明天下午还有一个同乡组织的欢迎会，这时间得提前一会儿。”江朝宗连忙陪笑道：“既然大帅有事，那就提前到巳时（上午 10 点钟）吧。”江从大帅府回来后，赶忙通知各处，迎宾馆的宴会提前到 10 点钟开始。李经羲这个烟客是惯于把日夜颠倒着过的，只好一夜不睡，以免去晚了得罪大帅。可是，这个辫帅叫别人 10 点钟赴席，他却挨过 12 点钟后才来。可怜那几百个陪客饿得肚子直叫。尤其是李经羲一夜不曾合眼，早上吞了几个烟泡，让人架上汽车，9 点钟才过，就到了迎宾馆，为的是恭候大帅。这一来，可把他坑苦了。

不料，几个外国人不买账了，第一个退场的是俄国公使库朋斯基，接着，法国公使康悌也走了。江朝宗急得不得了，又不敢打电话催，只好派人去探消息，说是南河沿正在开会。张勋的确有事，因为那个日本浪人佃信夫刚刚从东京返回，张勋连忙接见。原来，佃信夫于 6 月回到东京，向寺内首相报告张勋准备复辟一事，并征询政府的意见。寺内本不主张操之过急，经过佃信夫一个劲儿地吹嘘张勋的实力，便改以“乐观其成”的暧昧态度。

再说，外交部迎宾馆那边，江朝宗只好左一个揖，右一个躬，请外交部派来做招待的几个参事科长，想法子把外国人圈住。好在日本公使林权助倒是满面笑容，不以为意，在那里谈笑风生。

终于等来了张大帅，立刻鼓号齐鸣，全场起立。张勋皮笑肉不笑地和江朝宗点点头，一抬头看见林权助站在远处，连忙颠着屁股跑过去和他握手，又和其他外国人招呼过了，这才在江朝宗的伴随下入席。他大马金刀地坐下，跟他来的一群大辫子们，不等主人推让，呼啦啦早把其前后左右的位子占满了。

李经羲赶过来和他打招呼，老张哈哈大笑说：“九爷，早哇，早知道你们都来了，咱该早点来伺候着呀！”李经羲强忍着哈欠道：“哪里，哪里！”一边退回到自己的座位上去了。

这天晚上，张勋又来到江西会馆出席江西同乡为他举行的欢迎会，并观看京城名伶的大汇演。从下午3点钟起，宣武门外大街就布满了辫子兵，三步一岗，五步一哨，江西会馆门前停满了汽车、马车。有些坐人力车来的客人，辫子兵看着他们寒酸，还要上前盘问一番，有的答话不爱听，就给轰走了，倒霉的还得饶上一个耳光。这天晚上预订的是十六个钟点的戏，北京的名角儿，不论男的女的，全被一网打尽。张大帅事先关照过：越热闹越好，酒席是北京八大饭庄联合承办的。江西会馆为了欢迎大帅，花了足足两万两银子，闹的这笔亏空，十年之后，还没还清。

这天的戏码有龚云甫的《钓金龟》、张黑的《盗杯》、程继先的《叫关》、杨小楼的《恶虎村》、俞菊笙的《金钱豹》、梅兰芳的《武家坡》，大轴是全体反串的《扒蜡庙》。正对着戏台中间的一席摆了一把虎皮交椅，大红绣花的椅垫，不用问是为大帅预备的。张勋是由阮忠枢陪着一起进来的，他一到场，台上锣鼓全停，照例重新跳过加官，也不管前面唱的什么，马上剪断，改由中和园坤班接演《铁公鸡》——这是大帅亲自点的。张勋落座之后，左顾右盼，乐不可支，自有一班胁肩谄笑之徒过来周旋。这个说："大帅宵顸勤劳，难得有此一夕之欢，敬大帅一杯吧。"那个说："帅夫人为何不一道过来，瞧，您兄弟媳妇早来啦，就为的伺候老嫂子呀！"张勋爱理不理地哼哈着，心里说，别看这些王八羔子一张张笑脸，心里不定打的什么鬼主意呐。

再说，今天北京全城之内人言汹汹，街谈巷议都说马上要发生政变，复辟就是这一两天的事儿。负责北京治安的吴炳湘、江朝宗二人虽然知道张大帅有此意思，但是具体如何安排还不得而知，所以急着要问个明白。他们知道直接询问张本人，准得碰钉子，遂向张勋的一个旧属刘文揆打听。这刘文揆官任两淮盐运使，是李经羲的侄女婿，长得面目姣好遂成了张勋的嬖臣心腹，人称"刘二姑娘"。刘文揆还有几分稳健谨慎，他曾多次劝谏过张勋，不可逆潮而动，因此和万绳栻势不两立，张勋反过来倒劝他，大计已定，不要再多说了。因此刘文揆对这事也是丈二金刚摸不着头脑，只好一溜烟跑到内院请教于二太太邵夫人。邵氏听了刘文揆的话头，心里又急又惧，连忙催着刘文揆赶快把大帅叫回来。刘一个电话挂到江西会馆，对方说是大帅已经打道回府了。

张勋在南河沿的府邸有好几个院子，家属住在内院，万绳栻、刘廷琛等人住在西院，刘文揆、李庆璋等住东院。却说张勋自江西会馆回来，一脚迈进了西院，只见万、刘及其他们的一群同党云集于此。雷震春、张镇芳见他进来，忙将他让到上座的位置，醉醺醺的张勋一屁股坐下后，不解地问道："我自己的家里，何必弄这一套？"张镇芳搭讪道："这样才好说话，我们是有重要事情禀报大帅的。"雷震春接着说："老大哥忠君爱国，这是有目共睹的。但是办事要抓住时机，现在时机成熟，要抓紧快办。再说，请皇上复位的事大家都签了字，这时不办要等到什么时候再办呢？京师地面上的军队，除了你大帅的定武军和吴旅长刘旅长的两个旅之外，一共有五个师的番号，第一师的蔡成勋，第十一师的张永成，第十二师的陈光远，第十三师的李进才，第二十师的范国璋。他们这些师都只有一个旅左右的光景，只有陈光远的一师比较完全，这些人都已接好头，只等大帅你的命令！通州的张锡元一旅，也是和咱们一气的。去天津路上的廊坊，驻着冯玉祥旧部的一个混成旅，多少有点别扭，不过据他们团长杨桂堂说，冯玉祥早就跑了，那一旅他能指挥得动，看来也没什么问题了。范国璋、蔡成勋、陈光远都是忠心耿耿的，昨天老陈还运了一车子龙旗到南苑去呢！至于张敬尧更没说的了，他天天给大帅请安，昨天谈到大清失天下，不还是泪流满面的吗？只可惜他手里没有多少兵……"

万绳栻插嘴问道："曹锟呢？"

雷震春说："王聘老完全可以负责说服他，再说他自己也派了他的兄弟曹锐到徐州签过名的，他一心一意想要做直隶抚台，一个卖大布的做到抚台，还有什么不乐意的？"

万绳栻道："现在只剩下一个段祺瑞了，不过他手中没有一兵一卒，他狠什么？"

辫子军的统领李辅廷突然冒冒失失地问了一句："南京的冯华甫不会中途变卦吧？"

万绳栻怫然道："他自己写的亲笔信，信誓旦旦，他敢反悔！"

张勋这时插了一句："将来如何面对东海呢？"

万绳栻不以为然道："徐世昌不过假斯文，到时给他一把交椅，不怕他不坐！"

雷震春接着说："近畿的吴长植旅、刘金标旅已经说妥，今夜3点进城。总之军事方面是没有问题的。"张镇芳接茬说："财政方面我有把握，军饷、粮草不会成问题。"接着梁敦彦说："外交方面更无后顾之忧，东交民巷方面巴不得早日复辟呢。"康有为说："我的门生徐勤自广东来，他说南方诸帅全都响应，冯华甫尤为踊跃。"刘廷琛最后说："近日得电报说黄河水变清，看来可保六十年的太平天下。"张勋接茬道："这件事还得好好商量商量。"接着转过来问吴炳湘道："北京的事应该跟北京人商量，谁在北京的威望最高？谁能稳住北京的秩序？你是警察总监，你最清楚。"吴答道："那还得说是聘老。"陈光远说："王士珍是北洋元老，得他一言，天下可定，这个人是必须要疏通好的。"张勋听了说："我明天就去拜访聘老，商量个办法再说。"刘廷琛不满地说："这是推诿之言，行还是不行，只需一言决定。现在万事俱备，跟他王士珍商量什么？"张勋被抢白一番，只好说："那我现在就去找聘老如何？"刘廷琛又说："也来不及，大军即将进城，现在只议定上朝的节序即可，其余的都不必谈了。大帅如此的犹豫，难道平日所言忠义是欺世之谈吗？那还留着辫子何用？"说罢竟放声哭了起来，其余的人也在旁边议论纷纷。有的说："大帅带领五千兵马，难道就为了解散个鸟国会吗？"有的说："咱大帅兴师动众的，倒叫黎元洪那小子捡了个便宜！"这时张勋的酒气上冲，跺着脚说道："我所以迟迟不发，是为了想一条万全之计。既然这样，事到如今，也就顾不得了，管他成败如何，我们豁出命地干了。你们准备一下，马上跟我进宫商议具体办法。"说罢，转身到内院邵夫人那里去了。

此时张勋还没有忘记派他的心腹谢介石将此事通知他的日本同道佃信夫，大梦初醒的佃信夫仓促间闻知复辟竟然已经开锣，连声叹道："搞糟了，搞糟了！"但也想不出什么补救的办法，只好带着谢介石到公使馆去见林权助，向其说明事情的经过。林权助认为此事必定是张勋的主谋，任凭二人如何解说就是不信。

邵夫人和刘文揆等正在内院等着张勋，见了他进来连忙问道，今天的事情如何定夺？你可要千万小心，即使不为清室打算，也要为老张家想想啊！张勋厉声说道："他们都已经安排好了，今天是势在必行，你们就不必过问了！"

正在这时江朝宗又来电话催问，刘文揆过去接听电话，张勋一见，发怒道："都是你们这些人走露了消息，坏了我的大事！"说着拔出佩刀欲将电话线斩断，刘文揆喊道："小心有电！"刘文揆和李庆璋还要申辩，张勋也不听他们的辩解，只喝令卫兵将二人看管起来，不许他们离开屋子，自己又扭身走了出去。

2 不同意的别走

话说，张勋离开江西会馆后，王士珍也起身告辞，另外一些本不是来听戏的人也陆陆续续地离开。尽管那晚的戏码是绝对的硬梆。

王士珍回到家里，直累得他腰酸背痛，他每晚睡觉前照例要打坐片刻，可是今天无论如何也定不下心来。

王士珍（1861—1930）字聘卿，河北正定牛家庄人。王出身寒素，自小过继给伯父，四岁丧父，靠伯母和母亲替人做针线，将他抚育成人。

王早先是朝阳镇总兵杨瑞生（杨度的叔叔）的马弁，因为机警勤快，很得杨的器重。聂士成练武备新军时，向杨求荐将才。杨推荐多人，王也在其中。王本名不叫王士珍，但因为他没有功名，不便推荐。恰好有一个叫王士珍的守备要退职回籍，杨便叫他冒名顶替去了。真王士珍老年穷困，在湖南湘潭一个姓王的人家帮佣。后来，王士珍发迹之后，有人问他，你的替身已经当了大官，你还不去找他？那个真王士珍只是笑笑，不说话。

后来，王士珍被保送到北洋武备学堂，和段祺瑞、冯国璋等人均是同学。以后受到袁世凯的赏识，逐步升迁，一直做到江北提督、兵部侍郎。在辛亥革命期间，王士珍始终是忠于清廷的。在段祺瑞领衔通电请清廷退位后，王打电报给段："皇恩浩荡，不应出此之策。"在清廷准备逊位时，王请求辞职回乡。袁世凯一再慰留，王说："养兵千日，用在一时，乱民造反，不去征讨，反而与他们讲和，真是旷古未闻的事情。"清廷退位后，王士珍留下一纸辞呈，不辞而别。以后，一直在正定老家闲居。王士珍自辛亥革命后一直留着辫子，直到1915年才被迫剪掉。

进入民国之后，王士珍做过陆军总长，比他在清末时的官阶还高。可是，他总是觉得不过瘾，没有做大清皇帝的官来得风光。所以，他现在虽然被黎大总统任命为京津警备总司令，心里到底不服帖。张勋来京后，话里话外也给他透露过要恢复清室的意思，他虽然没有明确赞成，但也绝无反对的表示。不过王士珍为人温和忍让，一生恬淡不争，虽然历任显要，却漠视权势。因之，他绝不会去出头玩什么花样名堂，只是随大流而已。

这时，他心里盘算着，如果张勋真的动手，要不要给段祺瑞送个信儿去，这也是他心思细密之处，进步之时常思退步。桌子上的座钟刚刚打 12 点，突然电话铃声大作，王士珍拿起耳机，原来是第一师师长蔡成勋打来的，他说张勋派人送来令箭，叫他的队伍向朝阳门外集中，明天清晨不许有一个兵在城内，蔡成勋气乎乎地说道："这不是拿咱们当孙子吗？"王士珍连忙打断他的话头，嘱咐他说："看势头，不移动是不行了，你还是照办吧。"刚放下话筒，电话铃声又响起来，这次是江朝宗打来的，气急败坏地在电话里嚷道："聘老，大事不好，请快过来一趟吧。"

这个老儿，心里已经明白了八九分，刚才还是病态恹恹，此刻却变得精神抖擞起来，丢下电话，立刻喊人备车，十几分钟后，便赶到了江朝宗的家里。只见屋子里面挤满了人，不但陈光远、李进才和江朝宗和手下大将申振林都在，连刚才打电话的蔡成勋也赶到了，只是不见吴炳湘。众人正在七嘴八舌地说话，一见王士珍进来，都收住了话头。江朝宗迎了过来，一边嚷着："这不是欺负人吗？不是说好了城里边交给咱们负责吗？怎么又叫吴长植进来了呢？"

"到底是怎么回事呀？"王士珍明知故问地问道。这个江朝宗也是个五六十岁的人了，却没有些许的涵养，在那里干叫了一阵，好容易才把事情说清。原来半个小时之前，安定门和西直门的守军摇来电话，说第二旅吴长植部和第十三旅刘金标部要求进城。还没等江朝宗回话，电话里又说，张大帅已派人拿了定武军的令箭来，勒令开城门。江朝宗只好把王士珍请来商量对策，他继续嚷着说："张少轩这不是过河拆桥吗？难道咱们就不是忠心耿耿拥护大清的？城里的治安早就说好由咱们负责，他这一搅和，把咱们往哪搁？不行，我看咱们大家得找他说理去！"

"宇澄（江的字号），先别发火，咱们现在只有逆来顺受，张少轩倒未必信不过咱们，多半是那个刻薄鬼万公雨出的坏主意。你先少安毋躁，别忙着找张少轩，我看他倒是要找咱们了，十之八九，他今晚就要起事……”

果然，没过多久，张勋派的副官坐着汽车来了。那副官还直埋怨说：“早知道诸位大人都在这里，我何必跑这么多的冤枉路呢？”说着，王士珍、江朝宗、陈光远等一行人浩浩荡荡地来到南河沿张宅。几个人下车之后，只见几十个壮汉持枪露刃，威风凛凛地雁列左右。王等人甫一进门，卫士即将大门闭紧，随行扈从一律屏之在外。

只见张镇芳、雷震春、吴炳湘、万绳栻、胡嗣瑗等人已经先在那里等候了。张勋见了他们，目露凶光冲着江朝宗喊道：“江宇澄，你不是要造反吧？咱叫你开城，你竟敢违抗！”江朝宗刚才还是气势汹汹，现在只有装孙子的份儿了，诺诺地说：“不是已经开了吗？”

张勋转过来对王士珍拱拱手，道：“聘卿，今晚你要辛苦辛苦，事不宜迟，咱就要拥戴皇上复辟。”说着，又朝众人声色俱厉地说道：“事情已经定了，诸位赞成的，就请跟我一起进宫，不然的话，就请留在此处，一个不准出去！”

王士珍毕竟沉稳，对张勋说：“黎元洪那里，还得派个人去接头才好。”张勋说：“这个嘛，咱早就布置好了。”随即回头问道：“梁节庵（梁鼎芬）来了没有？”他嚷了半天，不见有人答应，有些着急。万绳栻说：“恐怕他在外边的厅里，大帅没请他，谁敢放他进来？”张忙说：“快请，快请，节庵不是外人。”只见梁鼎芬穿着簇新的袍褂，走了进来。张勋问他：“你替黎元洪写的奉还大政的奏折，写好了没有？”梁鼎芬从袖子里拿出一份东西交给张勋，张匆匆看了两眼，便道：“节庵，一客不烦二主，就请你辛苦一趟，交给黎元洪吧。”

梁鼎芬走后，张勋脸色又是一变，杀气腾腾地说道：“现在，咱们要进宫办事去了。”他点了点人数，又说：“皇上家的规矩是错不得的，按功名有资格去的就去，资格不敷的请在这儿稍待，等我请旨。”

那个正在做着总理梦的李经羲，闻听到些许的消息，连忙跑到大帅公馆求见，但被挡了驾，只好没趣地折回。7 月 2 日，他化装成运煤的伙计，逃往天津，结束了他不到十天的总理梦。

3 紫禁城之夜

张勋带着众人来到神武门外面，令亲兵前去叩门。看守宫门的禁卫军因夜深不予理睬，张勋亲自来到门外，喊道："我们有要事求见皇上！"卫兵不耐烦道："有事明儿个早上再来，也来得及呀。"辫帅这时动了火气，叫道："门口外边可是架了大炮的，你再不开，我可就轰门了！"守门的一听傻眼了，赶紧把大门的锁打开，将门拉开一点点缝隙，想先看看到底是谁？不料，大门刚刚错开一个小小的缝，外边的辫子兵呼啦一下子拥了进来。

张勋等人来到乾清门，过去的军机处就在乾清门西边的一排平房里，从外面看是极为普通的几间小房子。今晚却燃着几十支小儿胳膊粗的红烛，灯影下面坐满了冠带整齐的前朝人物。有些穿着补服带着花翎；有些人已经剪掉辫子，只好一身长袍马褂；还有一两个穿着燕尾服的也夹杂其中。张勋一走进来，大家哄然起立，上前招呼。张勋一眼看见夹在人群中的溥伦，便过去招呼行礼。溥伦是道光皇帝的长子长孙，向来圆滑，连忙送给老张一顶高帽："绍帅是万民景仰，以后大清国的国事还全要仰仗。"张勋也是一番客套："四爷，别那么见外，咱们以后还要多请教那！"回头看见陈宝琛，张勋不敢怠慢，也过去请安行了礼。陈的旁边站着孙宝琦，笑容可掬地对张勋说："前两天，法国公使还说起，要约个时间和大帅谈谈呢。"张勋见他留着西装头，穿着一身西式礼服，懒得搭理他，便带搭不理地说："慕韩，算了吧，今天咱们忙，没工夫买你的狗皮膏药。"旁人听了，都替孙宝琦感到难受，他却满不在乎，缩缩肩膀站到一边去了。

闲言少叙，当下张勋和陈宝琛选了几十个亲信，一起走进养心殿。陈宝琛和梁鼎芬把正在睡梦中的溥仪从床上拖了起来。12 岁的溥仪睡眼惺忪，不知所措地问梁："师傅，我有些害怕！"梁道："请皇上不要怕，一切有臣等负责……"内务府大臣世续闻知，急忙跑来谏阻，趴在地上一个劲儿向着溥仪磕头，口中不住地说："此事万万行不得，万万行不得！"以致头破流血。张勋厉声喝道："大事已定，请诸公鞠躬尽瘁，尽自己的本分就是了。"世续无可奈何，只有站在一旁暗暗叹息罢了。后宫四个皇太妃听了太监的传报，先是惊得战栗不已，继而嚎泣连声，不知道她们是高兴呢，还是害怕？张勋也管不了这些。到了养心殿，张勋跪在前面和溥仪低声说话，其他人隔着几步开外，也听不清他们说的什么。随后，把准备好的奏折一一递上。内有：

张勋等人奏请复辟一折，署名有冯国璋、陆荣廷等，均系捏造。

瞿鸿机奏请皇上御极听政一折，瞿鸿机后来通电声明，他本人没有写过这样的奏折。

黎元洪奏请奉还大政一折，更是胡天胡地的伪造。

溥仪再次登极之后在御花园门前的留影。

溥仪本应该说几句话的，因为一时紧张，把台词忘得一干二净。陈宝琛只好把早已写好的听政诏书塞到他的手里，做个样子，然后装在一个明黄色的锦盒里面——那就是皇帝的“上谕”了，再递给张勋，这一幕开场锣鼓就算结束了。这是7月1日凌晨4点钟发生的事情。

再说，6月30日晚上，吴炳湘传下命令，明天一早要悬挂龙旗。张勋的心腹，定武军统领苏锡麟连忙从天坛赶到南池子张宅，向张勋说：“复辟这件事办不得，这是个骗局。那些人签字赞成复辟是假的，请大帅不要受骗。再说，把国家大权交给皇上，那是总统和国务总理的事，咱们办不了，请大帅千万别管这事。”张勋说：“大家公推我出来，况且事情已经弄到现在，不办也不行了。再说，我也愿意这么办，就算他们骗了我，我死了也心甘情愿。咱不能说了不算，咱们要干就干到底。”苏锡麟只好说：“既然大帅下了决心，我就陪着大帅吧！”

4 辫帅的形势分析

话说张勋自离开徐州之后，各省督军大都劝阻他不要贸然行事，各界名流也不支持，他在国会解散后，本也打算回徐州去了。只是在6月30日那一夜，在几个幕僚的精心策划之下，才匆忙上演了这一幕复辟闹剧。如此说来，复辟岂不完全是一起偶然事件了？

其实不然，老张对形势也有他的估计，只不过是完全错误而已。

张勋综观大江南北的军事重镇，无外乎北洋和西南两家而已。先看西南，西南方面虽然和自己素无渊源，但湖南处在北洋重兵的监控之下，自顾不暇，无能为也。云南王唐继尧志在必得四川，无心北方。西南最大的实力派陆荣廷更不在话下。而北洋系的冯国璋虽然一直在和他勾心斗角，但在归政清廷这一点上，他们可说是志同道合的同志。岂知，他的估计是满盘皆错。

张勋平生最看重的有两个人，一是江苏督军冯国璋，再有就是广西督军陆荣廷。张常说袁宫保帝制失败是受遏于南陆北冯，而这二人与他绝不会不合作，言外之意，复辟是笃定成功之事。陆荣廷（1856—1928）本是广西绿林出身，专门和法国人作对，后被广西提督苏元春收编，做了管带。他与张勋同在苏元春麾下，订有金兰之交，又同在越南战场上有并肩作战之情谊，关系的确非同一般。1917年3月24日，陆进京路过徐州，张以极端隆重的礼节欢迎了他，还呼着陆的名字，连连说："咱们多年不见，当年的老同事只剩下你我，而你我也都老了。"二人按照前清的礼节，行了跪拜大礼，互相问候了之后，在酒宴上还谈及清廷的恩泽，袁世凯的辜负先朝，民国的不成体统等等话题。陆是个极有心机的人，只是不置可否地漫应着，老张却以为他同意自己所说。第二天陆离去时，张亲自送他上了火车，直到看不见火车的影子才离开。不久前，冯国璋以副总统之尊进京路过徐州时，也未曾受到他这样的礼遇。

陆荣廷到了北京于3月30日见过溥仪一面，溥仪赐给他亲笔写的"福""寿"字、金佛、如意等。陆荣廷还托世续代奏"叩谢天恩"，一心想着复辟的人便说陆荣廷把女儿献给皇上，宣统赐给陆三万内帑云云。张勋听了，更加以为自己的眼光没有错。

张勋对冯国璋一直有所误解，而这其中又涉及一些靠蒙骗混饭吃的政治掮客。

张勋虽然文化不高，却极敬重文人，也喜欢结交这些人物，这样就难免鱼目混杂——披着文人外衣的，什么人没有呢？康有为的弟子潘博就是个招摇撞骗的投机政客。潘博起先是由杨增牟、胡嗣瑗介绍给张勋做机要秘书的，后来杨了解到潘博经常和宗社党人来往，就撤销了对潘的保举，并且劝张勋不要再重用他。张勋碍于脸面，就把潘转介给冯国璋。此后，潘博又在冯的面前极力推崇胡嗣瑗，冯遂特意设置了一个谘议厅，让胡嗣瑗来做厅长。

1916年，陆荣廷的儿子暴毙，冯的代表潘博去南宁吊丧，其时正是袁称帝之时，潘竟假传"圣旨"说："冯上将军认为与其推戴项城，毋宁拥护清朝复辟。"还说："复辟是一件应天顺人的事情，华帅（冯号华甫）与张绍帅的意思完全相同，如果干帅在南方响应，何愁大事不成？"陆没说什么，潘错以为是默许了。回来后，潘博又去徐州见张勋，竟无中生有地说，陆荣廷是赞成复辟的。

黎元洪与段祺瑞摩擦日剧的时候，潘又以冯的代表身份到徐州见张，竟满天扯谎道："当年陆干帅向我吐露了许多怀念旧君的话，其忠义之气溢于言表。"这正是张勋愿意听的话，故意反问道："可是，冯华帅未必愿意吧？"张知道，冯和他的地盘接近，要复辟非得取得他的首肯。潘不假思索地答道："冯华帅是个胸无主见的人，大帅是督军团盟主，大帅往东他也得往东。大帅举义于北，陆干帅响应于南，这不是千载难逢的机会吗？"张还是不放心，要先试探一下，遂打电报给冯有"共和不适合国情，巩固北洋团体当另谋良策"的话。潘这时密电告知胡嗣瑗，将与张谈话的经过详述一遍后，嘱胡代冯拟一同意复辟的回电，于是冯的复电中，满纸公然主张复辟。张大帅遂拿定了主意。利用冯对付北洋系，利用陆控制西南，这是张勋的如意算盘。

其实，张勋也想过：陆荣廷连望重一时的袁世凯帝制自为都不支持，会支持他张勋出头搞复辟吗？可是，转念一想，人生不外乎为了两件事情，一是名利的驱使，二是感情的牵制。要说感情的话，陆荣廷不能不捧老把兄一次场。要说名利，陆在洪宪时代只被封了个侯爵，他的亲家龙济光却封了郡王，这可能是他反洪宪的主要原因。现在，张勋准备给他封一等公，和黎元洪、冯国璋比肩而坐，还有什么不满意的？全国的督抚，除了自己任直隶总督外，只有冯为苏督，陆为粤督。由此可见张勋对掌握实力二人的重视程度。至于大总统黎元洪，甚至北洋系的继承人段祺瑞都不在他的眼下了。

二　复辟众生相

1 权力分配

“恭请复辟”的仪式举行完毕，接下来就是“朝贺大典”。这时天已经大亮，应该是民国六年七月一日，或者按复辟者的说法是宣统九年五月十三日了。

张勋回到乾清门，嚷着要清点人数，准备朝贺。万绳栻点了一阵，报告说有三百多人。张勋听了心里高兴，喜形于色道：“咱们开的园子不错啊！头一天就上了这么多的座。”早晨7时，张勋率领文武官员三百余人，鱼贯进入养心殿朝贺，翎顶辉煌，鸦雀无声，同行了一跪三叩礼。然后，溥仪按班召见，凡是官至二品的一律赐座，垂问，直到9时方散。召见张勋时，张一个劲儿地叩头，下来后汗流浃背，口中不住地说：“皇上英明，天威可畏！”

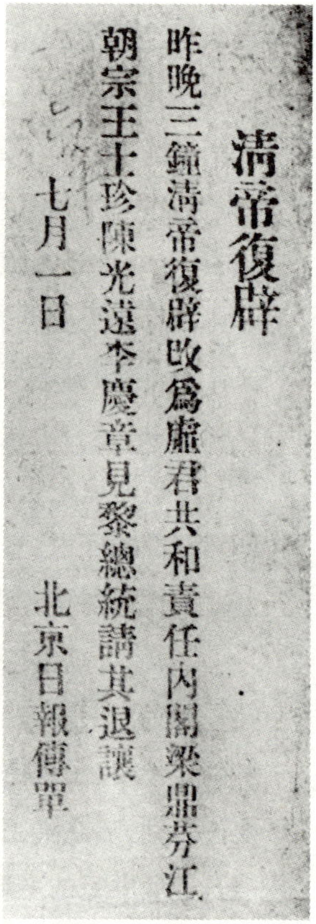
清帝復辟
昨晚三鐘清帝復辟改爲虛君共和責任內閣梁鼎芬江朝宗王士珍陳光遠李慶章見黎總統請其退讓
七月一日
北京日報傳單

复辟当日，《北京日报》出的小传单

朝贺大典总算结束了，下面要办正事了。这天的上谕，除临朝听政以及锡封黎元洪为一等公外，又颁布了三十九道上谕。比照民国的常例，皇上的上谕要议政大臣副署，这议政大臣自然是张大帅莫属了。可是张勋为了显示复辟并非是他一人所包办，嘴里嚷着：“议政大臣叫咱一个人担任是不行的，王聘老，陈弢老，得帮帮咱……”

陈宝琛说：“光是我们三个也不行，最好请康南海加入……”张勋不说话了。

刘廷琛在旁边搭言道：“里头早就决定了，要恢复弼德院，是最高咨询机关。院长由徐太傅担任，他说一时来不了，所以请南海担任副院长，实际上就是代理院长。以南海的身份和学问，是再合适没有的了。”

张勋接过来说：“是啊，南海主持弼德院，顶住大事，咱们好干其他的事。好在南海也是答应过的。”坐在一旁的康有为，没精打采地哼了一声。背后，康“圣人”向人说：“张少轩这个老粗，什么也不懂，复辟早晚必归失败！”

复辟宣布后，即改五色国旗为黄龙旗。官制仍照宣统元年官制。

授张勋、王士珍、陈宝琛、梁敦彦、刘廷琛、袁大化、张镇芳为议政大臣。授万绳栻、胡嗣瑗为内阁阁丞。梁敦彦为外务部尚书，王士珍为参谋部尚书，张镇芳为度支部尚书，雷震春为陆军部尚书，萨镇冰为海军部尚书，朱家宝为民政部尚书，詹天佑为邮传部尚书，沈曾植为学部尚书，劳乃宣为法部尚书，李盛铎为农商部尚书，桑诺尔布为理藩部尚书。

那个把《四书》翻成外文的辜鸿铭这时也极为兴奋地跑来凑热闹，非要当外务部尚书不可。张勋觉得他虽然通晓外国事情，但毕竟在前清没有功名，从资格上讲不如梁敦彦，便只给他个外务部侍郎（副部长）。最后辜鸿铭还是高高兴兴上任了。

在这短短几天的复辟过程中，最感到兴奋的是议政大臣刘廷琛。他以一个毫无政治资本的小人物，一跃而居高位，自恃大帅亲信，包办“皇帝上谕”，手握大权，目无余子。尽管好景不长，他总算过了回官瘾。可是，纵观复辟几天以来，对于立宪、议会之类的大政方针几乎无一字道及，所有的上谕全是封官、封爵。可是毕竟肉少狼多，倒惹得彼此嫉恨、埋怨，把国家大事办得真像是小孩子过家家玩呢。

刘廷琛和康有为有同年之谊，但刘最瞧不起那位有“文圣”之誉的康，对他的君主立宪也不赞成。而刘对其同乡“武圣”张勋却情有独钟，当 1923 年张勋死讯传到刘的耳中，他还为之写了一篇极为沉痛的《哭张忠武公文》。但废帝溥仪，还有溥仪的左右，对刘廷琛在丁巳年的表现极其不满，说他“上欺天子，下压群僚”，以致刘死后连个“谥号”也没有得到。

最感到苦闷的是“弼德院副院长”的康有为，他不但被打入冷宫，一生抱负付之东流，半载光阴徒伤虚掷（他曾在上海花了半年时间草拟施行宪政的文件）。复辟失败后，康先生发表公开信，将他的悲愤发泄出来，痛诋翻云覆雨的无耻之徒：“名为民国，而不知有民。称为国民，亦不知有国……礼义廉耻之尽丧，道揆法守之皆排。极其纵欲无良之私，日攫高官厚禄之人。”当时的人虽然不同情康的复辟主张，但觉得他在通电中骂得倒也痛快。不过他的门生梁启超多心了，便毫不客气地反唇相讥康是“大言不惭的书生”，师徒二人终于反目。

复辟后的几天内，部分的福建人最为活跃，大有鱼跃于渊之势。原来帝师陈宝琛乃是福建人，这次被封为议政大臣，炙手可热。陈素有养士之名，列其门墙之下的数以百计。此时都来趋附其下，为自己，为子侄求官的，要叩见皇上的，真是临时抱佛脚。陈氏门前车水马龙，名片如雪片飞来，门房忙着往上送，跑得上气不接下气，陈师傅一古稀老翁真是饥不暇飧，寝不安席，可是他却乐此不疲。只可惜，好景不长，数日后乾坤扭转，局势骤变，陈师傅的客人也突然绝迹了。想当初汉朝的翟公为廷尉时，宾客盈门，及至革职后，门可罗雀。后来翟公又官复原职，宾客复回，只见门前写着：“一死一生，乃见交情；一贫一富，乃见交态；一贵一贱，交情乃见。”陈师傅是深有体会的了。

被张勋诸人当作猴子耍的清室诸人最是感到困惑，按理说他们轻而易举地复得天下应该高兴才是，其实不然。溥仪只是个十几岁的孩子姑且不论，其他有头脑的人莫不如堕入五里雾中。他们不明白这突如闪电般的变化到底是怎么回事，只好派宫里的太监天天到东安门外去买报纸，看看外面是怎么说的。只有徐世昌打电报给世续，告诉他“变生不测，宜处以镇静，勿妄动”。那些做着从龙梦的人，就不如老徐那么深谋远虑了。

当雷震春被授为陆军部尚书之后，7 月 2 日，便翎顶补服地坐着汽车，到部视事。那些尚未逃离的陆军部职员们，看着雷尚书的威风，心里羡慕的，不以为然的，暗地骂街的，不一而足。衙役高呼：“中堂到！”那些部员只好按部就班上来拜见，一律按前清的规矩，行三揖礼。雷震春，端坐其上，安然不动，一副骄人的态度。第三师师长范国璋前来谒见雷，雷将他召入内室。范只见雷正躺在烟榻上面吞云吐雾，见范进来只点点头算是打招呼了。过了一会儿，雷才坐起身来，意气扬扬地说："你今天才认识我吧？"范气得无话可说，只好退出。不久，雷震春败走丰台时，就是范部将雷捉住的。

张镇芳也是红顶花翎朝珠补褂来到度支部，先在大堂摆上香案，向着大印三拜九叩。不过，此时度支部的大印尚未铸好，只好先以民国财政总长的印代之，也算是一件趣闻了。

7月2日，北京商会会长为了讨好张勋，特意在前门外珠市口织云公所设宴招待他。同仁堂的乐老板担任后台提调，中午开戏，张勋到场的时候，正值梅兰芳和孟小如在台上演《御碑亭》中的《修书》一折。只见张勋头戴红顶花翎，朝珠补褂，一面吃喝，一面听戏。听完戏，还到后台和演员们寒暄、谈天，一副踌躇满志，扬扬自得的样子。只可惜，这是他昙花一现的顶峰，自7月3日开始，不利于他的事情就一件接一件地发生了。

2 各地的反应

7月2日，宣统皇帝召见了七位议政大臣，问了他们三件事情：北京秩序可好？各地可有复电？外交使团反应如何？七人退下之后，随即拟好一电稿，向各地发出。在解释君主所以优于共和时说：

> 国体既号共和，总统必须选举，选举之期又以五年为限，五年更一总统则一大乱，一年或数月更一总理则一小乱，以视君主世及，犹得享数百年或数十年之幸福者，相距何啻天渊。

而且：

> 总统违法之说，已为天下诟病之资，声誉既堕，威信亦失，强为拥护，终不自安……纵欲别拣元良，一时亦难其选，选在南则北争，选在北则南争。

接着，他又为大清朝歌功颂德说：

大清忠厚开基，救民水火，其得天下之正，远迈汉唐。二祖七宗，以圣继圣，我圣祖仁皇帝圣神文武，冠绝古今，我德宗景皇帝时势多艰，忧勤犹亟……我皇上冲龄典学，遵时养晦，国内迭经大难，而深宫匕鬯不惊；近且圣学日昭，德音四被。可知天佑清祚，特畀我皇上以非常睿智，庶应运而施其拨乱反正之功。

他号召人们：

凡我同胞皆属先朝旧臣，受恩深重，即军民人等，亦皆食毛践土，世沐生成。接电后应即遵用正朔，悬挂龙旗。

其荒谬绝伦，不须多言。

这时有人建议张勋，应该将黎元洪、段祺瑞二人控制起来，以防他们多事。张勋却以为，徐树铮多次参加徐州会议，拥护复辟，言犹在耳，不会变化如此之快。至于黎元洪，张勋认为他是个庸懦无能的人，如果把他软禁起来，他一时想不开自尽了，岂不麻烦？所以随他们去吧。

虽然黎元洪的确有些窝囊，可是也不甘心受人摆布，就在张勋把他的“奉还大政”奏折上奏的次日，黎通过日本使馆向津、沪、汉、奉天等地发出通电，谓：“闻因复辟而有黎元洪奉还国政之说绝非事实。元洪受国民付托之重，自当始终民国……”云云。而且，黎元洪听从了张国淦的劝告，于7月2日免除李经羲内阁，特任段祺瑞为国务总理，并勉其讨伐复辟；同时电请冯国璋代行大总统职务。

且说，被小朝廷封为“阁丞”之一的胡嗣瑗，在众人弹冠相庆的时候，慧眼独具地看出，复辟的重心已不在北京，而在于南京。他把事务性工作托付给自己的两个亲戚许宝蘅、郭则沄，自己南下去了南京。谁知冯国璋不但拒而不见，连副总统府的大门都不让他跨进一步，最后冯的女婿陈之骥、侄儿冯家祜来到胡嗣瑗下榻的住所，对他说："副总统你是见不到了，你要是再不走，我们可就要对不起你了！"胡嗣瑗这才害怕，但他认为，没有冯的支持与合作，复辟是毫无希望的，所以连北京也懒得去，一溜烟跑到上海去了。

同日，冯国璋在南京召集军事会议后发表通电说："国璋在前清时代，本非主张革命之人……国璋今日不赞成复辟，亦犹前之不主张革命……彼（张勋）视京师为其营窟，挟幼帝以居奇，手握主权，口含天宪，名器由其假借，度支供其虚糜，化文明为野蛮，委法律于草莽，此而可忍，何以国为！"给了张勋当头一棒。

南京和上海的实力派都表示了反对的态度，浙江的杨善德也在同日通电反对复辟。

还有些"精明"的督军既不反对，也不拥护。例如，湖北的王占元，河南的赵倜，在接到北京的"上谕"后，都曾吩咐电报局暂不公布。奉天的张作霖借口"奉天地位特殊"，而"不便表示态度"。湖南的谭延闿回答别人的询问时，以"滑稽"作答——不知道他到底是拥护还是反对。

7月3日，段祺瑞在马厂的"誓师电"传到北京，张勋并不以为然，还向新闻记者发表乐观的讲话："多数人赞成复辟，一个人反对是没有用处的。"实际上，他所谓的拥护者不过是在观望形势而已。这正是许多人应付纷纭复杂政治局势的一种手段，遇事先不表态，等到看出苗头之后，再决定站在哪边，如此方能立于不败之地。所以当张勋打出复辟的大旗时，大多数鲁莽的武人并没有鲁莽，而是采取了聪明的观望态度。只有几个冒失的糊涂虫过早地下了水。

第一个是清廷授为长江水师提督的张敬尧。他于7月2日到京，跑到宫里向溥仪谢恩，又向张勋递了一份门生帖子。据说，他觐见溥仪的时候，穿的是醇亲王昨天才送给他的一套朝服，裤子长了一些，靴子又太小，结果上朝时，上身穿的是官袍，下身却是民国军官的裤子和皮靴，不伦不类，被传为笑谈。这个老粗原是李纯的弟子，由第六师的一个团长升到第七师的师长。李纯听说他附逆的消息，通电告诫他不要误入歧途："吾弟为当今名将，功在民国，名动四方，他日成就岂独阃一省而已！十数年辛苦血汗，不可误入歧途，丧失于一旦。"复辟失败后，他又依附于段祺瑞，成为皖系的一员健将，后来竟成为湖南的土皇帝，使湖南百姓大遭其殃——这是后话。

第二个是当初向洪宪皇帝首先称臣的直隶省长朱家宝。这次又向溥仪跪拜，并授为“民政部尚书”。其谢恩折中有“天道无往而不复，民心经乱而思平”之句。他于7月3日接受伪职，7月7日，冯国璋代总统就拿他开刀，免去了他的直隶省长，以曹锟兼署——自然，这是他手里没有兵的缘故。后来，段祺瑞从马厂回来见到他，嘲讽地说：“听说阁下听到清廷的授命，马上就写了谢恩折，现在怎么又变了主意？”朱家宝尴尬地说：“那都是张勋伪造的。”说着，就跪下磕头。段祺瑞说：“我是民国总理，不要你磕头。你这套大礼还是留着给皇上和张大臣吧。”

第三个是名不见经传的绥远都统王丕焕，他曾“率同绥远道尹申葆亨、绥西镇守使褚思荣暨文武各员望阙叩头，仰答鸿庥，伏乞皇上圣鉴。”后来被开缺撤职，他手里虽然也有兵，只是太少——历来都是只打苍蝇，不打老虎。

第四个是福建督军李厚基。他平日畏惧张勋如老鼠见猫，时常将“惟我帅之马首是瞻”挂在嘴边。本来福州的万寿宫(供奉皇帝万寿碑之所在)已经辟为市场，复辟那天，李强令所有商户赶快让出，又特意赶制了大量的龙旗。他的谢恩电报已经拟好，有个部下建议他等等再发，这下捡了个便宜。7月3日，日本驻福州领事拜访他，他信口胡说什么：“中国有采取君主制的必要，从此老百姓可以安享太平幸福……徐州会议各省一致赞成，大事绝无不成之理。”第二天日本领事又在宴会中碰到他，他像是变成另外一个人，痛骂张勋不识时务，本人誓死拥护共和云云。日本领事惊异这位李督军变化如此迅速之余，只好埋怨自己少见多怪。结果，李厚基反而得到奖赏，以福建督军兼任省长，不过这也只能算是承认既定事实，因为省长胡瑞霖早已被他赶跑了。

第五个是吉林督军孟恩远。他当时正在天津养病，听说复辟的消息，连忙写折子谢恩，还专门派部下初连甲到长春代他接受“吉林巡抚”。到了7月7日，孟恩远又痛斥初连甲盗用通电名义招摇撞骗。

第六个是督军团的急先锋倪嗣冲。他不但在安庆、芜湖、蚌埠一带悬挂了龙旗，改用了“宣统正朔”，而且接受了安徽巡抚的伪职，还准备到安庆“接旨谢恩”。可是，他见机而作得早，变化也快，大诉自己的苦衷，说他的防区与张勋接近，不得不虚与委蛇以避免损失。因为他手中兵力雄厚，而且段和冯都想利用他来收拾张勋在徐州的残部，所以他不但无罪而且有功，张勋的安徽督军帽子戴在了他的头上。

3 王爷又想抓权

1917 年 6 月 16 日，张勋进宫觐见溥仪“恭叩圣安”。

从这天起，往日死气沉沉的紫禁城里面大有生气，北府的一个王爷、两个贝勒是久不登门的了。载沣虽是溥仪的生父，自从和隆裕太后怄气，便很少过问宫里的事。隆裕死时，他进宫一次，为了礼仪问题，又和四个太妃斗上了，同治遗孀瑜太妃指着他的脸，连哭带骂地数落他一顿，他一气又不见面了，现在他也扭扭捏捏地赶了来。

王爷胆子小，摸不清张勋的实力到底如何，所以高兴之余，又有几分担心，很想找个人谈谈。可巧沈曾植跟了康有为进京，已经拿安徽布政使、提学使的头衔，向宫里递过请安折子了。沈曾植是清末的名士，经常到醇王府走动的，这天，在叩见王爷的时候，载沣特意问起“张少轩虽然赤胆忠心，不知有何凭借”的话来。

这沈曾植笔直地站起来，答道：“王爷尽管放心，张少轩有一张单子，加盟的督军省长就有十三位，镇守使师长加盟的有二三十位。不说别的，京里的步军统领、警察总监都是老早说通的，连黎元洪都一心想奉还大政呢！王爷还有什么不放心的？”

以后的事实表明，王爷不但放了心，而且还想重登政治舞台。

复辟那天，最忙的大概就是万绳栻和胡嗣瑗二人，他们在紫禁城里埋首公牍，整整一天没有出来。忽然世续来到宫中请见，转述了醇亲王载沣的意思，想要封张勋为王，请他们代为拟旨。胡嗣瑗绝不同意这个时候办这种事情，说：“等到大局稍定，朝廷论功行赏，自然会论到这些，何必此时急此不急之务？”世续走后，载沣又派遣了两个人来，仍然坚持要封张勋为王，并且说：“别的事情都要和大帅商量，唯独这件事，不必和大帅商量就可办的。”

第二天，世续见了胡嗣瑗又提起："张勋封王的事情，还是拟旨呈交给皇上的好。而且不但封张勋一人，还要封冯国璋和陆荣廷。"胡说："冯、陆二人还没有复电，不知道他们到底是什么意思，怎么封？"世续还是固执地要封。最后，拟好旨，交给皇上。因为冯、陆的态度未明，只好搁置下来。

原来，载沣的深意不在封王不封王，而是想以此作为试探，重新想以摄政王的身份干预政事。清室的一些耆宿老成对于复辟心有疑惑，所以多数并不抱乐观态度。唯有一班贝子、贝勒、年轻的贵族公子哥儿们大喜过望，乐不可支，整天翎顶辉煌，车马喧嚷地往来于宫门"恭请圣安"，无不希图弄个一官半职，恢复往日贵胄的威风。虽然比不上旧日的威严，但比起民国初年那种累累如丧家之犬的状况要强多了。可是，几天来"上谕"所授的高官贵爵，全给了汉人，皇族之内不平者颇有人在。果然，载沣又想起用他的两个弟弟载洵和载涛为京畿司令，旨已拟好，还是刘廷琛来了，将拟旨的草稿扣留，力争亲贵不可干政，才算作罢。

还有，一直为光复清廷而奔走的小恭王溥伟，听说复辟的消息，欣喜若狂，但又恨张勋事先没告诉自己。他专程从青岛跑到北京，赴宫门请安之后，就去找张勋。摆出王爷的架子，指责他专擅，言外之意是新朝中居然不给自己留一个相当的位子。张勋也反唇相讥道，这就叫捷足先登，谁让你来晚了？

三　民国消失了五天

1 总统不投降

梁鼎芬和黎元洪是儿女亲家，自以为黎会给他个面子，便偕同刘廷琛一起于7月1日7点半钟来到总统府，劝他办理退位手续，让出三海。

黎大总统虽然知道外边空气一天紧似一天，他还是一副满不在乎的神气。

这时总统府内已经冷清了许多，他左右的谋臣策士，已经走掉不少，金永炎去了上海，只剩下酒囊饭袋的哈汉章、汪彭年、黎澍之流充数，还有一个专卖僻典、卖弄学问的饶汉祥。这伙成事不足、败事有余的无用之徒，正在为拉来张勋赶跑段祺瑞而沾沾自喜呢。

就在这时，梁鼎芬叩门求见了。

黎元洪由侍卫长唐仲寅陪同，会见了梁鼎芬、刘廷琛。梁鼎芬为了今天的使命已经打了几天的腹稿，想好了一篇大道理，满以为凭自己一条苏秦、张仪似的舌头，必将说服那笨嘴拙舌的黎元洪。谁知，黎元洪断然拒绝退位，并且骂他的亲家"不读新书，不懂新理，破坏民国，罪该万死"。梁自逞口才还要以"天下大势，大势所趋"的一番道理说动他，黎却祭起他的独家法宝，使出他的看家本领，坐在那里紧闭嘴巴，一言不发，脸上也没有任何表情。任凭梁在旁边饶舌半天，黎似入定的老和尚，索性连眼睛都闭上了。梁使出他的十八般武器，黎却还他一个"我佛无言天不老"，不免觉得有一招一式的武门绝学都打到了空气中的感觉。

梁鼎芬讨了个没趣，怒冲冲回去交差，说黎冥顽不化，不肯让出总统府。帝师陈宝琛这个平时涵养极深的人，现在怒形于色地说："请皇上赐他自尽吧！"谁知12岁的溥仪却说："还是不要这样吧，民国不是也优待过我们吗？"陈说："乱臣贼子、元凶大恶怎能和天子同日而语。"

7月1日晚8点钟，张勋又遣王士珍谒见黎元洪，劝他退出总统府，以便改为内阁议政大臣办事处。黎拒不接见，由侍从武官出面，问王，如果黎回到他的东厂胡同私宅，能否担保总统的人身安全？王士珍这时对张勋将来如何处置黎元洪也不摸底，所以只是含糊其辞，讪讪而退。

7月2日下午2时，王士珍再次来到总统府，告知黎元洪："吴炳湘负责保证总统，十有八九是不会出危险的。"黎总统左右的人说："那剩下的一二分危险谁来担保呢？如果恰恰在这一二分之内出了事，那八九分岂不是空话吗？"王士珍支支吾吾了半天，说不出个所以然，只好带着十分的歉意离开。

黎元洪等王士珍走了，神色大变，一溜声地派人请哈副秘书长。不多时，哈汉章跟着唐仲寅来了。黎急得满头大汗，说："大辫子要动手了，怎么办？"

哈汉章说:“放着青木顾问在这里,为什么不问他?”原来,这青木宣纯(1858—1923)是日本政府派往中国的一个负有特殊使命的人,自1884年来到中国之后,一直从事间谍活动。从袁世凯时代就聘他为总统特别顾问,他和另外一个日本顾问坂西八郎经常是一个唱红脸,一个唱白脸,专门兴风作浪,扰乱中国。哈汉章说着就去打电话,打了半天,没有声音,原来此时各处的电话全部断了。哈汉章急忙说:“他住在西总布胡同,我去把他接来吧!”黎元洪像是找到了救星,催着哈汉章说:“那么你就快去,快去!”这时,住在唐仲寅家中的中州大侠王天纵也始终护卫在黎的左右,昼夜跟随。

这王天纵本是河南嵩县人,少年时师从少林寺的一个和尚学习武术,王始终不知其师傅的姓名,只知道和北京“大刀王五”齐名的“通臂猿胡七”是师傅的朋友。师傅临死留给他若干钱财,从此王天纵用这些财物接济穷人,博得仗义疏财的名声。辛亥革命时,王天纵结识了黎元洪,二人从此有了交情。复辟前,张勋闻知王天纵的名气,也想将他延揽过来,被王所拒。1917年4月,黎元洪将他叫到北京,也是作为随身护卫的意思,不想在这个关键时刻,真的用到了他。

经过青木和日本公使林权助的接洽,日本人表示极为欢迎中国大总统到他们公使馆去“政治避难”。其实,这出戏本来就是日本人在背后导演,借张勋这个莽汉来达到使段祺瑞上台的目的。可是黎大总统也是个关键的角色,如果以他的名义把张勋赶下台,那老段还有什么戏好唱?所以必须把他收进太上老君的“炼丹炉”里面妥善保藏。自然,青木这两天就是为此事而忙。

7月2日晚上9点钟左右,黎偕同总统府顾问青木中将,还有唐仲寅中将等人,乘汽车由中华门出府绕道来到东交民巷的日本公使馆。驻华武官斋藤少将把他那漂亮的官舍让了出来。日使馆声明顾及国际间的准则,决定给予黎以适当的保护——以使馆内的营房作为黎的居所,但不得从事政治活动。当然,这些话是装样子的,如果大总统不从事政治活动,那还叫什么大总统呢?黎在离开总统府之前,已经派人到天津,找他原来的智囊张国淦求教拯救民国的良策。张国淦还是本着他“遵循正轨途径”的原则,建议黎“抛弃以往的意气,起用段祺瑞为国务总理,授其以讨逆的全权。即使总统不下令,段也要这样做，那时再造共和的功劳可就没有总统的份了”。黎遂秘密写就了任命段祺瑞为总理暨免去李经羲总理职务，以及冯国璋摄行总统职务的两道命令，派秘书覃寿堃秘密带到天津，很有些像历史上私藏“衣带诏”带出宫门的味道。

日本公使馆收留黎元洪，无疑向中外传递了一个关键的信息，那就是日本政府并不支持复辟。这个信息实在太重要了，那些持观望态度者自然认为，如果日本反对复辟，张勋就断然不会成功，于是敢于蹚浑水的人大大减少，而使张勋陷于空前的孤立。

关于黎大总统当初到底避难到哪里，还有一种说法，来自黎的女儿黎绍芬。据她说是经由总统府交际女官容龄——就是慈禧太后的御前女官的介绍，躲进了法国使馆。

再说，张大帅的决心已定，哪怕黎不退位?！很快黎元洪“请求退位”的奏本递到清宫，溥仪下诏加以褒奖，同时封他为“一等公”，又把瀛台赐给了他。

黎元洪引狼入室自是后悔莫及，首先通电否认归政，通电谓：

天不悔祸，复辟实行。闻本日清室上谕，有元洪奏请归政等语，不胜骇异。吾国由专制为共和，实出五族人民之公意，元洪受国民托付之重，自当始终民国，不知其他，特此奉闻，籍免误会。

随即又电请各省出师讨逆，电中称：

国家不幸，患难相寻，前因宪政争执，致启兵端，安徽督军张勋愿任调停之责，由国务总理李经羲主张招致入京，共商国是。甫至天津，首请解散国会，在京各员屡次声称，为保存国家统一起见，委屈相从，刻正组织内阁，期速完成，以图补救。不料昨晚十二点钟，突接报告，张勋主张复辟，先将电报局派兵占领，今晨梁鼎芬入府，面称先朝旧物，应即归还等语，当经痛加责斥，遂出府外，风闻彼等已发出通电数道，何人名义，内容如何，概不得知。元洪负国民付托之重，本拟一俟内阁成立，秩序稍复，即行辞职，以谢国民，今既枝节横生，张勋胆敢以一人之野心，破坏群力建造之邦基，及世界公认之国体，是果何事，敢卸仔肩。时局至此，诸君夙怀爱国，远过元洪，伫望迅即出师，共图讨贼，以期复我共和，而救危亡，无任迫切，临电涕泣，不知所云。如有电复，即希由路透公司转交为盼。

此电因电报局被张勋辫子兵把守，黎特派人到上海交金永炎代发。

黎元洪身为民国大总统，庸懦无能，昧于形势，轻信宵小之徒的挑拨鼓动；其幕僚丁世峄、金永炎、哈汉章等辈，愚蠢自私，策划乖误，以致被军阀、政客轻视、玩弄。及至复辟发难，不想方设法，平逆靖难，却急不可待地跑到日本使馆要求避难，以一国之总统，竟愚昧无知到如此地步，也是历史上罕见的事情。

2 民国统治权中断五天

7月4日，冯国璋、段祺瑞联名通电，历数张勋八大罪状：

（1）出身厮养，行秽性顽，便佞希荣，渐跻显位，服官民国，已历六年，群力构造之邦基，一人肆行破坏。

（2）置清室于危地，致优待条件中止效力，辜负先朝。

（3）清室孀妃耆宿，誓死不从，张勋胁以威，目无故主。

（4）拥幼冲玩诸股掌，袖发中旨，权逾莽卓。

（5）与同舟坚约拥护共和，口血未干，卖友自绝。

（6）捏造大总统及国璋等奏折，思以强暴污人，以一手掩天下耳目。

（7）辫兵横行京邑，骚扰闾阎，复广募胡匪游痞，授以枪械，满布四门，陷京师于糜烂。

（8）以列强承认之民国，一旦破碎，致友邦愤怒惊疑，群谋干涉。

副总统冯国璋坐镇南京，奉到黎大总统令，代行大总统职权后，又经各省督军的敦促，乃于7月6日，依大总统选举法第五条第二项，在南京宣布就职。其就职布告和另外的就职通电，均由在天津的国务总理段祺瑞副署发表，中华民国统治权因此中断了五天。

黎元洪临逃出总统府之前，曾令总统府高级军事顾问丁槐，将大总统印信五枚——计有中华民国之玺、荣典之玺、册封之玺、大总统印、陆海军大元帅印等，运到上海，以便移交给继任者——但黎特别嘱咐丁，一定要见到自己的亲笔信之后才能正式移交。丁槐携印信及家眷到了上海，住在三洋泾桥的泰安客栈。那时的人还有一种迷信，以为那些印信有多么神奇，非得有了它才算是名正言顺。所以冯国璋一接到黎叫他代行总统职权的命令，就忙着打听那些印信的下落。

但是7月13日，丁槐忽然发表讲话，否认黎总统曾通电辞职，也不承认委托冯国璋代理总统职务。次日，冯国璋一面发电奉迎黎元洪复职，一面派副官长何绍贤去沪上索印。可是，丁槐坚持必须有黎大总统的亲笔信才能交印，因此接连收到几封匿名恐吓信，并且暗中受到监视，不得不移居租界内的“西路客利西饭店”。

孙文得知这一消息后，派“海圻舰”自广州北上，也准备接收印信，但黎一直没有发来亲笔信，丁槐不好贸然交付。这时，淞沪护军使卢永祥奉冯国璋之命，和外国人交涉，逮捕了丁槐，印信也被一起移交。后来，人和印信一起押回北京，丁槐以“盗印”论处，判处死刑，后被徐树铮，以及丁的盟兄赵尔巽救出。如果大总统印信是总统的合法象征，那么中华民国的统治权就不只中断五天了。

第八章

讨逆、讨逆，如同儿戏

一　马厂会师

1 段祺瑞再度出任总理

6月30日的晚上，身在天津的段祺瑞已经得知张勋带领众人进宫的密报。第二天早上，他找来了天津警察厅厅长杨以德，叫他监视直隶省长朱家宝，因为朱家宝是个明目张胆的复辟派，老段怕他对自己有不利的举动。谁知这个杨以德这时看不清形势，因朱家宝向他许愿，保他做民政部侍郎，所以竟然捧起朱家宝的臭脚。杨以德反而劝老段不要多事，并且告诉他别走出租界，以防不测，这把老段气得直翻他的“白果眼”。

朱家宝(1860—1923)，字经田，云南省人。前清时官至安徽巡抚，倒不是他有何才干，而是叫他儿子拜老贪官庆亲王奕劻为义父，攀援上这条粗腿，才青云直上的。辛亥革命时，朱家宝顽固地反对革命军，张勋出动三营辫子兵帮他与民军对抗。待到革命大势潮滚而来时，他又自称是明朝唐王的八世孙，卧薪尝胆已非一日，被人传为笑话。民国后，他到京大肆活动，捞了一个云南省议员，并加入了国民党。袁世凯解散国会后，他反而高升直隶巡按使，是个卑鄙的老官僚。洪宪帝制时，他就急忙称臣，被袁封为一等伯。后因与曹锟不谐，又勾结上老相识张勋作为奥援。

再说这个杨以德(1873—1944)，字敬林，原名杨以俭，是一个山东落魄盐商的后代。小时候给人家打更守夜，人送外号“杨梆子”。后经人介绍在天津老龙头车站当上剪票员。可能是职业的关系，他练就一种本领，见人一面之后，就能记住他的特征，经久不忘。在这期间，他结识了北段警察督办曹嘉祥，曹介绍他到侦查处当侦探。庚子年，八国联军侵入天津时，他捉住江洋大盗张立三，声名大噪。当时天津海关道唐绍仪报告给袁世凯，袁很高兴，立即接见。见面后，袁问他有什么功名？杨回答没有。袁说，没有功名，我怎么保你做官呀？杨梆子灵机一动，说，我的哥哥曾捐过一个同知的衔。从那以后，他就和他的哥哥换了名字，他成了杨以德，他哥哥变成杨以俭。

1906 年，杨以德任京榆路总稽查，后在天津城里大费家胡同成立探访局任总办。他也不负袁世凯的栽培，在京、津两地大肆捉拿革命党。1908 年，兼任京津电报电话线路督察，朝廷赐三品顶戴。1909 年，任北洋警务公所道台。袁世凯兴办警务学堂，杨以德刻意钻研，推行新政，成为模范警察。晋升为直隶省警务处长，天津警察厅长，北洋行营营务处长等职务。后来一直升到将军府将军、德威上将军、直隶省长等要职。

壬子兵变时，杨以德趁乱发了些洋财。天津士绅以严修为首要与他当面理论，杨当众发誓说：“我要是拿了一根布条，回家时叫电车撞死。”结果，有上边给他护着，还是不了了之。洪宪帝制和张勋复辟时，杨以德都积极参与，可是连一根稻草也没有捞到。

杨以德一生聚敛甚多，但是晚年其家产都被长子把持，以至郁闷不舒得了风瘫，在痛苦中了结其一生。抗日战争期间，杨以德拒绝日本人诱降，不任伪职，这也是他人生闪亮的一面。

7 月 1 日凌晨，几个研究系的大将正在天津意租界刘崇佑的家里蒙头大睡,突然蓝公武举着一份《大公报》推门进来,高声喊道:“小皇上又坐了金銮殿,你们还在这里睡觉?”众人醒来,拿过报纸仔细一看,便纷纷议论起来。正在这时,梁启超也赶了来。大家看到掌门人到了,更来了精神。汤化龙说:“任公,这是我们的机会来了,事不宜迟,马上和芝泉合计一下就动手吧。”梁启超道:“我这就去找他,你们先在此等候,等我回来再说。”梁启超到了段的寓所,开门见山对他说:“公能起兵讨逆,则我从公,鞍前马后,绝无怨言。如不然,请公从我亡命日本。”老段说:“我已决定讨逆,请你来帮我策划具体的做法。”

再说,黎元洪的密使覃寿堃带着黎的密令来到天津,找到张国淦,二人商量好了之后,张便来到段的住处;先不说黎的命令,而劝说他起兵讨逆。段表示他也有这个打算,不过还想到南京和冯国璋商量一下。张国淦说:“常言道兵贵神速,现在已经火烧眉毛了,哪里有时间去商量?如果人心动摇,附逆的人越来越多,岂不更加难办?再说,如果冯附和复辟,他必然将你禁闭起来,如果他也主张讨逆,你不过是他的先锋,功劳都归于他一人而已。”段听了,觉得的确是这个道理。可是又犹豫道:“我用什么名义来号召军队呢?”张国淦这才将黎重新任命他为国务总理的意思说出。不料,老段陡然沉下脸说:“他?他现在还算是总统吗?我怎么会接受他的命令?笑话,难道我不能叫几个军人推戴我出来督师?”

张国淦劝他不要意气用事,道:“这个办法是万万不可行的,总统任命是依正道而行,军人拥戴则是非法行为,军人拥戴于前,必然干政于后。再者,你所号召的只是北方军人,西南各省必不肯拥戴于你,但若是由总统任命,西南各省亦不得不听命于你,又何乐而不为呢?”段手下的人还有不同意的,但段权衡许久,觉得还是张国淦说得有理。于是,段接见了覃寿堃,接受了总理的任命状,再次出任总理。剩下的问题就是到哪里去找讨逆的军事力量。

段祺瑞的地位虽然在北洋系中无出其右者,可是究其实际不过是手无寸铁,没有一支直接掌握的队伍。而他手下的军人们个个在观望形势,甚至有的还公然拜受伪诏改称某省巡抚的。老段毕竟在北洋系有些根底,连夜派他四大金刚之一的靳云鹏去济南,运动山东督军张怀芝;要求张起码不要附逆,最好守住津浦路,截断张勋的运兵线。接着又与倪嗣冲接洽;还联络了驻在保定的曹锟，许诺以将来的副总统非他莫属。

张怀芝对老段的讨逆颇有不敢苟同之意，但是又不能妄动，事情有些僵。老段又通过张怀芝的弟弟加紧疏通其兄，终于打通了这津浦路上的重要关节。接着，倪嗣冲也回话了，同意老段的主张，不过要求只讨张勋一人，不要牵扯其他——明白地告诉老段不要找他的麻烦。曹锟更是欣然应命。其实，倪嗣冲、曹锟在7月1日也曾挂了龙旗，采取了两面应付的态度，在当时这是那些军头们普遍采取的对付方法。曹锟当初也曾派了他的弟弟曹锐在徐州会盟上签了字的，这些武夫对于君主立宪还是民主共和本来也是一知半解，不过是谁给的好处多就跟着谁跑。

其实，这次张勋来北京调停，本是北洋系叫他打头阵。可是张勋妄自尊大，过分专擅，处处以北洋老大哥自居，大有指挥整个北洋团体的势头。最为北洋派所忌的是他一手包办内阁，既然内阁可以由他任意选定，万一复辟成功，他岂不要一手包揽“上谕”了吗？将来他动辄以圣旨压人，谁能受得了？再有他把大官帽子都留给自己，政务总长、议政大臣、北洋大臣兼直隶总督，才给了曹锟一个直隶巡抚。本来曹锟已经是直隶督军了，反而降了他一级，自然对复辟兴味索然，哪里会给他老张卖命呢？

还有一个驻在马厂的第八军军长李长泰，也是一支现成的队伍。

说起这个李长泰，年纪比段大，既是他的同学，又是他的旧部，可老段一点儿也不喜欢他。老段要联络李长泰反而要靠小段，即段芝贵。段芝贵这人是有名的马屁精，他在前清时拍老庆王的马屁，民国后拍袁世凯的马屁，简直到了得心应手、驾轻就熟的地步。现在又钻到老段的帐下。他也是安徽合肥人，和老段是本家，虽然年纪比老段小，但论起来辈分还是老段的叔叔辈，可是现在却论不到这个辈分了，小段一切看老段脸色行事。小段生得带几分英俊，所以在官场上惯于走内线，上峰、下属的女眷，什么太太、姨太太、小姐，甚至老妈子，他都可以拉上交情。他以己度人，以为老爷都是怕老婆的，走内线乃是擒贼擒王之法。所以许多太太、小姐们都不讨厌他，私下竟称其为“小香儿”——因其字号香岩也。

老段把联络马厂第八军的任务交给了小段。

任国务总理时的段祺瑞

老段把这个差事交给段芝贵真的没错，这李长泰平时素有季常之癖，而其夫人又有货财之好。交通系的叶恭绰从交通银行拨出二十万交给小段,小段打通了内线,自然就一路畅行无阻了。李长泰这人贪心不足,拿了钱不算,还要老段答应他，事成之后将北京的步军统领一职给他,老段在用人之际,只好也答应了。不过李长泰还是有些心存疑虑，老段又亲自到小站走访王汝勤,王汝勤与老段有师生之谊,表示绝对服从,李长泰这才坚决起来。

这时，徐世昌派他的门生陆宗舆也来求见段祺瑞。原来老徐对段祺瑞的行踪打探得一清二楚，他心知张勋必败，唯恐这就要烙熟的大饼没有自己的份儿,不由得着起急来。他表面上派陆宗舆和老段商量清室的善后问题，实际是打听一下段的口气，看这笔生意能不能让他也入上一股。老段一方面看在老同寅的面子,另外现在主要的敌人是张大辫子,便派傅良佐到徐宅报告,请他收拾一下准备进京,总算是承认他也是反复辟的同志了。老徐这才长长吐了一口气;心想:这个宝又押对了。

各方面联系妥当后，老段于7月2日晚上11点左右，偕同梁启超、段芝贵、傅良佐由天津北站出发去了马厂。那天正好是阴历五月十四，一轮明月高挂当空，几人走在空旷的月台上显得格外冷清。段祺瑞是为了誓师而来，特意换上一身黄呢军装，挎着指挥刀，足蹬马靴，后跟还钉了两根马刺，一路走来，哐啷哐啷，倒像挑着担子的小炉匠一样。马厂在静海县以南，火车很快就到了。李长泰亲率所有中级以上军官到车站欢迎，老段有许多过去的亲信被提拔安插在第八军内，因此从上到下，他是有相当把握的。曹锟的代表王承斌也到了，几个人草草地开了个会，大计方针就算定了下来。

7月3日上午，众人推举段祺瑞为讨逆军总司令，段随即组成讨逆军司令部，并宣读了梁启超起草的洋洋洒洒一篇两千余言的讨逆檄文。内云：

> 天祸中国，变乱相寻。张勋怀抱野心，假调停为名，推翻国体……今日民智日开，民权日昌之世，而欲以一姓威严，驯服亿兆，尤为事理所万不能致……有史以来，念余姓帝王之结局，其安善未有能逮前清者也……各友邦之承认民国，于兹五年，今翻云覆雨，我国人虽不惜以国体为戏，在友邦则岂能与吾同戏者……祺瑞罢斥以后，本不敢复与闻国事，惟念辛亥建设伊始，祺瑞不敏，实从领军诸君子后，共促其成。既已服务于民国，不忍坐视民国之颠覆分裂而不一援，且亦曾受恩于前朝，更不忍听前朝为匪人所利用以陷于自灭。

老段这两天劳累过度，嗓子有些沙哑，梁的檄文又是文言，加上他的安徽话不好懂，站在底下的士兵们也不知道他是在读文章呢，还是在唱曲呢。老段通电发出之后，陆荣廷、瞿鸿机等人否认自己列名归政；表明反对复辟的电报陆续而至。岑春煊也致电清室世续等，劝他们勿堕入别人的圈套。

老段坐帐中军，任命段芝贵担任东路军总司令，指挥李长泰的第八师。冯玉祥为第一梯队司令，王汝勤为第二梯队司令，进扎北仓。任曹锟为西路军总司令，指挥第三师第五旅吴佩孚部，直隶第一混成旅王承斌部，第二十师四十旅张纪部，山西第一旅商震部，进扎长辛店。李、曹两支兵马遂成为段的政治资本，两师随即出发。梁启超、汤化龙、徐树铮、李长泰为参赞，靳云鹏为总参议，张志潭为秘书长，曾毓隽、刘崇杰、叶恭绰、丁士源分别担任军需、交涉、交通、军法四处处长，陶云卿为副官长，傅良佐、曲同丰为军事参议，王克敏、吴鼎昌、吕调元为顾问。财政方面，由新交通系的曹汝霖借了直隶省库所存开滦股票抵押一百万；李思浩由北京带来盐款五十万；旧交通系梁士诒也与交通银行商定，预备二百万作为军饷。当然，这种时候是不会没有日本人参与的，三菱公司经理秋山昱以开滦煤矿股票为担保，“慷慨解囊”，掏出一百万作为军费；林权助公使也出血八万，用来收买张勋部属的倒戈。有了足够的金钱，给陈光远的第十二军、李进才的第十三军全部发了双饷，这两支队伍不会再为张勋卖命，讨逆部署就这样确定下来。

誓师大会后，段祺瑞又在司令部召开军事会议。这时又接到冯国璋接受代理总统的电报,老段把电报递给曹锟的代表王承斌看了,然后郑重地说:“王旅长,你回去告诉仲珊(曹锟字仲珊),请他赶快出兵,朱家宝必须滚蛋,直隶省长一职当然由他兼任。”王承斌正答应着,小徐从旁边插过来说:“现在有件事,要请总司令的示,我们东路兵必须路过廊坊,可是驻防廊坊的第十六混成旅,还没接洽好。”老段皱着眉头说:“不是叫陆朗斋(陆建章)去找冯玉祥了吗?”小徐绷着脸说:“陆朗斋要滑头,硬说他不知道冯玉祥在哪儿。”老段扭头对小段说:“香岩,这件事还得交给你,廊坊是我们东路的第一站,这关系全局成败。不过,好在我们明天就回天津去,到了天津无论如何要把他找到。”

不久,那个观望形势的杨以德摄于老段的威势,将朱家宝赶走。朱家宝感叹:“共和误我,复辟更误我!”

7月5日晚,段祺瑞偕同众人回天津,讨逆军总司令部也由马厂移到天津河北造币总厂。虽然,只过了三天,但这一去一来之差别可谓是天壤之别。7月2日晚上,老段离津时,心怀惴惴,鬼鬼祟祟,随行只有三五个人,冷冷清清,好不凄凉。待这次回来,车站上黑压压挤满了欢迎的人,老段心里不禁叹道,古人云,大丈夫不可一日无权,斯之谓欤!只见欢迎人群的前面,有个全身戎装,威武异常的军官迎上前来,向着段老总笔直地行了一个军礼,口称:“报告总司令,朱家宝已经逃跑了。”老段仔细一看,原来就是两天前,警告他不要离开租界的那个杨以德,老段一扬脸,从他前面昂首走了过去。下榻之后,段旋即设立讨逆军总司令部。因为段已经接受黎元洪的总理任命,乃暂移中央政府于天津,在直隶省长公署设立国务院办事处。

因为徐州是张勋的大本营,若是不予肃清,一旦张勋部属张文生、白宝山等人北上增援,讨逆军将有腹背受敌之虞。于是,7月6日,已经通电接受代理总统的冯国璋和段祺瑞联名任命倪嗣冲为南路讨逆军总司令,所有沪、杭、赣各军均归其节制。段祺瑞命令其心腹曾毓隽坐镇济南,督促山东督军张怀芝截堵徐州的辫子军北上。又派徐树铮留守蚌埠,牵制倪嗣冲及南京的冯国璋,合力对付徐州——以冯军攻打浦口的定武军,皖军攻打驻安徽的定武军,两处攻下,再合攻徐州。山东军队则截断津浦路,阻其北上。徐州三面受敌,张文生、白宝山即使想北上援助,也该面对现实,不敢妄动。

倪嗣冲本是复辟的中坚人物，对黎元洪兵谏的发难者就是此人。复辟当日，他即在蚌埠悬挂了龙旗，接受了小朝廷的任命。旋即听到段祺瑞马厂誓师的消息，这位军头知道老张的大势已去，不顾口血未干，言犹在耳，反过头来通电反对复辟。可是，倪蚌帅再反过来一想，万一张勋反败为胜，自己岂不输掉老本，又来了一个狡兔三窟的做法，密电张勋，解释自己所处地位的困难，不得已出此下策，将来有机会，尚可北伐作为后援等等。叫他来担任讨逆实在是滑天下之大稽了。

2 张勋面临的严峻形势

话说北京挂了三天的龙旗，只有安徽巡抚倪嗣冲、福建巡抚李厚基、绥远都统王丕焕、长江水师提督张敬尧来了谢恩电报，别处居然一点儿响动也没有。反对复辟的通电倒是来了不少，有湖南的谭延闿、海军总司令程璧光、还有那个平时听不见动静，一到关键时候就捣乱的岑春煊。徐世昌那个老狐狸也反对复辟，最使张勋胆战心惊的是，冯国璋、陆荣廷也都通电讨逆！

在此之前，胡嗣瑗和辜鸿铭主动向张勋请缨，要去说服江浙一带归顺朝廷。谁知到了天津，他们就听说老段马厂誓师的消息。胡嗣瑗自以为和冯国璋交情深厚，去了南京；辜鸿铭则掉转头来，又回了北京。张勋见了辜，问明缘由，不由得大怒，骂道："临阵脱逃，背主忘恩，以后不叫你辜鸿铭，干脆叫你辜鸿恩算了。"辜鸿铭的辩才此时也派不上用场，只是一个劲儿请罪。复辟失败后，辜鸿铭又回北大教他的书去了。

当初"筹安会"的老板杨度在这个热闹中，也和"臣记者"薛大可潜入北京。杨度托人替他寻找二品顶戴，欲进宫请安。但是找遍北京，已无法觅到，只好作罢。薛大可不过是个小京官，还不够资格递职名请安，徒呼负负而已。杨度还给张勋写信，抬头写"虎臣仁兄"。张勋看了，将信抛之在地，大骂杨度"反叛"，并叫吴炳湘去抓他。幸亏吴和他还有些交情，派人催他赶快离开。杨度只好狼狈出京，后来有通电痛诋张勋、康有为，有人问他："你不是主张君宪的吗？"他摇摇头道："君宪虽是良药，经那年一闹，已是不可再用的破烂了。我一生政治失败，在于偏于保守，今后当寻找新路线，以冀收效桑榆。”

此时，张勋觉出这不是事儿，赶紧打加急电报叫徐州“速寄四十盆兰花来京”。原来张勋在 6 月 7 日从徐州动身北上时，就和定武军总司令官张文生约定，如果形势需要，以“送兰花”为暗语发兵增援，一盆兰花代表一营兵，四十盆兰花即是四十营兵。当初，张勋敢于只带五千兵马北上进京，而留在徐州两万大军不动，就是因为他估计津浦线上的倪嗣冲、张怀芝都是复辟同志，绝不会堵截他的军队，现用现调也来得及。但现在徐州处于宁、皖、鲁三省联军包围之下，哪里敢轻举妄动，张文生遂以徐州附近土匪猖獗，自己率军前往讨伐，然后倒填日期，以加急电报给张勋发出；然后，以底下人故作不知，真的解送四十盆兰花发往北京。等到张勋到了车站一看，只见香气四溢的兰花摆满了月台。张勋大怒，举起兰花皆尽砸烂。这时，他这才真的觉出事情不仅是不大妙，而且是大不妙。

真是祸不单行，又有报告说，派到南京和冯国璋接头的胡嗣瑗，刚一到南京就听说冯发出反对复辟的通电，不仅见不到冯，而且南京方面放出颇有不利于他的空气，胡只好躲往上海。看来，冯的这条路是走不通了，只气得张勋暴跳如雷，把冯国璋的祖宗十八代都骂遍了。

万绳栻毕竟是谋士，遇事不慌，劝解张大帅不要急躁，现在的当务之急是赶紧找到佃信夫，让他去问日本公使林权助：日本政府曾经答应帮忙，已经到了节骨眼儿上了，这个忙到底怎么个帮法儿？请他林权助大小给拿个主意。张勋一听不错，便一迭声地叫那个台湾人谢介石，快去日本公使馆。等了大半天，才见谢介石满头大汗跑回来说，佃信夫到青岛养病去了，林权助昨天胃病复发，早晨去了西山。张勋又气又急，跺着脚说：“我早就说矮子靠不住，你们偏偏要信田中义一这个狗入的！”

接着，段祺瑞马厂会师的详细报告也传来了。张勋叹息着，叫雷震春、万绳栻算算，万一开了仗，到底有多少兵马可以调动。雷震春心里暗暗叫苦，我的天啊，三天前报的那笔账，现已全都成了花账。新任直隶提督陈光远、福建提督蔡成勋、军警执法督办李进才，这两天已不见了踪影。只有长江水师提督张敬尧、浙江提督范国璋，到宫门谢过恩，还在北京撑着场子。只好直言不讳地说道:“谁知道这群王八羔子全都丧尽天良！现在只有大帅你的定武军，还有吴长植、刘金标、张锡元的三个旅和范国璋的一个师还能用。范国璋要靠他抵挡曹锟。东路万庄前线，虽有布置，还是显得单薄些，据万公雨说，昨天又把张锡元的两个团加上去了……”

3 双方的实力比较

(1)共和军方面

7月2日晚，段芝贵率领东路军自马厂向北仓进发，其下计有第三十团第二营、第三营、第十五旅之一部，以及驻小站的第十六旅。

曹锟的西路军所属步兵、炮兵两队于2日抵达长辛店，后面的护卫一团也于3日夜间渡过卢沟桥渐次北上。

讨逆军在廊坊的有冯玉祥的第十六混成旅。

再说，冯玉祥为何去而复来，这里面还有一段缘由。袁世凯死后，冯玉祥的第十六混成旅从四川调回直隶，就驻防在廊坊。冯玉祥是陆建章的外甥，而段祺瑞和陆建章早有矛盾，此时老段想起用早已失势的陈宦，派他为甘肃督军。做督军必须有军队作为后盾，陈宦旧日的部队只剩下冯玉祥一旅，但陈宦又恨冯玉祥经常不服从指挥，因此想要调离他，以团长杨桂堂升任旅长。因此，老段想方设法想排挤走冯。还是在1917年4月份的时候，段祺瑞的心腹，任陆军部次长的傅良佐，为了调防的事和冯玉祥说拧了。这小傅倚仗着老段的权势，颐指气使地将冯玉祥的旅长给撤了。谁知这个旅的官兵不干了，拆毁京津铁路，非要与冯旅长同进退不可。最后由陆建章亲赴廊坊，好说歹说才平息了一场风潮。虽然是杨桂堂任旅长，他却指挥不灵。当时，张勋声势煊赫，为了保存实力，不被老段拆散，冯旅也曾和张勋联络，表示愿意惟张勋之命是从。

冯旅是北洋军中的精锐，廊坊又是东路军的第一线，段祺瑞用到冯旅，只好叫小段赶快把冯玉祥找回来。冯玉祥其实就在北京西山隐居，当他听到复辟的消息，立即下山到了天津。段芝贵闻知，马上邀冯来家，说了许多好话，又把傅良佐拉来，向冯赔不是。冯玉祥不愿意理会这个傅良佐，便推说前线事情重要，离津赴廊坊了。7月6日，冯到了驻地，立刻召集会议，决定第二天的行动计划，因为附近万庄的辫子军，正是张勋的主力。其实，后来的事实表明，冯玉祥把张勋的辫子兵估计得太高了。

(2)复辟军方面

张勋闻知段祺瑞在马厂会师之后，心想，段祺瑞不掌握政权，又没有直辖的军队，颇有几分轻视，即决心与之较量一番。7月2日夜里，一百七十多名定武军开赴廊坊驻扎。3日上午，又有两营的辫子军携带山炮、机关枪开往丰台万庄方面。接着，定武军步、炮兵两营、第十三师的一千多马、步兵，以及近畿部队的千余名士兵，开赴财神庙、跑马场一带驻扎。

为了给前线部队运送弹药，辫子兵在前门、珠市口、骡马市大街，及长安街一带拦截民车载送。一时谣言纷传，商户纷纷闭市，拉洋车的在马路上飞奔，行人也惊走躲避。霎时间秩序大乱，前门外人山人海，拥挤不动，多有被践踏受伤，血流满面者。后经警察尽力维持疏导，才稳住局面。

其实，张勋到了北京之后，就和一部陆军部直属部队约定好，丰台、廊坊一段由友军派两个旅设防，一旅原是冯玉祥旅现由杨桂堂旅长率领，驻廊坊；另一旅的旅长是外号叫吴大鼻子的吴长植，驻丰台，还有一团驻京郊。张勋怕事情有变，派苏锡麟带着驻京郊的吴旅一团到丰台、廊坊一带去察看。

苏锡麟乘火车在接近廊坊的万庄被杨旅士兵截住，不许他再往前走了。吴旅的一团人也从火车上下来，苏锡麟在车站给杨旅长打电话，这才知道杨旅已经交给冯玉祥了。苏知道情况不对劲儿，回到火车旁时，只见吴旅这一团人已经把枪搭在一起，坐在地上休息，一副不准备再走的架势。苏锡麟明白，这些军人已经商定好了，不宜再和他们纠缠，便对那团长说："你们就在此休息吧，我到丰台和吴旅长商量。"遂借机离开，赶回北京去见张勋。

张勋听了苏锡麟的报告，又骂开了祖宗："他们推我出来进行复辟，这是要咱。咱也不能孬了，老子豁出去了，拼命也得跟他们干。咱们怕什么？到时候咱就抖露抖露，是我一个人要出来保皇上复位的吗？"

张勋一边骂着，一边叫人把天坛的李辅廷找来，开会研究作战方案。这时李辅廷已经被老段一方收买，不听他调遣了。张勋带到北京的十营军队，被李辅廷带走六营，只剩下苏锡麟带领的四营，其实只有一千五百人左右。张勋听了更加冒火，立即命令苏锡麟把队伍拉出来，布防在前门、天安门东华门、南池子一带，并修筑了防御工事。说是自卫，其实，主要是为了保护南河沿的张勋公馆。

张勋一面督促着苏锡麟布置防御工事，一面向万绳栻索要当初众督军代表在徐州签字的黄绫子。万说，他恐怕带在身上不保险，留在天津没有带来，大帅要，他马上回天津取，于是借故溜了，以后再也没有见面。其实，在段祺瑞马厂会师的前两天，冯国璋就派人以现洋20万的代价，从万绳栻的手中将“签字黄绫”和给张勋的亲笔信一起收买了去。

至于张勋一直以为可以依靠的陈光远部，更是使他失望。

其实，陈光远在7月1日那天，倒是把民国的五色旗小心翼翼地收好，然后挂上龙旗。可是，当他7月5日接到段祺瑞的密电任他为中路军司令，要他讨逆时，他又犹豫了，他既不辞也不就，按兵不动地观望着。等到段祺瑞那边把大把的钞票送过来的时候，他决心改变方针，不再跟着辫帅跑了。到了段芝贵7月10日以东路军司令身份来到南苑，向他下达命令时，他的第十二师担任了从广渠门、左安门进攻天坛的任务。

二 战与和

1 复辟军不堪一击

段祺瑞为了减少事情的阻力，曾电劝清室自动退位，免得大动干戈。但是张勋执意不肯。这时张勋已经陷入孤立，还在那里乱发上谕，饬每省各推举三人，来京筹议国是，又授徐世昌为太傅，张人骏、周馥为协办大学士，岑春煊、赵尔巽、陈夔龙、吕海寰、铁良等人为弼德院顾问大臣，来给自己装门面。世续到底老练，忧多喜少地冷眼旁观，天天还派太监到东安门买报纸，看各地的动向和反应。自己则噤若寒蝉，不出一语，但听辫帅指挥一切。张勋今天封某官，明日放某缺，不过是空对空——千百里以外的那些人，知道不知道是一回事，知道了，敢不敢来又是一回事。

老段看形势发展，非诉诸武力不可，遂定下"速战必胜"的方针。段祺瑞为了避免辫子军在北京胡作非为，打烂仗，决定使用釜底抽薪之计。于是他派手下找到日本公使林权助，请他帮助筹款八万元，作为善后款拨给张勋部队。

讨逆军在廊坊方面有第八师步兵、马队各一团、第十六混成旅的全体。而复辟军只有步兵八营、马队一营、第十三师的一个旅。讨逆军在人数上即占了上风。

7日凌晨，讨逆军开始攻击万庄的复辟军。李长泰的第八师和冯玉祥的第十六混成旅，从京津铁路的两侧进攻万庄。双方只打了不到一个小时，辫子兵即全线溃退，几千人马车辆像潮水一样涌向丰台。上午10点钟左右，定武军退至永定门固守在天坛里面，永定门上驻扎有一营辫子兵及一门大炮。讨逆军则沿着铁路，一直追到永定门。

跑马场附近的辫子军被曹锟西路军所攻，退至彰仪门(广安门)。下午又退至先农坛。近畿第二旅和第十三师刘金标部原拟前往丰台支援定武军，见到风向不对，一起投奔了陈光远营内，张勋的同盟者又减少一个。虽然，万庄的战斗不过是复辟军试探性质的接触，但是初一交锋即已披靡，实在令辫子兵魂飞胆慑，那些附逆观望之流，也为之夺气。

2 张勋羞惭辞职

万庄之败后，本来的盟军、援军纷纷倒戈相向，张勋自知已成为众矢之的，乃请王士珍收拾残局。不过他仍然不愿承认失败，仍要在旁边处于监督地位。但残酷的现实摆在面前，他只好矫诏皇帝谕旨，召徐世昌入都，以太傅大学士辅政，自己开去所有职务。

张勋并于7日晚发通电，大发牢骚，谓："我国自辛亥以还，因政体不良之故，六年四变，迭起战争，海内困穷，人民殄瘁。推原祸始，罔非共和……"这里，张勋和当初的袁世凯一样，把国事危困归罪于共和制度。接着，他又表白、洗刷自己："……勋以悲天悯人之怀，而做拯溺救焚之计，度非君主立宪政体，无以顺人心而回末劫……此心耿耿，天日为昭。所幸气求声应，吾道不孤。凡我同胞，各省多与其谋，东海、河间尤深赞许，信使往返，俱有可徵。前者各省督军聚议徐州，复经商及列诸计划之一，嗣以事机牵阻，致有停顿，然根本主义讵能变更？……"此处，老张倒是道出了一些复辟的内幕隐情，把那些翻云覆雨的政客嘴脸暴露在国人面前。随后，老张不客气地指斥道："不意二三政客因处地不同，遂生门户之见，于是主张歧异，各趋极端，或故违本心，率以意气相向，或持私见而以专擅见规，遽起兵端，集于畿辅，人心惶恐，辇毂动摇……"最后，不得不表示："为保持地方治安起见，自不能不发兵抵御。战争既起，胜负难言，设竟以此扰及宫廷，祸延闾里，甚且牵惹交涉，丧失利权，则误国之咎，当有任之者矣！惟念此次举义之由，本以救国济民为志，绝无丝毫权利之私掺于其间。既违初心，亟当奉身引退，况议政大臣之设，原以兴复伊始，国会未成，内阁无从负责。若循常制，仅以委诸总理一人，未免近于专断，不得已而取合议之制，事属权宜，勋以椎鲁武人，滥应斯选，辞而后任，方切惭惶，爰于本日，请旨请徐太傅辅政组织完全内阁，召集国会，议定宪法，以符实行立宪之旨。勋已面呈辞职。菊老未到京以前，一切事物暂请王聘老执行。一俟诸事解决，勋即率队归徐。"

这个辫帅把天捅了一个窟窿，竟想一走了之，实在把天下事看得太容易了。

共和军方面唯恐战事一起，京城内的歹人趁机而起，贻害平民，遂电请王士珍、江朝宗维持北京秩序。江朝宗接电后，以步军统领名义出示安民告示，惟其告示末尾既不列宣统年号，也不列民国纪年，也是前所未有的事情。

7日下午3时，讨逆军动用了南苑航空学校的飞机，在紫禁城里下开了铁蛋，共丢了三颗尺把长，12磅重的小炸弹，一颗扔在隆宗门外，炸死一名抬肩舆的太监和几只小狗；一颗丢在紫禁城御花园里，炸毁了一只水缸，还有一颗扔在隆福门的瓦上没有炸。飞机离地面只有三百米，投弹员用两手拿着炸弹，用牙齿把保险栓拔出，然后以目测目标将炸弹扔下去。如果地上军队集中火力射击的话，莫说一架两架，就是十架二十架飞机也难逃被击落的命运，只是那些辫子兵刚刚大刀换了枪炮，哪里懂得这些道理呢？航空学校的学生们笑道："文圣武圣，胜不过我们十二磅炸弹一投之胜。"虽然只是小儿科，毕竟是中国内战史上第一次使用飞机。后来康有为曾有一诗记载其事：

流涕宫中遘艰难，宫顶飞机几次盘。
奉召趋朝不俟驾，临危叩阙呈鸣銮。
群臣散走殿廷寂，外使商量宫禁安。
不意廿年归国日，龙楼凤阁对汎澜。

不过，这一来吓坏了宫里的小朝廷。内务府大臣世续给南苑航空学校打电话，以央求的口气说："请求贵校飞机不要进城了，我们皇帝不想做了。"溥仪跑下金銮殿，躲到他父亲的醇王府去了。

3 张勋孤立无援

此时，张勋虽然发出辞职通电，但面对共和军的攻势，也不能束手待毙。他便同王士珍与帝师陈宝琛商量抵御办法。陈宝琛一个文人哪里懂得什么军伍的事情？王士珍又是个无可无不可的人，还不是张勋一个人说了算，于是最后决定，以"上谕"召张作霖，授予东三省总督，令他带兵进京"勤王"。当谕旨写好后，需用"宝"的时候，才发现玉玺盒子的钥匙在醇亲王载沣的手里，要是派人去取，又怕往返耽误时间。陈宝琛果断地命人砸开盒子，取出"法天立道"的玉玺，钤盖好，由奉军张海鹏带往奉天宣旨。可是，钦差大臣张海鹏却化了装，逃命而去，那份上谕早已不知丢到什么地方去了。

战事逐渐逼进京城。驻扎在通州的近畿第一旅旅长张锡元，于7月5日发表通电反对复辟。8日进入朝阳门，但由于误会，与步军统领的部队发生冲突，旋即退出城内。

万庄战败后，定武军望风披靡，退守都门，张勋以骑虎难下之势，决心想背水一战。段祺瑞素知张勋是个难缠的家伙，打起仗来也有三斧头的猛劲。乃令各路军马开赴北京城外附近驻扎，静待公使团调停。

7月9日，北京九门之间被讨逆军团团围住，其时两方面兵力布置如下。共和军方面有：

永定门外：第十一师。

安定门与德胜门之间：第一师团。

彰仪门外：第三师、第十二师、第二十师。

朝阳门外：近畿第一旅。

西直门外为第十三师。

广渠门外：第一师第二十九团。

共计约有六七万人。尚有大炮七十余门，机枪八十余挺。

复辟军方面的兵力有：

天坛方面：辫子军两千余人，欲阻止永定门的共和军。

内城方面：辫子军主要防守于中华门，及皇城周围。

正阳门方面：上面只有两挺机关枪，以防备前门外大街的共和军。

南河沿张宅：辫子兵不过三百余人。

总计辫子军不过四千余人。

共和军在人数上已经占了绝对优势，复辟军为之夺气而不堪一战。张勋在徐州的军队这时已全归倪嗣冲节制，他一人闷坐京城，各路警报接踵而来，又惊又愤，把几根胡子、一条小辫子都差不多竖了起来。他的辫子兵，惧于共和军的强大声势，人心惶惶，市民们更是不知哪时天上会落下一颗炮弹。这时的北京真是如同地狱一般，人们不禁羡慕那些举家跑到外地的人是何等聪明。

老段本想大兵压境，给辫帅一点压力，迫使他自动投降，也可免去许多麻烦。哪知这个顽固的家伙真是“王八吃秤砣铁了心”，偏偏要较量一番不可。

老段不愿放弃一丝的希望，派他的心腹曲同丰、傅良佐进城去见王士珍、江朝宗，请他们转达张勋，如果自动解除武装，一定保证其生命财产安全，且会宽大处理其复辟之罪。

王士珍受命后，连日过张宅，劝他交出军队，公使团定可保证他的生命财产，张却置之不理。王说："如果不幸开战，你有多少军队，子弹能支撑几天？"张勋说："军队多少，子弹充裕与否，兄不必过问。我知道敌众我寡，但我对这毫不放在心上。"这个认死理儿的老武夫又向王士珍大倒苦水，满心委屈地说："事情办成了，他们大家一起享受富贵，办不成都是我一人的错。你也是北洋元老，不能学他们那些人没有良心。老段来了，你要替我说句公道话，帮我出出气。如果老段听你的，我什么话也不说，立即回徐州。如果他要是不听，我就把当初签名的人全都公布出来，叫天下人来公论一下。叫我投降，我死也不干。"

7月9日，江朝宗也来见张勋，劝他交出军队。张勋只是大发牢骚："此事并非我一个人的主张，是众人都赞成了的。现在办不成，把责任都推在我一人身上，惹急了我，我就把那些人都公布出来。"江朝宗自知理亏，讪讪地走了。

张勋绝不是省事的主儿，发了一个通电痛斥徐世昌、冯国璋、段祺瑞等人背信弃义。内云：

> 勋知国情只宜君主，即公等卓见亦早诋共和。兹方拥戴冲人，辄即反对复辟，或实行攻战，或电文诮骂。若谓拥护共和，何以摧残国会？如以王公之位未获宠封，故不甘于为丛殴爵，而为逐鹿中原，则并不为大局绸缪，纯为利权起见，徒说伸张大义，岂为好汉英雄？若必激浪扬沙，翻云覆雨，深恐九州鼎沸，无以奠宁也。

果然是"墙倒众人推"，全国上下一片咒骂张勋背叛民国的呼声，没有一个出面为他求情说好话的。只是到了7月8日那天，当初也曾密谋于徐州道上的阮忠枢打电报给徐世昌，提到："少轩质直忠勇，饶有血性，惟脑筋太简单，思想太旧……今铸此大错，其心可佩，其愚可悯……枢为大局计，为私交计，不得不痛哭乞援于钧座之前……务恳垂念二十余年师生厚谊，故旧之情，为之设法保全生命财产。”徐世昌对张勋未必没有几分同情，甚至对复辟的确怀抱几分希望，但是终于怕复辟派的嫌疑牵涉到自己头上，所以一直三缄其口，一言不发。

虽然康有为的建言张勋一条也未采用，但复辟确是他一贯的理想，所以当他看到复辟前的徐州会议上，人人同意张勋的主张，现在又把罪名全都推给张勋一人，心中大为不满，致书徐世昌，洋洋五千言，揭发复辟经过，指斥段祺瑞、冯国璋、徐世昌均为同谋，并赋诗云：

围城惨淡睹龙争，蝉嗲声中听炮声。
诸帅射王敢传檄，群僚卖友竟称兵。
晋阳兴甲何名义，张柬无谋召丧倾。
信义云亡人道绝，龙旗收影涕沾缨。

徐世昌又何尝不知这个内情，心里暗自笑他张勋、康有为实在不懂政治。

如前所述，他徐世昌本也是复辟中的干将。其实，这个老狐狸在7月1日复辟上谕颁布的当日，也曾有谢恩折，开头第一句话就是“天祚皇清”，对授予他弼德院院长也表示接受，不过因为最近犯了“痔疮”，不能进京供职。实际上是因张勋独断专行，将好处一个人捞尽，不分一点余沥给别人，这才袖手壁上，冷眼旁观其灭亡。

小朝廷于前两天（6日）即授徐世昌为太傅大学士辅政，并派专使到天津迎接徐进京，想要这个老滑头来收拾残局。哪知道，专使回来告知，徐相国不肯来，他要求张少轩将军队撤出城外四十里，听候段祺瑞改编，他才肯入京调解。

徐世昌不无幸灾乐祸地以和事老的面目，从天津发来电报，称张勋为“少轩老弟”，一面恭维他丹心可照千古，一面婉劝他认输罢兵。

4 复辟党一哄而散

早就对屈就弼德院副院长心怀耿耿的康有为，最会揆度大势。见辫子兵不堪一击，知道小朝廷复兴无望，便用脚作出了明智的抉择。这次，他既不去南河沿，也不去法源寺，而是一头钻进东交民巷的美森院——美国使馆。闲来无事可做，便一天一首诗骂人，以泄心头之愤。另外还把他在上海替小朝廷草拟的诏书，默写出来赠给日本人。但是还是不好打发时光，便写信给沪上的家人，叫他们到上海的"集云轩"去扶乩问卜，问问何时可以脱险回家。这集云轩乃是一贯道的道观，平时以圣人自居的康有为，此时也顾不得"子不语乱力怪神"的古训，居然迷信起一贯道来。

康有为回想起这几个月的经历好不痛心！

7月1日凌晨的"上谕"颁布出来之后，康有为见了，直气得叫苦连天——他所拟的诏书草稿，全都废之不用。原来，当初他将拟好的诏书交给张勋后，张却给了他的奉新同乡万绳栻，万绳栻不过是个略识之无的草包，懂得什么叫宪法？什么叫议会？便随手又给了刘廷琛。刘是江西的老前辈，又是万的老师，一见康拟的诏书草稿，把头摇得像拨浪鼓一般，连声道："不能用，不能用！"刘的理想是尊君权，布皇恩，再现康、乾盛世。再说，他早就忌妒康有为的名气远超乎其上，因此对康极不满，他说："康有为讲立宪，讲共和，哪里是为大清和皇上着想？难怪王闿运说他假立宪以实行革命，这种人拟的诏书怎么能用？"所以后来颁布的诏书，全是刘廷琛所拟，莫说康的崇高理想，就是他纯粹为张勋着想所提的六点建议也全部被否定。朝政全都出自两个市井小人之手，康有为变成了康无为。有人对他说："现在把皇帝抬出来，朝政却一无主张，似非良策。"康有为叹息着说："唉！不过就是这么一回事罢了，张少轩是什么人？够得上和他谈主张吗？"

康有为自戊戌变法以来，一直主张"虚君共和"，政府组织与民国无异，只是一为总统，一为君主——所以被刘廷琛所深恶痛绝。可是康"圣人"却不明白，若是在中国实行君主制，绝无虚君的可能，也绝无立宪的机会。

不过要说康"圣人"没有一点骨气，却也是冤枉了他。前几天，康的学生到南池子张宅找康，劝他立即出京以避战祸。康笑道："真是小孩子之见，我今天还指望革命党原谅吗？成则争功，败则诿过，这是小人所为，我是不会这样做的。少轩不听我的话，为左右把持，一步走错，满盘皆输，并非全盘皆错。今日之败，我的复辟罪魁之名万不能免，我连生死都置之度外，何惧毁誉？与人共事要全始全终，少轩负我，我必不负少轩，我绝不辩白，也不先行。"

那个包打包唱的刘廷琛却不见了踪影，当初他信誓旦旦地说，若是朝廷不保，他将以身殉节。不料，言犹在耳，却第一个溜之乎也。其他的议政大臣也好、尚书侍郎也好，也都作鸟兽散。这些人平日里，忠君报国当作口头禅，大难临头时皆弃之如敝屣。

已经六十八岁的沈曾植被王乃征撺掇来了北京，等到龙旗卷起之时，王的脚下觉悟得早，溜回上海仍做他的儒医，却苦了沈老夫子无处藏身，只好和康"圣人"一道避入美国使馆。这王乃征是四川中江人，光绪年间的翰林，素有直声，不畏权贵，一直升迁到河南布政使。辛亥革命之后，官路已断，只好悬壶济世，还写了一本《鬻医篇》，流传于世。他曾医好过一位官员的小姐，那小姐委身相许，成了他的继室。无奈，开药方挣的几个钱毕竟有限，所以便热衷起复辟的事业。复辟失败后，回到上海继续做医生，谁知他的独生子生病，他下了一剂药，服后竟夭折了，从此不敢再行医。上海的犹太人哈同曾想罗致他，被他拒绝。后束发当了道士。

7月8日，那个日本参谋佃信夫见战事不可免，跑到张勋宅中拉着辫帅大哭不止，叫张勋带着小儿子赶快逃走。张勋一言不发，取来香槟酒一瓶，斟了两杯，与佃信夫各饮一杯而别。过了一会儿，辜鸿铭带着英、美记者三人来访。记者见到张勋宅内外的卫兵一个个发辫蓬松，胡子邋遢，面色惨淡，心事重重，形象极为可怜而又可怖。记者问张勋："时间紧急，只想问大帅是否决心一战？"张勋道："誓死决战到底！"记者又问："若是战事不利，准备转移吗？"张勋说："绝对不去任何地方！"记者向张勋索要此前各省赞成复辟的通电，以及参加徐州会议者的名单。记者们说："此事已经各省同意，所以他们先后独立，并推你为盟主，这是中外皆知的事情。今天他们反戈相向，实在令人不平。最好将事实经过公布于中外，何必代人受过呢？”张勋说：“复辟是我向来的主张，至于有关的文件，我早已烧毁了。”

10日，风声愈加紧张，众人都劝张勋带孩子到外面躲避一下。张勋还是镇定自若，向其顾问商衍瀛说道：“自古全家殉难而死的，数不胜数，本是件极平常的事。不过我过于相信别人，草率举事，以致贻忧君上，实在是罪不可辞。”

5 请外国人调停

张勋知道这时不会有人向他伸以援手了，便在南池子一带构筑工事，积极备战。辫帅甚至扬言，若是把他逼急了，他将仿效东汉末年李傕、郭汜的故伎，先纵火焚烧皇宫，再挟持溥仪出齐化门，“西狩”热河，另立朝廷。

老张一叫号，老段真的有点怕了，他即刻传令各军，在城外驻扎，不准攻打。这时，荷兰使馆也代表外交使团，前来试探张勋对和谈的态度。

自从辫子军在廊坊战败后，清宫内的四个太妃即整日哭哭啼啼，既怕战祸延及自身，危及性命，又怕丢掉了优待条件，这今后的日子可怎么过？刘廷琛、康有为、梁敦彦等也心惊胆战，几次要求外交使团出面调停。老段怕战争在城内打起来，不免殃及中外人士的生命财产。外交使团也怕战端一开，殃及池鱼，慨然答应担任调停。

7月9日，外交使团又向张勋提出调停，要张勋解除定武军武装，将辫子军编入其他军队之中。外交使团保证张勋个人的生命财产。张勋拒不接纳此建议。10日，英、荷、日三国公使再次请张勋慎重考虑外交使团的建议，并请讨逆军承认张勋为政治犯，可接受使馆的政治庇护，以换取辫子兵的缴械投降。

有了外国人的介入，张勋又抖了起来，他一口咬定，取消复辟也可以，停止抵抗也可以，但一切要恢复6月30日以前的状态。换句话说，6月30日以后的一切命令全当成胡说八道，大总统还是黎元洪，国务总理还是李经羲，没有冯国璋的事，更没有段祺瑞的事。说着，他就向荷兰公使提议：把黎大总统接回来吧！

老段不是傻子也不是呆子，怎么会答应？

讨逆军未及答复，张勋却又抢先发了言，他说："我不离兵，兵不离械，我从何处来，我往何处去。"有人问他，如何处置清室？他满腹怨愤地说："人人都很聪明，只我一人最笨。事情干成了，大家一道享福；干不成，我一人受罪。这件事与清朝不相干，干成了，他坐他的龙廷；干砸了，由我一人负责。"

好说歹说之下，张勋又退了一步：第一，他带着辫子兵返回徐州去。第二，不许更改清室的优待条件。曲同丰代表老段答复说，第二条是绝无问题的，第一条嘛，大帅再让让，我们保证你个人生命财产的安全。可是张勋又不答应了，这样翻来覆去，双方始终谈不拢。外交使团提出的条件是请张将定武军解除武装，张勋出京退避，保证其生命财产，也被张所拒绝，表示要"贯彻初志到底"。

10日晚，王士珍、江朝宗、吴炳湘、阮忠枢联袂来到张宅，直说得口干舌燥，谁承想张辫帅却是无动于衷。王、江、吴三人向阮忠枢说："你们二人是老朋友，我们先退一步，你再劝劝他如何？"阮面色青白，眼含热泪，说："事已如此，再说也是无益。"四个人向段祺瑞的代表傅良佐、曲同丰通告了。曲同丰不解地说："张少轩乃是历史传人，何必争一时之气呢？"曲同丰（1873—1929）和徐树铮、靳云鹏、傅良佐同为老段门下四大金刚，山东福山县人，毕业于日本士官学校，经史旧学也有根底，老段视其为左膀右臂。却说傅、曲二人于11日出京复命老段。他们这里谈着，日本公使林权助把吴炳湘、江朝宗找去，替段祺瑞说妥，叫他们开门献城。双方约定，7月12日一早，老段开始攻城，吴、江二人即打开广安门，让曹锟的队伍进来。

这时北京各城门布满了沙袋工事，南池子大帅公馆门外架起了机关枪，商店纷纷关门，民家也把大门闩紧，因为他们早已听说辫子兵在南京的所为。不久传来消息，张勋手下的第一员大将张文生在徐州通电投降，定武军六十四营不战而屈，顺便把脑袋后面的辫子一律剪下，北京的辫子兵更没有了斗志。

6 都门激战

7月11日夜间，讨逆军开始进攻北京。由驻在南苑的李魁元的十一师、张永成的十二师担任进攻永定门；曹锟的第三师进攻彰仪门、西便门；驻北苑的蔡成勋的第一师攻打德胜门。进攻从拂晓开始，到了下午3点钟的时候，战斗转入最激烈的时刻。虽然大部分辫子兵不堪一击，但也有些忠于张勋的辫子兵把辫子盘在头上，赤膊上阵，进行顽强的抵抗。

讨逆军挥扇行军时的情景

(1)天坛方面的战斗

冯玉祥听说段老总停止攻击，反而和辫子军谈开了条件，大为不满，11日当夜即率军从丰台出发直驱右安门。于12日凌晨2点抵右安门。守城部队不给开门，冯玉祥命令士兵登云梯攀援而上，进入城内。不久，西路的吴佩孚、张纪璋两部也先后到达。几支队伍在先农坛汇合后，于4点钟开始，一起向天坛内的辫子兵发起攻击。天坛的辫子兵最多，战斗十分激烈，只听得排炮齐发，步枪乱射，把北京老百姓从梦中惊醒。早晨9点，天坛里面高高举出民国五色旗，表示他们投降了。天坛的辫子兵投降后，冯玉祥仍然执意要攻打紫禁城，欲“斩草除根”，但无人附和，才恨恨作罢。

（2）正阳门方面的战斗

正阳门外的共和军是第三师和第一混成旅，从5点半开始进攻，但辫子军据守有利的地形，从正阳门楼用机关枪往下射击，整个的前门外大街都在其火力覆盖之下。共和军士兵试图以民房作掩护，次第逼进城楼，也归于失败。共和军又改从侧面的壕沟进攻，终因其地近外国使馆区，不敢发炮，使战事受阻。直至张勋躲入荷兰使馆，正阳门才被共和军占领。

第一师的士兵包围张勋住宅，他们将城墙开了一个口子，将机枪对准张宅。荷兰使馆劝张勋躲避，但张勋不听劝阻，坚持指挥辫子兵顽抗到底。

城内、城外分为三个势力区域，内城的辫子兵仍挂着五爪金龙旗，城外的讨逆军则打着五色旗，当中有个不挂任何旗帜的缓冲地带，那是步军统领江朝宗的防区。他的安民告示中钤着斗大的“九门提督”的关防，奇怪的是，末尾的日期既不用大清干支，也不用民国纪年，而混用阴、阳历的日月，他成了讨逆战争中的“非交战团体”。

（3）天安门至中华门一带的战斗

那个脑袋后面留着大辫子，前几天还跟在张勋后边大喊尽忠报国的刘金标也进攻复辟军；因为，他现在已经被段祺瑞委任为东路军第六纵队司令了。南河沿张勋公馆方面，由第七纵队司令蔡成勋担任。西路的王承斌旅先占领宣武门，炮击天安门及南河沿张宅的辫子军。因有清宫禁卫军的援助，天安门城楼上的炮火极为猛烈，苏锡麟赤膊上阵，率领着他的一千多人展开了血战，西路军又抽调商震旅的一团来增援。东西两路夹攻，由早晨5点钟一直战到午前11点多，直到张勋离开后，讨逆军才占领天安门。

此时巷战收缩到南河沿张宅附近的小圈子范围内，清宫禁卫军龟缩到紫禁城里面，不再过问外面的事情。张勋的亲兵们一个个六神无主，心神不定，他们躲在掩体工事后面，一边开枪，一边和旁边的百姓讲价钱，做开了生意，两块钱一袋白面。原来，他们的工事除了沙包之外，还有不少的面粉，都是辫子兵从商家民宅里抢来的。有些胆子大的老百姓，一手交钱，一手就把面粉扛走，这样一来越打工事就越变矮了。

这天一早，张勋身穿官服，外套黄马褂，头戴花翎，坐在大厅之上，面前放一几案，上面有手枪和大刀各一。张勋对手下人说："你们赶快逃命去吧，不要管我，我今天死在这里了。有谁劝我，我即刻杀了他！"

张勋的小妾傅筱翠、王克琴及其子女早已逃到荷兰使馆，南河沿只剩下张勋和二太太邵雯两人。邵夫人本也不赞成张勋的复辟，劝他不听，只好把怒气发作在狗头军师万绳栻的身上，痛骂他道："你无故兴风作浪，将来叫我们张氏子孙连个吃饭的地方都找不到，都是你出的鬼点子造成的！"万绳栻也只好憨着一张老脸，不理不睬。张勋的两个夫人尚且知道复辟不易成功，而张勋身边的一群谋臣、策士却如痴如狂，可见有时一些妇人的识见竟强于男子。

7 张勋逃入荷兰使馆

段祺瑞手中握有六个师，张勋只有五千兵，实力悬殊，胜败已是不言自明。

张勋的友人也曾劝说他早日解除武装，到外国使馆寻求保护。不料张勋还充硬汉，道："本人图谋复辟，非为一己之权势利禄，实在是以自家性命，赌他个扭转乾坤。他国家元老徐世昌、副总统冯国璋，还有各省督军都早已同意了的，我只不过付诸实施而已，怎么我倒成了众矢之的了呢？你们劝我逃避，不如劝段某赞成复辟，只要他赞同复辟，我张某既不要政权，也不要兵权，只希望洁身引退，避居山林，虽死无憾。"

此前，佃信夫还曾与林权助商议，由日本出面斡旋，以几个元老成立"国体协商委员会"，就政体问题展开谈判磋商。但是形势瞬息万变，还没等得有个定论，那边早已打得不可开交，斡旋计划也就胎死腹中。

12 日拂晓，枪声密如雨下，朝阳门外的军队攻进东安门。

张勋却神色坦然，无动于衷。他不但自己决心一死，也不许妻儿离开半步，准备一同牺牲。后来，他索性将房门倒插，谢绝所有来客。

那时万绳栻还在张勋宅内吞云吐雾，到了 9 时左右，他已经过足了瘾，又见形势不容乐观，乃化装成奴仆的样子，准备逃走。不料，被张勋的侄儿看到，大骂曰："大帅还没走，你想到哪里去？你把老张家害得这种地步，却想逃走吗？"遂令卫兵看守住万。万号啕大哭，声音传到外面，直到张勋侄儿离开，才趁机逃脱。中午时分，一颗炮弹击中张勋住宅，引起凉棚着火，延及房屋，张勋还亲自指挥众人救火。

张勋手下的军官早已料定，此举必败无疑，于先一日即和荷兰公使欧登科联系妥当，等到紧急时刻，开车将张勋接走。这时，张宅火焰冲天，只见吴炳湘派了一个叫钱锡霖的，引着一个德国人鸠科尼格和两个荷兰人，开着悬挂荷兰国旗的汽车，言称请他有公事到使馆一谈。张勋却死赖着不走，说："事已至此，绝无调停余地！"几个身强力壮的外国壮汉不由分说，强行把身材矮小的张勋架上汽车，才离开战火纷飞的险地，全宅上下五十二人逃往东交民巷的荷兰使馆。张勋跑进东交民巷之时，正是黎大总统自东交民巷离去之刻，二人正如换防一般。不过，这场闹剧总算落幕了。张勋离去后，12 点钟左右，一座美轮美奂的大宅邸顷刻间化为灰烬，落得个白茫茫大地真干净。据说，事先荷兰女王曾亲自电饬驻华使馆，将张勋接到使馆中来。张辫帅在使馆中住着洋楼，过得倒是满舒适。有一天，一个朋友去造访大帅，闲谈中问他："复辟是否符合国情暂且不论，如果阁下及早宣布立宪以安定人心，即使失败也有个托词啊？"张勋叹息道："我哪里懂得这套玩意儿，还不是万公雨在那里瞎捣鼓。"

再说辫子兵见主帅已经离去，一个个都骂骂咧咧的。这时候只见子弹打进来，不见子弹打出去。原来辫子兵们都忙着抢东西，换衣服，有几个还悄悄地找来剪刀，把辫子剪了。南河沿的抵抗停止了，第一个大摇大摆过来接受辫子兵投降的竟是自己也梳着大辫子的刘金标。三天前，他还跟在张勋屁股后面高喊尽忠报国哪，现在他已经被老段任命为东路军第六纵队司令，他与蔡成勋南北夹击，才将张勋轰出老巢。

万绳栻也住进法国医院。他早已在这里订好了房间，每天的住宿费是九块大洋，万先生一次预付了三个月的定金，被法国人当成了一个大买主。

7 月 16 日，黎元洪因在东厂胡同私宅遇刺，也移居法国医院。法国公使康悌来医院见万绳栻说，黎大总统和你是敌对关系，二人住在一起不大相宜，便把万移到法国兵营去了，同时将万身边的有关复辟的文件七十二件带走。这些文件包括：各省和张勋的往来密电，徐州复辟会议签名名单（不是那件黄绫子），以及冯国璋给张勋的亲笔信，徐世昌拟就的复辟条件等等——后来运到法国，全都成了价值连城的海外孤本。

张勋在荷兰使馆一住就是三个多月，北京政府觉得好没面子，外长汪大燮与英法公使商量准备将张勋、万绳栻流放于法国一个叫作雷佑宁（Reunion）的荒岛去。大概张勋不甘心流亡国外，因为那样岂不成了脱了毛的凤凰不如鸡了吗，所以便一再拖延下来。

张勋北上时只带了十营的兵力，其余的还都留在徐州。老段马厂起兵时，即电令苏、鲁、皖三省进兵包围徐州，以阻止辫子兵北上救援。张文生、白宝山本是张勋死党，见大势已去，假意声明与张勋脱离关系，投降共和军。但是，7 月 12 日，讨逆军大获全胜后，辫子军立即发动兵变，大肆焚掠境内百姓。徐州的东边是邳、宿、睢三县，邳、宿两县被祸尤其惨重，许多富庶的市镇被毁坏殆尽。徐州西境的砀县，也被兵匪抢掠一空。有人向徐州求救时，张文生只以一声“惭愧”作答。

最后，辫子军被张敬尧、倪嗣冲、李纯、张怀芝等收编。还有许多鲁籍辫子兵，将其军械武器拍卖之后，得款作为遣散费，发给三个月的饷钱，装上专车，一路不停地开回山东老家去了。这支专门残害人民、扰乱地方的土匪般的武装终于瓦解了。

张勋除了军队和地盘丢了之外，最大的损失是爱妾王克琴跑了。

王克琴（1894—1925），出身于津门旗籍人家，是清末民初享誉菊坛的名伶，人物长得十分漂亮，和余叔岩的交情非同一般。在袁世凯之后，杨士骧任直隶总督时代，王克琴就是总督衙门的常客，也是卖官鬻爵的一条内线。她看中两个素有美男子之称的候补道祁颂威、孙多祺，不久都变成炙手可热的红员了。1913 年，她在汉口唱戏。鄂督是杨翠喜一案的主角段芝贵，不久就把王克琴金屋藏娇了，惹得小段的原配夫人悬梁自尽。张勋在徐州知道后，竟张口向小段硬讨。小段惹不起大帅的威势，忍痛割爱，从此王克琴成了辫帅的笼中鸟，张的另一个爱妾小毛子因而郁郁而终。张勋北上时，把她带在身边，安置在天津德租界寓所内，左右都呼之为“帅夫人”。张勋进京时，王克琴并未跟随，而经常来往于天津日租界恒利金店，与其中伙计周子明，一个翩翩美少年，发生暧昧。张勋躲进荷兰使馆后，王克琴觉得机会来了，她先让一个女佣将其首饰细软带出去，再收买守夜者用绳索将她系出墙外，结束了张宅四年形同牢狱的生活。这时她的风流韵事传遍京津，那位周某不久成了新开张的宝成金店的东家，外间传说是帅夫人给他拿的银子。王克琴本来身体多病，又有烟瘾，于 1925 年，逝于上海。

三　重新洗牌

1 小朝廷再次退位

7月7日，津浦、京汉两路的战事于复辟军不利，瑜妃和宣统召见议政大臣们，在养心殿商议如何应对。瑜妃几日不曾安枕，垂泪道：“六年来，民国的确优待皇室，未曾中断。今天若是一味武力解决，恐怕爱新觉罗的子孙将会断了香火了。”瑜妃力主即日颁谕退位，但被张勋拦住了。

溥仪夫妇与加拿大总督、“庚款委员会”会长威灵顿夫妇合影，溥仪后面的是庄士敦

7月7日下午，南苑航空学校的飞机投弹清宫后，瑜、瑾两位太妃吓得寝食不安，溥仪也惊恐成疾。及至 12 日激战，宫内流弹飞舞，如同过年的炮仗。瑜太

妃对张勋颇多怨言，甚至想要自杀。

这时，每天进宫的陈宝琛、王士珍也不见影子了，奏事处太监报告了护军统领毓逖带来的消息，说张勋的军队把段祺瑞打跑了。太监们私下传说宫中关帝庙里的赤兔马身上都流汗了，是关老爷显圣保驾，帮着打败了段祺瑞。第二天才知道，张勋已经跑到荷兰使馆中去了。

讨逆军克复京城后，小朝廷本想写第二次退位诏书，可是斟酌一番后，实在难以下笔。直到15日，徐世昌来京，他会同世续、梁鼎芬煞费苦心地遣辞用句，才写出一份东西。本想派世续、溥伦拿着去见老段，有人提醒说，这样反而授人以柄。于是，由内务府咨达国务院，把罪名一股脑推给张勋了事，一切颁布的谕旨概不认账。段也无心铲除这个封建余孽，清室在紫禁城中安居如故。

对于处分清室，当时舆论分为两派，力主激烈的一派认为，应该废止优待条件，废除帝号，将清室迁出紫禁城，此派大多是国民党人。但以前清旧臣为代表的北洋主流派，则主张采取温和方针。他们认为复辟毕竟是张勋导演，清室处于被胁迫的地位。段祺瑞的讨张檄文中说得明白：

冲帝既未与闻，师保（指世续）尤明大义，所有皇帝优待条件仍当永勒成宪，世世不渝。

最后，还是后者占了上风，优待条件依然有效，溥仪也还留在宫廷之中。其实，早在老段率讨逆军进京之前，徐世昌就告诫他说，这次复辟事件不是出自清室本心，完全是张勋一人促成，所以万不可难为清室。就是张勋本人虽然鲁莽，但念在袍泽旧谊的份上，也不要过于逼迫。段回答他说，一定尽力保存清室优待条件，至于张勋，我也不忍心把他怎么样。所以后来虽然也曾悬赏通缉，不过是表面文章罢了。

北洋元老王士珍自觉没有面子，准备收拾行李回正定老家隐居，段急忙跑去安慰他，这位黄老信徒也就安之若素了。步军统领江朝宗、京师警察总监吴炳湘附逆非其罪，而且保卫京城有功，均照常供职。雷震春、张镇芳、梁敦彦三人入狱后烟瘾发作，特许狱中吸食鸦片，以示宽大。

2 惩办祸首

8月10日，民国新政府下令通缉复辟祸首，名单中列有：张勋、康有为、万绳栻、刘廷琛、梁敦彦、胡嗣瑗。

张勋仍在荷兰使馆内，其他五人不知藏身何处。政府曾想引渡张勋，交涉几次，未见结果。据闻，一次段祺瑞偕同梁启超、汪大燮等亲赴荷兰使馆谈判引渡一事，双方正就国际公法滔滔雄辩之时，张勋突然推门而入，右手持"勃朗宁"手枪，左腋下夹着一个文书夹，众人为之愕然。张勋走到众人面前，将手枪放在桌子上面，慨然叹息道："诸位不必惊惶，我不是和你们拼命来的。"说着，将文件夹打开，指着众人说："要说复辟犯，你们中间大有人在，如果你们想引渡我的话，咱们就把这些东西抖露出来。"自然，谈判不会有什么结果，不久张勋就离开使馆，搬到安定门大街方家胡同的一处住宅，是原来小德张的寓所。后来，张勋和别人谈起复辟的失败时，仍然说："虽然天不假缘，然而我并不后悔，天地有知，也该明白我的心地了。"

7月8日以前，虽然张勋已经打了败仗，张镇芳和雷震春仍然干得挺起劲儿，二人不管天气炎热，还天天戴了花翎，挂上朝珠，全副冠带，到部办公。张镇芳是度支部大臣，雷震春是陆军部大臣，这两个部的司员还得每天早晚在门口站班迎送。张镇芳到部的第一件事，就是下令庶务科，换厨子。把他平日赏识的"厚德福"饭庄的大师傅安插了进去。雷震春则检点部里仅余的现款八万余元，还有军装几百套。子弹一千多箱，送到南河沿张勋府上，孝敬张大帅。

8日那天，小皇帝下了最后一道上谕，将张勋、张镇芳、雷震春都开了缺。这原是说好的事情，可是张、雷两人还是气得不行，彼此商议道："皇上既然不要咱们，咱们还在这里干啥呢？正好咱们的老把兄陆建章叫咱们，我看不如回天津，找小段去。"张镇芳还有些犹豫："一路上都是他们的人，万一难为咱们，那如何是好？"雷笑道："什么讨逆军？关起门来还不是一家人？干脆给香岩打个电报，叫他到丰台来接咱们……"

7月10日那天，他们带着几个随从，大模大样地坐上头等车厢。不料，火车才出永定门，冯玉祥的军队上来检查，回去后报告冯旅长，说有一个河南口音的人，自称张大人，叫回来问候冯旅长，他说他们是拜访段司令去的。冯玉祥一听，这不是张镇芳吗？复辟的要犯想要见讨逆司令，这真是出了新鲜事啦！说着，给驻丰台的第二团第一营营长宋哲元摇了一个电话："把他们给我押来！"

雷和张在火车中见到一队民国军人怒气冲冲地向这边跑来，心知事情不妙，就想跳车窗开溜，谁知那车窗太高，两人都把脚崴伤，雷的伤势尤重。雷震春躺在地上对士兵说找肩舆抬着我走吧，那些士兵嘲笑他道："你一个俘虏还想坐轿，真是想得美呀！"雷听了众人的奚落，不由怒火中烧，道："我虽然被俘，毕竟是大清的陆军部尚书，出入坐轿惯了，何况我的脚已经受伤。"士兵看他赖在地上不走，只好找来两抬轿子，将雷和张二人抬起，张镇芳一路大哭不止，和那穷横的雷震春恰成对比。他们在洪宪帝制时期就都是帝制犯，这次又榜上有名，成为"双料帝制犯"。同时，讨逆军还捕获了进京讨封的张天师。

那个冯德麟见张勋一败涂地，想出关搬兵，便找了两个外国人护驾，坐在头等车厢中安然不动。等火车到了天津北站，讨逆军侦探上车检查，看见了冯德麟，遂定下了逮捕冯的计策。一会儿，冯的车厢里面忽然有二人互相殴打起来，警察过来相劝，岂料两人把警察也扯了进去。全车厢的人都站起来观看，那两个护驾冯德麟的外国人也过去看热闹，早已等在一旁的两个大力士把冯架起来，飞奔下车去了。当冯德麟被带到司令部，见到段祺瑞就哭诉说，他是拥护共和的，都是张勋胁迫他，把他拉到北京。老段本来也不想难为他，叫他在天津休息了几天，打发他回东北去了。当初，张勋召东北军襄赞复辟时，张作霖撺掇冯代表东北军入关，并对他说："事成之后，大哥就是开国元勋啦！"傻呵呵的冯德麟真的信了，遂一个人到了北京。现在等他回到东北，他的二十八军早被张作霖吞并了。

"邮传部左侍郎"陈毅在黄村被捕，驻军叫他具结保证。他写道："具结人陈毅因参加复辟被捕，蒙恩不究，从此永不参予复辟，如违甘领重究。"写好后，叫剃头匠把他的辫子剃掉后，才放他去天津。有人嘲以一联："不死万事足，无辫一身轻。”

张镇芳、雷震春被押到宋哲元的营部之后，不久段芝贵就派人来提他们。二人来到东路军司令部，大喊大叫道：“香岩呢？段香岩在哪？怎么不来见我们？”闹了半天，也没人理睬，小段毕竟不好意思这时来会他们，只传令好酒好肉好鸦片烟招待。二人后来被押到天津，雷震春经过由蒋雁行、陈文运、贾德耀等五人组成的军事法庭会审，判以无期徒刑。实际上不到一年，就被释放出来了。冯德麟也没有审判，抓住不久就被江朝宗出面保他出来。张镇芳因属文人，归大理院审判，他自供道：

> 徐州两次会议曾经赴会，而所讨论的只是国会问题。张勋带兵入京，在天津会晤一次，在京会晤一次。张勋未向我谈及复辟事。不料在（6月）30日夜间，张勋找我去南河沿私宅开会，张勋宣布：今日实行复辟，复辟就在今日，我们的生死也在今日。在场的人深知张勋秉性，一时不敢违拗。及第二日上谕任我为度支部尚书，我面晤张勋辞职，不允，逼我上任。后又两次辞职，同时家庭来信，要我赶快离京以避嫌疑。不料在回津途中，行经廊坊被拘。我对复辟不反对，不过张勋此时实行，我未与谋。

一派骗人的鬼话。

张镇芳和段芝贵本是把兄弟，当年段芝贵任天津南段巡警局总办，因把女伶杨翠喜献给载振，一下子擢升到黑龙江巡抚，后被御史赵启霖弹劾，撤职查办。张镇芳为此很看不起小段，等到他回到天津时，一直没给他好脸色。1915年小段被封为镇安上将军、奉天将军，兼管东三省军政事务。那时张作霖是第二十七师师长，他自有独霸东北的野心，自然容不得睡榻之侧有别人酣睡，于是联络张镇芳说，小段在奉天行为恶劣，丧尽人心等等。张对小段本来就讨厌，遂说，那就把他赶走算了；大总统跟前有我替你解释。张作霖果然硬逼着段芝贵回到北京，自己做了奉天将军。为此张作霖十分感谢张镇芳，二人还拜了把子。事后，小段知道了其中的内幕，对张镇芳恨之入骨，这次正好找机会报仇。小段的赌友们串通了大理院院长姚震以及律师等人，做起手脚。

大理院起先判他死刑，旋改为无期徒刑。后来因京畿发生水灾，熊希龄为赈务督办，讽喻张镇芳出点儿血，既赈灾又可免刑，何乐而不为？张镇芳只好以其子张伯驹的名义捐资四十万元，老熊用此款项赈灾有余，还办了一个“香山慈幼院”，收养被难儿童。张镇芳改判无期徒刑，只隔两天，以病为由保外就医，实际上回家享清福去了。他的“盐业银行”也被老段接收，交给自己的心腹吴鼎昌去办了。以后，他多住在天津，偶尔回老家项城小住，寄情诗酒，再也没有涉足政治。1933 年去世，享年七十。

3 黎元洪自称是掉进茅坑的鲜花

北京克复后，南方的部分政客们主张黎元洪复位大总统，北洋系则要求冯国璋继任。黎揆度情势，实在不宜再作冯妇，遂引咎自退。7 月 14 日通电云：“引咎辞职，久有成言；皎日悬盟，长江表誓。”

15 日段祺瑞来京，即驱车入日本使馆谒见黎元洪，致以慰问。黎也向段戡乱成功，再造共和表示祝贺。二人重新握手，大有言归于好的意味。即日，江朝宗把黎元洪接回他东厂胡同宅邸，即是原来荣禄所居的“略园”。黎在这里发表了“一也”、“二也”，一共“五也”的自劾电，指天誓日，再也不当总统了。自劾通电中有“……矜其本心，还我初服，惟有杜门思过，扫地焚香，磨濯余生，忏除宿孽。宁有辞条之枝，仍返林柯，堕溷之花，再登衽席？心肝尚在，面目何施”之句，不用问，是出自饶汉祥的手笔。

不料，次日凌晨 5 时，黎的卫兵王德禄持刀刺死三人、刺伤三人。黎元洪大难初复，又遭惊变，顾不得追究凶手，重操故伎，一溜烟跑进东交民巷，不过这次跑到法国医院躲避起来。当时盛传刺案是冯国璋指使，但无确实证据。后来查证，王德禄曾参加进攻南河沿张勋住宅的战斗，却未发一枪，同伴们都讥讽他是个胆小鬼。张勋宅第起火后，众人大肆抢夺宅内物品，却一件也没分与他，为此受了刺激，发了狂病。16 日一早，王德禄拿着刺刀出了营房，见两个卫兵正在酣睡，便将二人全都刺死。接着又奔向队官室，连长见状连忙开枪射击，一枪未中，王德禄反扑过来。连长逃至花园假山旁，被凶手追到刺杀身亡。这时，其他卫兵赶来，追到东厂胡同东口，才击中他的腿部，倒地后被众人刺死。

后来，新政府遣散黎的旧有卫队，另由步军统领及警察厅派兵警保护。8月份，黎才离开法国医院回天津私宅。

4 冯国璋就任代理总统

冯国璋于7月6日，电发布告，略言："黎大总统不能执行职务，国璋依大总统选举法第五条第二项，谨行代理……"云云。外交总长伍廷芳也携带印信来到上海，即日电告副总统，各省公署和驻外使节，声明北京伪外务部文电，统作无效，应概置不理。

冯国璋得知大总统印信仍在上海的丁槐手中，便派人到沪索取，谁知这个办事极为认真的老将军就是不给。丁槐是云南鹤庆人，早年属岑春煊之父岑毓英的部下，清末曾任提督，民国后被聘为总统府顾问。丁声称，黎大总统的退职电报可能是别人伪造，而且当初黎曾一再嘱咐"没有黎的亲笔信，印信不得交给任何人"。因为，丁槐住在租界之内，中国官方是无权进入捕人的。冯国璋只好命淞沪护军使卢永祥向外国领事馆交涉，由捕房将丁和印信一起带到租界的会审公廨，才算了结这场追讨总统印信的荒唐剧。

7月18日，段祺瑞就促请冯国璋来京就职，但是冯国璋暗中正在做着一笔交易。原来他和前清状元、南通的张謇勾结英国商人，假制药为名，将库存在上海的一千六百余箱烟土，以一亿元的民国元年公债券买了下来。实际用于制药的不过九牛一毛，余下的全都官商伙同牟了暴利。参与其事的还有曹汝霖等人。曹为了封别人的口，还拉徐树铮、曾毓隽入伙。小徐和曾毓隽将此事报告了老段，段听了淡淡笑道："我和冯国璋是多年的老相识了，这个人历来爱财，我是知道的。但是现在我却不能阻止他，以免伤了和气，因小失大。既然他不来问我，我也乐得装聋作哑。不过，你们两个千万不能沾染，这是我的原则。"

待到冯把这些烟土全处理干净，才施施然进京做他的大总统兼富家翁。

8月1日,冯国璋自南京抵达北京,下了火车,一眼看到人群中的世续,他是代表皇室前来欢迎新总统的,冯国璋特意上前和他寒暄了一阵。又看见旁边代表醇亲王的载涛贝勒,他们原是军谘府时代的前后任,遂也亲热地聊了一会儿。紫禁城里不久就传开了,新任大总统对小朝廷格外照看。几个太妃们听说,也颇有感慨地说:“到底是先朝的老臣,错不了规矩,这回可要好好地招待人家一下。”

冯国璋下车伊始,便去东厂胡同拜访了黎元洪,礼节性地请求他复职,黎自然推辞。冯又到国务院,与段祺瑞客气一番,段以“当仁不让”激励,冯这才进了总统府。

冯国璋和清宫的联络做得热热火火,他看到复辟的一幕虽然已经过去,但是外间还有许多人不谅解清室,甚至对小皇上有不逊之辞。他想,索性好人做到底,便选择了8月4日的黄道吉日,派了内务总长汤化龙作为自己的代表,以中华民国元首的名义,前往拜见大清国皇帝。害得汤总长还特意请教先朝遗老有关拜见的礼仪,辛辛苦苦地演习了许久,怕的是犯了“君前失礼”的罪过。到了那天,汤化龙站在养心殿上,大声向溥仪赞唱道:“大中华民国大总统敬问大清皇帝安好”——不过汤化龙总是觉得有些不对劲儿,要知道,他是辛亥首义的倡导者之一呐。

冯于8月6日宣誓就职,成为中华民国第三任大总统。

冯当了总统之后德政不多,缺德事却干了不少。拣些小事说,例如,他入主中南海后,听说庚子年慈禧太后西逃时,把许多宝物沉在西苑的海子里,于是大动干戈,将三海之水淘干。宝贝捞到没有,不得而知,里面的鱼却为之一空——都叫冯大总统卖给北京的饭馆老板了。他老家河间府一带的千百年古树也被他砍伐

冯国璋

殆尽，都变成自己口袋里的洋钱。乡间的耆宿们不干了，跑去质问他，他说，那些树太老了，都生病了，砍掉，再种新的。

冯当了总统后，与段祺瑞原本维持一般的关系迅速恶化，一年后不得不鞠躬下台。下台后，回到河间老家居住。虽然曾经做过大总统，也要尝尝“人情冷暖”的滋味——始终跟随他的禁卫军卫队被撤除。北洋之狗毕竟修炼不够，冯生了些闷气，又因为冬天洗澡着了凉，遂于1919年11月去世。平时，冯刻有一枚闲章，曰“平生志在温饱”。可是，他死后留下了三百万的巨额家产，在北洋大员中也是屈指可数的。还是在徐世昌的主持下，帮助他的儿女们分了家。

再说，那个似乎被人们遗忘了的张勋。

张勋很快从荷兰使馆出来，买了小德张的豪宅在北京做了寓公。他手中珍藏着一本“复辟实录”，内有各方签名和赞成复辟的文电，时不时就要公之于世，吓得那些当轴诸公百般讨好这下台的辫帅，想与之私了。后来，他利用这个秘密武器还想恢复长江巡阅使的旧梦。当局大老被他纠缠得苦不堪言，不知从哪里请来一位妙手空空把他的小本子偷了出来，后来听说辗转到了法国巴黎，成了见证历史的珍贵文物。

1918年10月25日，徐世昌大总统明令赦免张勋，说他“坐镇徐淮，宣劳民国，论功差足抵罪”，决定“免于缉究”。辫帅可以安心做他的寓公了。

张勋的长子叫张景翰，是个外表俊俏的人物，只可惜是个绣花枕头，肚子里面没有一点货色。把他老爹搜刮来的不义之财挥霍一空之后，他每年都要回江西老家一趟，为的是卖地，再将得来的银子浪抛在京津沪等地。后来，地也被他卖光，只好告贷于他老爹生前的同僚部下。那些人一方面看在他死去老爹的面子上，再者，他还有个煊赫的老丈人——张作霖。有时，在他晚上冶游豪赌，计无所出的时候，甚至将人家从被窝里面提出来，弄得后来人人怕这个辫帅的大公子。之后，溥仪做了伪满皇帝，想起张勋帮他复辟的那一幕，把他召到长春当了侍卫武官。谁知，这小子连一点儿规矩都不懂，站在“皇帝”旁边，双手插在裤口袋中，口中吹着口哨，身子不住地摇晃。不久，又和宫内府大臣沈瑞麟的太太闹出丑闻。最让溥仪不能容忍的是，他竟要把袁世凯的某个孙子引到宫里来。爱新觉罗氏最恨的就是袁世凯,他们认为是袁断送了大清国的天下。于是,忍无可忍的溥仪把他赶出了长春。张景翰丢了饭碗,回去只好和老婆要威风,张作霖的女儿也不是好惹的,二人最后离婚。

5 饮冰室进了国务院

段祺瑞马厂讨逆时,梁启超为之拟了一篇铿锵作声的讨逆檄文,同时,任公先生自己也发了一个通电,谓:"此次首造逆谋之人,非贪黩之武夫,即大言不惭之书生。"把他的老师康有为也捎带了进去。有人对他说:"先生投笔从戎,也算是雄壮之极。可是古人庚公之斯于子濯孺子不忍以夫子之道反害夫子,今天,令师长素先生(康有为)佐命新朝,先生痛斥复辟党人,不为稍留余地,不知令师作何感想?"梁启超答道:"师生之谊不能妨碍政治主张,我和康先生早已分道扬镳了。"以致康"圣人"大发肝火,写了一首诗骂他:

鸱枭食母獍食父,刑天舞戚虎守阙。
逢蒙弯弓专射日,坐看日落泪潸潸。

老段在马厂时,曾与梁启超谈起将来组阁一事,问他愿意担任何职?梁答,自己对财政颇有研究。老段为了酬谢他在讨逆中的作用,遂将财长给了他。段还打算以熊希龄为农商总长,因为他最早通电反对复辟。不过熊希龄坚辞不就,也只好作罢。

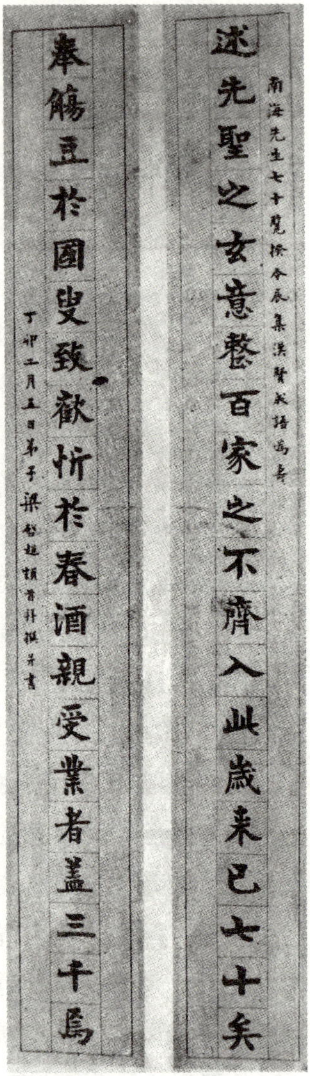

1927年,康有为过七十大寿,梁启超赠以一副贺联,二人算是和解了

最后，老段以北洋武力将张勋不到一个团的兵力打败，轻巧取得“再造民国”功臣之誉，再次组阁：

总理兼陆军部总长：段祺瑞，

海军总长：刘冠雄，

外交总长：汪大燮，

交通总长：曹汝霖，

内务总长：汤化龙，

财政总长：梁启超，

司法总长：林长民，

农商总长：张国淦，

教育总长：范源濂。

研究系大获全胜，不但其首领梁启超掌握了关键的财政一席，汤化龙取得了改造国会时，有利于竞选的内务总长，光是研究系的四大金刚——汤化龙、林长民、刘崇佑、籍忠寅，就有一半进了内阁，这是研究系在政治舞台上的极盛时期。在荷兰使馆中的张大帅，自然气不公，通电骂道：“己获巨罪，人庆大勋，恨当世无直道，怨民国秒公刑。”弦外之音，透着落入圈套的愤懑。还有个不满意的人就是徐树铮，他认为这次组阁纯粹是研究系操纵，极力向老段进言“与研究系这伙阴谋家共事太危险了”。小徐还愤愤不平地对人说：“我们拼着性命在前面打，倒给他们这帮穷酸捞了便宜。”老段只好耐心给他解释。

老段组阁后，在府学胡同的宅邸还请诸阁员吃了一顿。散席后，老段拉着梁启超的手说：“卓如，今后一切还要多多仰仗。”仰仗什么呢？就是法统的问题。黎元洪已经辞去总统职务，冯国璋的代理总统在平定复辟之乱以后，资格已不复存在。可是，黎总统辞职，冯总统扶正，还有那个要命的对德参战问题都要经过国会。无奈，这个国会已经在张勋的挟迫下，由黎大总统下令解散。现在，成了新娘子上轿却找不到吹鼓手的局面，老段如何不急？所以不得不请教运筹帷幄的梁先生出出主意，看看以什么方法解决这个所谓代表法统的国会。

梁大智囊的主张是:旧的中华民国已经被张勋复辟所灭亡,今天的国家属于新造,应该仿照辛亥年的成例,召集临时参议院会议,重新制定国会组织法,然后选举新国会。

不料,西南方面通电反对段政府的做法,坚决要求恢复旧国会。于是对德国尚未开战,自己人倒先摩拳擦掌干了起来,南北成为势不两立的对立集团——这就是所谓的"护法战争"。可是南北的内部也不统一,冯大总统上台后,和老段又发生了权力分配的矛盾。冯国璋准备将自己的江苏督军交给其心腹李纯,李纯所遗的江西督军给陈光远。但是老段不干了,这样一来长江一线都成了直系的天下,因此执意要以傅良佐(这个小傅本是湖南人,和徐树铮最为莫逆)督湘,吴光新督川。这个安排冯又不同意,结果还是老徐从中斡旋,双方交换,才平息这场冲突,不过直、皖两系就算亮明了旗帜,走向了公开的分裂。冯、段在对付西南方面的立场上,也出现分歧,一个主和,一个主战,眼看府院之争又有战火再起之势,这时日本人又乘虚而入,搅和了进来。

段祺瑞要推行武力统一政策,就得要军费,钱从哪里来?日本人正为中国赔款多得花不了,正好反过来借给段政府。于是,寺内内阁制定了以借款扶持段内阁的既定方针。开始老段还有些犹豫,日本人"开导"他:"攘外必先安内",有了钱,借着训练参战军的名义,用来对付西南方面,从而达到统一中国的目的,何乐而不为呢。老段果然开了窍,决定向日本借款——即所谓"西原借款"。在内阁会议上,老段令农商总长张国淦和日本签约,以浦口铁厂为抵押,向日方借款五千万元,遭张国淦严词拒绝。但是,老段终于还是从日本先后共计借款四亿多元。

段祺瑞本想以傅良佐督湘以钳制两广,以吴光新督川压迫云贵,谁知二人太不中用,很快被人赶跑,老段不得不于1917年11月16日通电辞职。研究系诸阁员也跟着下台。

先前的进步党,而今的研究系诸公历来的宗旨,就是与现政权结合,以"乘机而指导之,改造之,使成为我国之中坚力量,以求安定一时之社会秩序,并徐图发展"。可是,现实往往是,他们利用不了当政者,却被人家利用了去。研究系唯恐惹恼老段，使其改造国会计划不能实现，因此处处迁就，即使在借款问题上也不敢稍加反驳。

1918年2月17日，段政府公布《临时参议院法》、《修正国会组织法》、《参众两院议员选举法》，随即由内务部筹备选举事宜。研究系以为笃定拿到国会多数席位，不料异军突起，从半路杀出一个徐树铮。小徐以为，自民国肇建以来，国会一直和政府捣乱，现在我们掌了权，有了机会，何不自己包办国会，就像招募军队一样，建立我们的子弟兵。于是，小徐一手握金钱，一手拿乌纱，很快拉拢了许多议员过来，成立安福系。夏季选举的结果，安福系在五百席位中占了三百三十多席；其次是旧交通系占有一百二十多席，就连初露头角的新交通系也占了二十多席。研究系忙活了半天，只拿了二十多席。

可惜，研究系和老段的蜜月只维持了短短的一年，即成了秋扇之捐。

第九章

列强、列强，别有心肠

一　日本的一贯方针

自 1894 年中日甲午战争之后，中国历次的政治变动几乎都有日本人插手其间。在这次酝酿了五六年，上演了十二天的复辟事件中，也不例外。

日本人在各个复辟活动中心，从多方面参予了这个阴谋。

在青岛，当地日本领事船津辰一郎、军官贵志弥次郎都和复辟分子有联系。

在上海，为复辟而奔走的主要人物沈曾植、胡嗣瑗等人，都曾得到当地日本领事西吉明，以及用文人作幌子的政客宗方小太郎、西本白川的支持和援助。

在大连，肃亲王善耆更和日本浪人川岛浪速结拜为异族兄弟，并把女儿金璧辉过继给他为义女。川岛则帮助善耆秘密招募和训练军队。

在天津，日本驻屯军司令石光真臣和直隶省长朱家宝过从极密，并通过朱家宝认识了张勋，还不辞劳苦地奔走于京、津、北戴河、徐州之间，以复辟支持者的面目，企图左右局势。他曾向寺内正毅内阁提供情报，建议把操纵中国内政的赌注押在张勋复辟之上。

在徐州，长期活动在张勋周围的是佃信夫，他直接受命于日本内阁，却披着文人学士的外衣和一群遗老诗酒往还。那个热衷复辟的陈毅还曾为他作诗《送日本文学士佃信夫归国》：

天风莽莽海苍苍，豪士何来苇一行。
十日西飞惊建木，九州东尽望扶桑。
自惭虫腹难为蜀，犹幸虬髯肯让唐。
侠武儒文非偶事，有人解剑赠归装。

此诗作于 1917 年 4 月份，正是第四次徐州会议之际。

原来，升允自日本归国后，得知日本陆军大臣大岛健一于 3 月 28 日发给青岛日本驻军司令大谷一道训令，大意说，中国复辟，此非其时。升允立即告诉了佃信夫，后者思前想后，认为机会难得，决定回国一趟，面见首相，劝说陆军部，以达成襄助复辟的共识。

林权助是驻华公使，他是支持段祺瑞执政的，他曾经以《左传》的第一篇《郑伯克段于鄢》中郑庄公对付共叔段的办法，讽喻段祺瑞也如此周旋张勋。

徐世昌也在进行外交试探，不过他是稳健派，从不做冒险的事情。他派陆宗舆前往日本，表面上是领取交通银行的借款，实际上是奉徐之命，了解日方对复辟的态度。陆并携有徐自拟的复辟条件，大略为：

(1)拥戴宣统复辟。

(2)设辅政王一员，代皇帝执政，以前清大学士，或军机大臣等资格最高的汉人充当。

(3)辅政王由皇帝敕任，十年一任，可以连任。

(4)皇后由汉大臣之女聘充。

并且答应，如果日本政府出力援助，复辟事成后两国合办兵工厂，并将军、警的部分管理权让与日本。陆宗舆临行前，曾到徐州和张勋磋商。张看了老徐开列的条件大为恼火，怒形于色地说："这样的条件岂不只成全了徐某一人，于清室何益之有？若说地位资格，辅政王一席我老张也有份。"陆讨了个没趣，吓得不敢说话，临走时向他索要文件底稿，张勋以存档为由，拒绝发还。陆到了日本，想要谒见首相，吃了一个闭门羹，只见到了外相，外相对陆大打官腔道："这是中国的内政，他国怎能干涉？"把陆宗舆弄得满头雾水，不得要领而归。回国后，那些遗老们又怪老徐用人不当，派了一个废物去办大事。从此张勋和徐世昌也有了嫌隙。

陆宗舆在日本翦羽而归，张勋得日本赞助之说却甚嚣尘上，徐世昌不得不在脑子里打个问号，便密嘱其心腹曹汝霖去摸日本人的底牌。曹汝霖到了日本使馆，正值田中外出，只遇见了林权助公使。林权助似乎能掐会算，一见曹的面便问："阁下是为田中与张勋的事情而来吧？"曹见对方单刀直入，也就不再客气，说："徐世昌先生托我来问个究竟。"林权助明白地告诉曹："请阁下转告徐先生，日本政府绝不赞成复辟。外间所传关于田中和张勋的谣言，田中已专门派翻译官去徐州向张勋解释，以免发生误会。"张勋知道后误以为曹汝霖特意跑到林权助那里反对他的主张，对曹十分不谅解。田中到底和张勋说的什么，外人无从猜测，但是从日本人一贯的做法可以推断，田中完全有可能对张表示赞同复辟的态度，因为中国内部越乱，越符合日本的利益。

二　其他国家的态度

1 德国

前面说过日本人对复辟的态度，其他各国为了自身在中国的利益也在积极活动。

德国人似乎对中国的“帝制”情有独钟，辛亥革命之后，即网罗了许多前清的皇亲贵族，以及不愿出仕民国的遗老们在青岛当起寓公，如小恭王溥伟、刘廷琛、于式枚、劳乃宣等人，青岛自然成了复辟活动的大本营。德国人魏礼贤还在青岛设立一个“礼贤书院”，借尊孔读经，研究学问为名，拉拢中国的失意官僚、政客，如刘廷琛、劳乃宣等都是该书院的座上客。德国人对张勋也极尽拉拢之能事。

后来，德国又极力鼓动袁世凯帝制自为，袁终于忧愤而死，还使中国民不聊生，战乱不已。值此大战期间，德国又来了热情，美、日等国欲拉拢中国加入协约国，德国则反其道而行之，一心破坏中国的加入。自然，如果中国因为复辟，引起混乱，甚至内战，也就无暇顾及对德宣战，德国便可以在中国立住根基。所以，德国对张勋的复辟举动最为关心和支持。

这张勋是个热心的亲德派，二次革命打南京的时候，有个叫萨尔斯曼的德国人，曾任他的参谋官。张勋的军火也多由青岛供应。辜鸿铭是他联络德国的一条导线，经常替他跑德华银行、六国饭店。德国兴登堡元帅还派专使送给张勋一幅自己的大照片。

张勋的幕僚们向他献计，首先要阻止参加协约国，借以改组内阁，待掌握实权之后，再行复辟之举。为了敷衍各国，可以仿照美国武装中立的模式，以便两面周旋。德国公使辛慈也大肆活动，利诱张勋反对对德绝交，在他下旗回国时，还打算去上海途中顺访徐州，会晤张勋，以做最后的努力。魏礼贤于1917年4月还曾写信给张勋，准备替他向德国借款，以行复辟之事。

中、德两国绝交后，德国公使辛慈已卷铺盖回国，但在东交民巷还留有不少的特务，在荷兰公使掩护下，拼命拉拢张勋，赞助他复辟。张勋本来对德国具有好感，此时自然更加言听计从了。1917年6月，张勋进京后，把拘禁在西山的德国使馆卫队全部释放，其中一个叫鸠科尼格的人后来将张勋从战火中接到荷兰使馆。战斗中，辫子兵受伤之后，即送往德国医院治疗，张勋在北京和共和军作战的武器也都是德国制造的呢。

2 英国

英国人与德国是交战国，而和日本是联盟，照理不该同情张勋的复辟。可是这些外国人的算盘是另一种打法。日本人是想把张勋撺掇上台，好给依附日本的段祺瑞一个出头机会，从而取得对中国政府的支配地位。英国人却想扶植张勋，以抵制段祺瑞的声势——也就是削弱日本在中国的势力。因为，英国人拨拉一下算盘后发现，自从和日本结盟，被这些精灵小鬼子在中国捞去不少好处。

这三个外国势力争相拉拢张勋，张勋则派了三个角色分头应付：他派谢介石联络日本，派辜鸿铭拉拢德国，梁敦彦则担起英美的外交沟通。梁敦彦（字菘生），是广东顺德人，是同治年间派往美国的第一批小留学生，和唐绍仪、詹天佑都是同学。梁敦彦所学的专业不算精湛，但是西方一套的功利主义、崇拜权力思想倒是学得老到——未做官时想做官，做了小官想大官，做了大官则想赖着不走。为此便要找靠山，走门路，其他就不在话下了。在清末，好容易从电报学堂的教习爬到外务部尚书，却碰上执掌朝政的是贪黩巨擘庆亲王奕劻。梁敦彦尽管热衷钱财，却又学得一身老美的市侩主义，生性吝啬，一毛不拔。老庆想要，梁却不给，结果只好卷铺盖走路。好容易巴结到老上司袁世凯上台，做了外务部大臣，不料辛亥革命一来又被轰了下去。后来，袁世凯准备称帝，又找他出来做过几天交通总长，终因他有些呆头呆脑，巴结不到点子上，又被撂下。从此，他改头换面充起遗老来，逢人便说："江山是大清的，他姓袁的算老几？"这些话传到张勋耳中，很觉受用。这次张勋来京，托劳乃宣把他找来，也算是南河沿的一名热客。

一天，英国公使麦克莱请他到公使馆去一趟，两人先说了一阵闲话，麦克莱就单刀直入地问道："听说张大帅将要在这几天发动复辟，有这回事吗？"梁敦彦一愣，可怜他天天跑南河沿，替大帅办外交，究竟不是亲近之人，复辟在哪一天动手，他哪里会知道呢？只好反问道："你这消息是从哪里得来的？"对方并不答话，跑到办公桌前，拉开抽屉，拿出一叠纸，冲着梁敦彦挥动了一下："这是伦敦来的公文。”说完又放了回去，这才坐下来慢慢说道：“伍总长临出京前，告诉我，他是反对黎大总统拉张勋入京的，他说这位大帅一进京，不消半个月准要出事。可是黎大总统不听，还说他随时可调动南苑和通州的驻军，解决张大帅的部队。这些，都可证明张大帅的复辟就在眼前……”

梁敦彦听到这里，不能不插嘴道：“张大帅要恢复大清统治是既定政策，我早就询问过公使你的意见，不过在这几天动手是不会的。因为他在军事上还没有准备就绪，还有一万五千定武军正在向北调动中，估计短时间内还不能到达。”麦克莱脸上装出一副极诚恳的神气，极缓慢地说：“这就是我今天找梁大臣来谈谈的目的，我代表英国政府，请梁大臣转告张大帅，此时万万不可轻动！我们原则上不反对张大帅的复辟运动，只是时间不成熟，勉强发动，军事上一定要失败。张大帅的失败，可能会影响到东方局势，也牵扯到我们英国的利益……”

这时，麦克莱的声调格外柔和起来，两眼直盯着梁敦彦说：“说这些话，是因为我们极为同情张大帅，按外交手续，我们本可以直接对黎大总统的外交部提出警告的……梁大臣你自然明白，我们不那样做，是为了张大帅好……”梁敦彦听得不自然起来，忙说：“这当然是公使你的好意，我一定回去转达，请你仍然保持原有的态度。”

第十章

遗老、遗老，余音袅袅

一　复辟的洋教头

如果以为张勋一伙被打得落花流水，就没有人再敢于尝试复辟了，那就失于简单化了。遗老们看到溥仪逐渐长大，要加紧对他的教育、启迪，但时势变化，不能总是抱着老一套的东西不放，应该增加新知识，接触世界上最先进的文化。于是，李经迈介绍了英国牛津大学的庄士敦教授溥仪学习英文。为了郑重其事，还通过大总统徐世昌和英国公使朱尔典联系，得到英国政府的批准，才正式下了聘书。

可是，庄士敦的身份不止是教授，他还是香港总督的私人秘书、山东威海卫英国租界的民政长，所以他除了英文之外，潜移默化地以西方文化来陶冶溥仪的性情、心理和习惯，其深意恐怕不只是在文化。而那个百折不挠的复辟干将康有为，又看中了这位洋教头，两人却是一拍即合。

1917 年 11 月，康有为由美军官护送，坐专车逃到天津，又到上海隐居了一段时间。1918 年 3 月，康被特赦后，又来往于沪、杭之间，从事政治活动。

1923年，溥仪结婚，遗老们多来祝贺，惟有康有为只托王乃征带给溥仪一个拿破仑结婚纪念瓷盘，他本人不辞劳苦，奔走于陕、鄂、湘、江各地，游说军阀头目，处心积虑地图谋再次复辟。康尤为看重实力雄厚的吴佩孚，还特意跑到洛阳为吴佩孚祝贺五十大寿，写下"牧野鹰扬，百年功名才半世；洛阳虎据，八方风雨会中州"的寿联，希图借军阀的势力再次复辟。陈独秀说他是："康有为好比是丑妓从良，又复见弃，老而不安于室，万分无奈，只得看重众人共弃的吴秀才。"

康有为看出陈宝琛、朱益藩已是惊弓之鸟，复辟之事不足与谋，因此看中了庄士敦，将游说各地的情况，托他代为转达溥仪，并建议溥仪赐礼物以笼络那些有实力的军阀。他在信中写道：

> 经年奔走，幸所游说，皆能见听，亦由各方厌乱，人有同心。此行陕、鄂、湘、江皆得同意；安徽、江西亦已托人密商，亦得同情；黔刘在沪，时往来甚恰，亦无异言；滇唐向多来往，今惟歌舞自乐，则亦可传檄而定。惟有浙不归款，只此区区不足计也。

庄士敦也乐于打入复辟派的圈子中间，正好像是张勋当年身边有德国人魏礼贤、日本人佃信夫一样。

1924年，冯玉祥急着要赶溥仪出宫，却不给小皇帝安排后路，叫那些洋骗子钻了空子。溥仪出宫后惶惶然如丧家之犬，妄图托庇于外人。庄士敦与溥仪、陈宝琛同坐一车，由醇王府将溥仪送往德国医院。与日本人秘密勾结的郑孝胥闻讯，立即赶来，趁庄士敦赴英国使馆联络的当儿，将溥仪挟持至日本使馆。在和日本人争夺溥仪这个"可居的奇货"时，庄士敦败于日本人之手。这之后，上演了一出"伪满洲国"的丑剧。

溥仪出宫后，这些信件在养心殿被发现。庄士敦是不敢得罪的，北京地方检察院只好准备公诉康有为，后来还是老段打圆场，撤销起诉，使康老先生又躲过一场是非。但是，他还是不死心，1926年8月间，康有为北上朝见了溥仪，顺道去清东陵拜祭了清朝的诸位先帝的陵墓，他按捺不住对先朝的向往，当即赋诗道：

凤阁龙楼水江来，二陵郁郁气佳哉；
满山松柏丛万绿，嗟尔王孙且勿哀。

二 风流云散的复辟派

复辟的闹剧自张勋躲进荷兰使馆，段祺瑞进京，就已草草收场，剧中的人物也匆匆四散。康有为、沈曾植逃入美国使馆的美森园内，二人整天诗酒唱和，聊以解忧。沈在和康的诗中有"香火因缘定几生，百年忧患饱同更"之句，道出两人同病相怜的遭遇。沈直到9月才离京南返，路过天津时，与陈毅相晤，经过一场生死大难，重新相见，悲喜交集，别有一番滋味。他在天津与陈毅唱和的诗中道：

隐约天涯意倍亲，居然历劫不磨身。
秋心自远绵绵道，旧族相知八九民。
未死不须悲楚老，有书聊可闵师春。
朝来端策逢贞胜，禽向同为五岳人。

一副庆幸历劫未死的可悲神情。沈曾植本来就是个爱哭的人，回到上海后，更是多哭善感。遇家中祭祀也哭，道及故旧也哭，听到别人讲故事也哭——真是断肠人在天涯。

1918年，章梫访问住在天津墙子河边耀华里的陈毅，赠诗云：

已倾大厦待重修，巨木荒山茧足求。
我识良工心独苦，与闻前席箸亲筹。

高眠海角鱼龙垫，极目天边鹰隼道。

何以家为男子事，百年应负古今愁。

1925年，溥仪被赶出紫禁城，落荒至天津日租界的“张园”，后又到“静园”，仍然保存着一个小朝廷，对一些遗老旧臣，依然封官赐谥。陈曾寿应溥仪之召，由上海北上时，路过徐州，曾作《满江红·过徐州感赋》，词云：

芒砀云边，荡终古，斜阳明灭。恨此地，一番经过，一番怅结。犹是当年兵与酒，可堪今夜人和月。看荒烟，莽荡古徐州，风云歇。

温峤誓，沧江楫。包胥泪，秦庭血。竟萧然何事，笑人寂寂。伏枥空存千里志，碎壶犹感平生烈。问何时，单骑去兜鍪，惊奇绝。

想当年，作为丁巳复辟策源地的徐州，曾是人物荟萃，冠盖云集，堪称盛极一时。曾几何时竟如一场春梦，无处追寻。

说到复辟，也不应该忘记那位关外的张大帅。别看张作霖粗陋无文，一张嘴就是“妈拉个巴子”，但他最善于观测风向。1917年7月3日，奉天省各机关奉大帅之命，一律悬挂龙旗，以庆贺清室重登大宝。过了四天，即7月7日，张大帅又通电全国，指责张勋罔顾大势，贸然复辟，陷幼君于不义云云。别看他嘴上这么说，其实他和张勋是儿女亲家，他的四女儿怀卿嫁给了张勋的长子张景瀚，感情还是极密切的。张勋失败后避居天津时，张作霖于1918年入关到津，就在张勋那里下榻。张作霖的随员，如袁金铠、金梁、商衍瀛、谈国桓等人全是复辟派。这些人放言无忌道：“少帅失败，纯是用人不当所致。可是绍帅的一片忠心却足以震天地而动鬼神。我们大帅忠君绝不后人。这次进关，就是要完成绍帅的未竟之志，启程之前，大帅曾起了一课，竟是上上大吉。看来恢复大业竟要成于雨帅（张作霖字雨亭）之手啦。”

张作霖到京之后，突发奇想想要谒见“宣统”皇帝。清室诸人闻听，不禁喜滋滋地又生出了一丝的希望。他们庸人自扰地在一起讨论一个重大的问题——溥仪应该以何等方式接见张作霖？明白些的人都主张，就像接待一般

溥仪和婉容在天津张园

客人那样，以常礼相见即可。另外一些人则认为，张作霖是关外著名的骁将，桀骜不驯，若是不摆出点儿朝廷的威严出来，将来即使复辟成功，何以君临天下？最后还是后者占了上风。

到了会面的那天，张作霖穿着前清的冠服，恭恭敬敬，行礼如仪。溥仪却按照师傅们的意见，故意矜持着，“哼、哈”地摆出一副傲慢的态度。张作霖见了，心里很不高兴，没说几句话，溥仪就告退了。溥仪还对左右近侍说：“这小子目光炯炯，还是跟土匪一样，一点儿君臣之礼都不懂！”老张本来已经心里不痛快，溥仪这话又传到他的耳中，不禁大怒，骂道：“这小子已经是平民了，还摆什么臭架子？”张作霖进京那几天，正是京津一带复辟的谣言甚嚣尘上的时候。说来也怪，自从张作霖见了溥仪以后，谣言自动息止，再也没人提起复辟这档子事了。

1937年，丁巳复辟后的二十年，这时溥仪的“满洲国”傀儡戏，早已在长春袍笏登场。陈曾寿在长春曾作《丁丑五月十三日》：

旧恨惊心耿不眠，沉沉影事渺如烟。
羊求歧路途何问，葛采旄邱岁几迁。
同梦未甘成已背，销魂难再是丁年。
分明后剧非前剧，苦语何由诉九泉。

一方面仍对丁巳复辟功败垂成耿耿于怀，一方面面对日本人虎视眈眈、亡我之心不死，哀叹不已。

这时，策划、参与丁巳复辟的张勋、梁鼎芬、袁大化、王乃征、刘廷琛、朱益藩、万绳栻、陈宝琛、沈曾植、辜鸿铭、梁敦彦、陈毅等人都已去世。陈曾寿也因为和日本人起了龃龉，辞职回京，在宣武门外果子巷内的“蕲水会馆”度过其寂寞、凄凉的最后几年。还有一个丁巳复辟的要角——胡嗣瑗，作为伪政权的政府秘书长，陪伴着溥仪，一直到死。

三　张勋的身后事

1920年夏，直皖战争之时，张勋的亲家张作霖想要借重张勋的影响力，让老张出山。不想反倒给段祺瑞抓了话柄，在讨伐曹、吴的檄文中指责他们：“私勾张勋出京，重谋复辟，悖逆不可赦……”云云，引起全国哗然，因此又有二次复辟之说迅速传开。张勋即于当月20日通电辩诬道：“报载定国军檄文有曹、张等勾结张勋出京……重谋复辟等语，不胜诧异。张自丁巳以还，三载于兹，不问外事。近日段氏称兵，京师震动，室家迁徙，比户皆然。勋既无在京安置之文，讵有私自出京之罪！至于往事，在勋感受旧恩，恩图报称，博浪之锥，止于一击……勋年将七十，但求作太平之民，永拜共和之赐。”这才把谣言压了下去。

1923年9月12日，张勋在天津病逝。葬在老家江西永新县。墓前刻有《北洋大臣内阁议政大臣兼北洋大臣直隶总督奉新张忠武公神道碑铭》的石碑，内中所列全是复辟时的伪职，清末四公子之一的陈三立为张勋写的墓志铭。后来张勋的墓多次被盗，再多的辫子兵也无从保护了。

无论张勋出身如何，也无论其一生功过的评价，毕竟是一时的名人，所以在张大辫帅去世时，多有政要题送挽联——有趣的是各人身份不同，所撰的挽词也各有千秋。以下摘其要者录之，以飨读者。

精忠可格上苍，报韩虽不成，天地皆震动；
大星陨于昨夜，与君成永诀，涕泗只滂沱。

——康有为

秋入风云气萧索；
影摇星斗泪阑干。

——徐世昌

忠义素闻韩节度；
瞻瞩今见马将军。

——袁克定

矫俗矢孤行，为国忘身，一节愚忠堪不朽；
堙洪翻横决，连兵穷岁，九原遗恨讵能瞑。

——陈宝琛

忆大汉威声，当年戎马纵横，辽海独深豪杰感；
正中原多事，此后艰难宏济，瓣香谁是老成人。

——张作霖

世事有余哀，问热血一腔，洒向何处；
人生真若梦，痛秋风八月，失我良朋。

——倪嗣冲

正气塞乾坤，宋室纵亡，青史尚传文信国；
英雄归箕尾，唐宗虽在，黄泉难起狄梁公。

——张镇芳

箕尾竟归天，大事未完何遽死；
襟怀有如日，中原再造更伊谁。

——升允

我与鲍叔交，同抱祖生志；
公为睢阳后，能继文山忠。

——陆荣廷

千古英名光史册；
一生大节重纲常。

——载泽

一代主恩深，试看逊国以来，返日挥戈人有几；
千秋公论在，历数中兴而后，公孤抗节世无双。

——庄亲王溥绪

民主竟如何，世论渐回公已殁；
斯人今宛在，党碑虽异我同悲。

——章士钊

戴发效孤忠，无言不仇，无德不报；
丹心照千古，其生也荣，其死也哀。

——欧阳武

（注：欧阳武系江西军政界元老之一。1949年之后曾任江西副省长。）

成败复何言，惟余耿耿孤忠，青史千秋昭定论；
解推常独厚，犹剩区区残部，缟衣一恸感私恩。

——白宝山

（注：白宝山初为张勋的侍卫，后为亲信。）

徯我后，后来其苏，即此寸心，有如皎日；
谋人军，军覆则殉，尚稽一死，留报明公。

——万绳栻

使君真天下英雄，论常开平，何如王保；
二纪数南征恩旧，愧陶士行，空继刘宏。

——张文生

匹马久相随，纵当时胜负攸分，南北两京同苦战；
潜龙虽勿用，独此日是非难紊，东西列国惜精忠。

——苏锡麟

（注：苏锡麟是张勋的老部下、统领，也是张勋的亲信。）

忽忽数十年，博沙散沙，老友如君又宿草；
茫茫九泉路，生别死别，天涯有弟赋招魂。

——许坤生

任君疑众谤，拨不转一片寒镔，白刃可蹈，爵禄可辞，铁铮铮做胜国男儿到底；

纵势蹙力穷，犹博得两字荣谥，周曰顽民，殷曰义士，议纷纷听史臣褒贬由他。

——刘庚勋

（注：刘庚勋是张勋的老师兼好友。）

千载凛然见生死，九庙于今有死臣。

——钱能训

主要参考文献

陶菊隐著:《北洋军阀统治时期史话》,生活·读书·新知三联书店 1983 年版。

王健元编:《八日儿皇帝:张勋复辟丑史》,吉林文史出版社 1986 年版。

张赣盦著:《复辟详志:民国六年》,台北文海出版社有限公司 1996 年版。

张黎辉:《北洋军阀史料·黎元洪卷》,天津古籍出版社 1996 年版。

汪曾武、天忏生撰:《劫余私志·复辟之黑幕》,中华书局 2007 年版。

许指严撰:《复辟半月记》,中华书局 2007 年版。

《大公报》(1914—1916 年)。

《北洋画报》(1927—1936 年)。